当代儒学

《 第19辑 》

主办　四川思想家研究中心
主编　杨永明　　执行主编　郭萍

四川人民出版社

图书在版编目（CIP）数据

当代儒学. 第 19 辑/杨永明，郭萍主编. —成都：四川
人民出版社，2021.6
ISBN 978 - 7 - 220 - 12291 - 0

Ⅰ. ①当… Ⅱ. ①杨… ②郭… Ⅲ. ①儒学 - 研究 -
中国 Ⅳ. ①B222.05

中国版本图书馆 CIP 数据核字（2021）第 105585 号

DANGDAI RUXUE
当代儒学（第 19 辑）

杨永明　主编
郭　萍　执行主编

责任编辑	母芹碧　王定宇
封面设计	张迪茗
版式设计	戴雨虹
责任校对	李隽薇
责任印制	许　茜

出版发行	四川人民出版社（成都市槐树街 2 号）
网　址	http://www.scpph.com
E-mail	scrmcbs@sina.com
新浪微博	@四川人民出版社
微信公众号	四川人民出版社
发行部业务电话	（028）86259624　86259453
防盗版举报电话	（028）86259624
照　排	四川胜翔数码印务设计有限公司
印　刷	自贡市华华广告印务有限公司
成品尺寸	170mm×240mm
印　张	18.75
字　数	300 千字
版　次	2021 年 6 月第 1 版
印　次	2021 年 6 月第 1 次印刷
书　号	ISBN 978 - 7 - 220 - 12291 - 0
定　价	75.00 元

目　录

当代儒家思想探索

当代儒家理论建构

当代儒家文献研究

生活儒学专题研究

儒家"忧乐"观念专题研究

比较哲学研究专题

当代儒学观察家

Contents

Explorations of the Thoughts in Contemporary Confucianism

Theoretical Construction of Contemporary Confucianism

Researches into the Documents of Contemporary Confucianism

Studies of Life Confucianism

Studies of the Confucian Concept of Worries and Peace

Studies of Comparative Philosophy

Observations on the New Trends in Contemporary Confucianism

当代儒家

思想探索

关于主体性问题的一封信

黄玉顺*

（山东大学儒家文明省部共建协同创新中心，济南　250100）

某某：

文稿看过了。关于你所提出的三个问题，以及与此相关的其他问题，我谈一些看法。

一、关于"主体性"概念的定义问题

你说，西方哲学的主体性强调"从自身出发自己做出判断和选择"，而中国哲学的主体性则强调"内在追求和自我践行"，并将两者对立起来。问题是："内在追求和自我践行"难道不也是"从自身出发自己做出判断和选择"吗？例如孔子说"古之学者为己"，"我欲仁，斯仁至矣"，难道不就是"从自身出发自己做出判断和选择"吗？由此看来，"从自身出发自己做出判断和选择"不正是你想要寻求的"适用中西的普遍性定义"，而不仅仅是西方哲学的观念吗？两者并非对立关系。

你强调主体是"理性存在者"，即强调"理性"，这是康德式的理解（而且忽略了康德的"实践理性"其实意谓"意志"）。实际上，人之所以是主体性的存在者，不仅仅因为他具有理性甚至意志，还因为他具有情感；换言之，

---

* 作者简介：黄玉顺，山东"泰山学者"特聘专家，山东大学儒家文明省部共建协同创新中心、儒学高等研究院二级教授、博士生导师。

主体性涉及情感、意志和理性。人不仅是理性的存在者，也是情感的存在者、意欲的存在者。不仅如此，按"情感儒学"或"情感哲学"的观点，情感应该是"主体性"概念的更为根本的内涵规定。

这涉及"主体性"概念的根本规定性。迄今为止，"主体性"概念并无统一的界定。但在我看来，在学界关于它的诸多规定中，"能动性"恐怕是最具涵盖性的，即可以涵盖主体性的其他诸多规定性。主体是一种存在者，但存在者并不必然具有主体性（例如一颗石头也是一个存在者），因为唯有具有能动性的存在者堪称"主体"。

二、关于"中国哲学中是否存在主体性"的问题

其实，当你引证海德格尔的话"哲学研究的事情……就是意识的主体性"和我的话"哲学形而上学的核心是主体性问题"的时候，这个问题就已经不成问题了。这里的逻辑就是：既然已经承认"中国哲学"的存在，即承认中国存在着"哲学"或"哲学形而上学"，那就意味着承认中国哲学中是存在着主体性的。这就是说，"哲学形而上学的核心是主体性问题"已经逻辑地蕴涵着"中国哲学形而上学的核心是主体性问题"。

三、关于中国哲学"主体性"与"内在超越"的关系问题

其实，"主体性"与"内在超越"之间并不存在线性因果关系。我讲过多次，存在着两类主体：一类是诸如基督宗教的"上帝"或周公、孔子、孟子的"天"那样的主体，这是具有绝对能动性的绝对主体（即黑格尔所说的"实体即是主体"，实指"绝对观念"）；另一类就是人这样的主体，这是只具有相对能动性的相对主体（人具有能动性，也具有受动性，这就是所谓"此在的有限性"）。但这两类存在者都是主体，即都具有主体性，然而前者是外在的超越，即天或上帝是"超凡的"（transcendent）；后者最多可以达到内在超越的境界，即心性或理性等是"超验的"（transcendental）。后者可以超越（transcend）"经验"这个界限（limit），却无法超越"凡俗世界"这个界限（甚至圣人也在凡俗世界之中）；因此，内在超越（超验）无法取代外在超越

（超凡），否则，所谓"超越"就是"僭越"。

四、关于"主体性"与"个体性"

你说"西方哲学的主体性更加注重个体性，而中国哲学则注重普遍性"。这其实是将主体性的古今之异误解为了中西之异。事实上，无论中西，个体主体性都是现代性的特征，集体主体性都是前现代的特征。例如在中世纪，无论中西，这个集体主体就是家族。罗密欧与朱丽叶的故事，梁山伯与祝英台的悲剧，其实都是社会转型过程中现代性的个体主义伦理与前现代的家族主义伦理的冲突。

五、以上表明你缺乏一种历史意识、一种历史哲学

你目前的思考方式属于目前中国学界普遍存在的一个严重问题，即我多次指出的"以似是而非的共时性的'中西之异'来掩盖历时性的'古今之变'问题，从而有意无意地拒绝现代文明价值"。所谓中西差异，其实更多地属于冯友兰先生所说的乡下人和城里人的差异，即古今之异——前现代与现代性的差异。你以轴心时代的孟子思想和走向现代的康德哲学来进行比较，亦属这样的问题。

六、"中西对立"与"古今之变"的问题

在这里，以及在整个文稿中，你还流露出一种倾向，就是近代以来顽固的"中西对立"思维定式，即一定要讲"我们中国"和"他们西方"是根本不同的。这是中国学界迄今为止仍然固守的一种心态，它可以分为两个阶段：近代以来、最近几年之前，它是弱者的心理防卫机制的一种表现，是为了树立民族文化自信而将中西双方都说成是对等的特殊主义的东西；然而最近这些年，随着"我们""强大"起来，它却成了极端民族主义、复古主义或某种主义借以拒绝现代文明的一种说辞。这两个阶段的上述表现，都无助于发现普遍的"人"、普遍的"主体性"和普遍的现代价值。其实，正确的"中西比较"并

不意味着"中西差异"乃至"中西对立";"古今之变"才是我们更应当关注的时代课题。

七、"概念"与"观念"这两个词语的用法

"观念"比"概念"更广延:概念是与特定语言形式结合起来的观念。例如,古代中国,没有"philosophy"的概念,但有哲学的观念(至于"哲学"这个概念则是近代才从日本传入的);没有"metaphysics"的概念,却有形而上学的观念。又如,中国上古的"天"这个概念蕴涵着西方God的观念;反之亦然,西方"God"这个概念蕴涵着中国上古的天的观念。

以上看法,仅供参考。

2020年8月5日

后疫时代与人工智能①

方旭东*

（华东师范大学哲学系，上海 200241）

【摘要】后疫时代，不是疫情结束之后的时代，而是疫情作为一种新常态而存在的时代。以 COVID－19 肺炎为界，人类历史将分成两段：疫前或前疫（a. C.）时代与疫后或后疫（p. C.）时代。后疫时代的人类状况，可参照日本疫情"解封"之后提出的"与疫共存"的"新生活方式"加以想象。人工智能在其中扮演了重要角色。正是人工智能，使得被病毒限制在家里的活人没有感到自我囚禁，相反却拥有了大量自由与便利。借助人工智能，现代人实现了在虚拟空间的交往，这诚然是一大技术进步。但虚拟空间的交往，无论是深度还是广度，都无法与现实生活中的人际交互相比，从而培养不起来真正的信任，无法完成孝、忠或任何一种基于"仁道"的义务，不能满足人性的需要。

【关键词】后疫时代；人工智能；新生活方式；虚拟；真实

本文是笔者对新冠疫情的一个思考。首先，笔者将提出"后疫时代"（p. C.）这一概念，以充分揭示此次疫情的历史意义；随后，尝试从日本疫情"解封"后倡导的新生活方式归纳后疫时代的一个特征或方向；最后，从长期的角度对此特征或方向的正负影响加以分析，以评估其对于人类究竟是祸是福。

---

① 本文是应香港城市大学范瑞平教授之约而作，将收入其主编的《大疫当前》一书出版，蒙范教授惠允，先在大陆期刊发表。

* 作者简介：方旭东，华东师范大学哲学系教授、博士生导师，主要从事宋明理学、儒家实践伦理研究。

一、后疫时代的到来

2019 年 12 月，中国湖北省武汉市部分医院陆续发现多例有华南海鲜市场暴露史的不明原因肺炎病例，现已证实，这是 2019 新型冠状病毒感染引起的急性呼吸道传染病（Corona Virus Disease 2019，COVID‐19）。2020 年初，疫情扩散，在中国其他地区乃至全球迅速蔓延，到 2020 年 3 月 11 日，世卫组织宣布，当前新冠肺炎疫情可被称为全球大流行（pandemic）。[①]

在疫情暴发超过半年之后的今天（2020 年 6 月底），新冠病毒在全球的传播速度未见减缓，新增病例正以每周约 100 万例的增幅快速增加，你来我往，此起彼伏，欧洲的新增病例刚刚放缓，美洲又成为新的疫情中心。[②]

新冠肺炎给人类造成巨大损失。截至北京时间 2020 年 6 月 29 日 8 时 33 分，全球新冠确诊病例已突破 1000 万大关，累计死亡人数超过 50 万。差不多每 18 秒就有 1 个人死于与新冠病毒相关的疾病。[③]

疫情不仅夺去了大量生命，给无数家庭带来无可挽回的伤害，同时，它也把全球经济拖进可怕的深渊。截至 6 月 26 日，按美元现价计算，全球经济损失总量约为 2.59 万亿美元，相当于全球 2019 年 GDP 的 3.01%。须知，全球第 16 大经济体——印度尼西亚一整年的经济产值才 1.1 万亿美元。2019 年全球 GDP 的实际增速仅为 2.90%，折合 2.49 万亿美元。这就意味着，新冠大流行造成的直接经济损失已经抹去了 2019 年全年的经济增长。其中，美洲和欧洲受到的影响尤为严重，截至目前，直接损失均为 2019 年增长的两倍以上；大洋洲约为 2.2—2.3 倍，非洲和亚洲分别为 1.0 和 0.7 倍。考虑到亚洲、非洲和美洲很多国家的疫情仍在恶化，这些地区全年的相对经济损失仍将继续上升。6 月 24 日，国际货币基金组织预测，全球经济在 2020 年将出现 4.9% 的萎缩。新冠疫情造成的相对经济影响已经接近 1918—1920 年大流行性流感。[④]

更糟糕的是，疫情在一些国家出现反复，引发第二波流行，某些地区仍在

---

① 白莲：《世卫组织宣布新冠疫情为全球大流行，古特雷斯呼吁行动》。
② 新浪科技：《全球病例突破 1000 万例，新冠疫情将如何终结？》。
③ 刘丹忆：《全球新冠死亡病例逾 50 万，每 18 秒就有 1 人死于相关疾病》。
④ 徐惠喜：《全球新冠确诊病例超 1000 万，半年经济损失 2.6 万亿美元》。

应对第一波疫情而自顾不暇。比如，中国在 2019 年底疫情暴发之后，仅用两个多月时间就基本控制了疫情。在邻国犹处于水深火热之际，中国已成为可以投奔的安全地区。然而，6 月 11 日以来，中国首都北京疫情突然出现反弹。截至 6 月 27 日 24 时，累计报告本地确诊病例 311 例，在院 311 例，尚在观察的无症状感染者 26 例。①

这个情况表明，疫情依然是正在进行时（present continuous tense），而非过去时（past tense）。大流行何时结束，尚难预料。最坏的可能是，新冠病毒从此与人类共存，直到人类经过感染获得自然的免疫能力，或出现另外一种"更强"的病毒将其接替。

这在人类抗击病疫的历史上有例可循。如 1918—1919 年爆发的 H1N1 流感，在两年间的三波疫情中，这场大流行（pandemic）感染了 5 亿人，造成 5000 万至 1 亿人死亡。直到自然感染（natural infections）使康复者获得免疫力，这场大流行才结束。此后，H1N1 病毒株（strain）成为地方性的传染病（endemic），这种传染病一直以较不严重的程度伴随着人类，并以季节性病毒的形式传播了 40 年。1957 年，又一次大流行——H2N2 病毒暴发，才扑灭了 1918 年的大部分毒株。从本质上讲，一种流感病毒会将另一种流感病毒"踢走"，也就是说，人类努力了几十年没有消灭的流感病毒，被另一种流感病毒消灭了。对此，科学家也无法给出很好的解释。"大自然可以做到，我们却不能"，纽约市西奈山伊坎医学院的病毒学家弗洛里安·克拉默（Florian Krammer）说。以史为鉴，很多科学家认为，冠状病毒和很多病毒一样将持续存在，只不过不再成为一种席卷全球的瘟疫（The coronavirus, like most viruses, will live on—but not as a planetary plague）。②

如此一来，所谓后疫时代，就不是疫情结束之后的时代，不是去除了疫情的时代，而是疫情作为一种新常态而存在的时代。针对疫情而采取的某些非常措施，将演变为一种常规、一种习惯。

---

① 戴轩. 北京 17 天累计报告本地确诊病例 311 例 [EB - OL]. 新京报. 2020 - 06 - 28. https：//baijiahao. baidu. com/s?id = 1670703798135327518&wfr = spider&for = pc.

② Lydia Denworth. How the COVID - 19 Pandemic Could End：Recent epidemics provide clues to ways the current crisis could stop [EB - OL]. SCIENTIFIC AMERICAN. June 1, 2020. https：//www. scientificamerican. com/article/how - the - covid - 19 - pandemic - could - end1/.

这样，无形之中，以 2019 年新冠肺炎为转折，人类历史从此就分成两段：疫前（或前疫时代）与疫后（或后疫时代）。仿照英文用 a. m. 与 p. m. 来表示一天的不同时段，也许我们可以把人类历史分别表示为 a. C. (ante - COVID - 19)（疫前或前疫时代）与 p. C. (post - COVID - 19)（疫后或后疫时代）两大时段。

这个后疫时代（p. C.）可谓"千年未有之大变局"，值得我们认真研究。未来人类何去何从？人类能否安然度过此劫？对于即将发生的事，我们是否能够正确地加以研判，显然至关重要。需要考虑的是，人类目前采用的应对措施是否会造成某种不可逆的严重后果。我们要尽量避免走在错误的路上。盲目的乐观，与无谓的悲观，都于事无补，我们唯一的凭借也许就是理性。正是理性，让我们人类成为地球上唯一能够自我反省的物种。现在，我们需要反省的是，面对疫情，人类所做的种种努力，尤其是那些目前看上去奏效的应对，从长期的角度看（in the long term），究竟意味着什么。

二、后疫时代的人类状况：以日本疫情解封后新的生活方式为视角

据媒体报道，随着东京、神奈川、埼玉、千叶 4 都县组成的日本"首都圈"以及北海道于 2020 年 5 月 25 日正式宣布"解封"，日本政府呼吁民众无事不要外出的"紧急事态"全面解除，日本的疫情防控进入新阶段。在疫情防控新阶段，日本政府号召国民积极适应新的生活方式，号召企业适应新形势推出新的经营理念和服务。在 5 月 25 日的记者会上，日本首相安倍晋三强调，如果民众能严格践行这些行为准则，日本就可以回避"最坏的事态"。这是将"新的生活方式"的重要性提高到了防止日本发生第二波、第三波疫情反弹的高度。①

这个"新生活方式"，是由主管健康、医疗、育儿、福祉、养老、雇佣、退休金等民生事务的日本厚生劳动省（Ministry of Health，Labour and Welfare）召集的新冠病毒感染症对策专家会议（新型コロナウイルス感染症対策専門

---

① 刘戈. 抗疫新常态下日本民众的新生活方式 [EB - OL]. 人民网. 2020 - 06 - 02. https://www.sohu.com/a/399168752_ 120578424.

家会議）策划制订的。

为了及时听取专家意见以便对疫情做出快速与专业的响应，2020 年 2 月 19 日厚生劳动省召集了专家会议。从那以后，这种会议就不定期地频繁举行，到 5 月 29 日为止，已举行 12 次，即：二月 2 次（2 月 19 日，2 月 24 日），三月 4 次（3 月 2 日，3 月 9 日，3 月 17 日，3 月 19 日），四月 2 次（4 月 1 日，4 月 22 日），五月 4 次（5 月 1 日，5 月 4 日，5 月 14 日，5 月 29 日）。每次会议，都会形成一个提案（提言），就疫情的形势以及对策给出具体意见。

在 4 月 22 日的提案中，就谈到为了将人与人的接触减少八成以上而必须采取尽量减少外出的自我克制（自肃）以及回避"三密"（密集、密接、密闭）原则。在"参考资料 1"中，编者用图文并茂的形式列出了为减少接触而推荐的 10 种做法，包括：

1. 与亲人在线联系；2. 选择人少的时候去超市；3. 选择空闲与人少的地点去公园慢跑；4. 用邮购方式购物；5. 在线酒会；6. 远程诊疗，拉开定期受诊的间隔；7. 在家对着视频锻炼肌肉、做瑜伽；8. 将食物打包回家或叫外卖；9. 在家办公；10. 与人交谈时戴好口罩。[①]

5 月 1 日的提案，则明确出现了"为了预防感染扩大而普及新生活方式"（感染拡大を予防する新しい生活様式の普及）这样的提法。所谓"新生活方式"，包括：回避"三密"，勤洗手，保持适当的身体距离，以及在工作与职场尽量采取电传、错峰上班、电视会议等减少接触机会的方式。[②]

在 5 月 1 日提案的基础上，5 月 4 日的提案整理出了一个系统的"新生活

---

① 新型コロナウイルス感染症対策専門家会議.「新型コロナウイルス感染症対策の状況分析・提言」.（2020 年 4 月 22 日）[EB－OL]. https://www. mhlw. go. jp/content/10900000/000624048. pdf.

② 新型コロナウイルス感染症対策専門家会議.「新型コロナウイルス感染症対策の状況分析・提言」.（2020 年 5 月 1 日）[EB－OL]. https://www. mhlw. go. jp/content/10900000/000627254. pdf.

方式实施细则"（「新しい生活様式」実践例），以作为国民日常生活指南。①

厚生劳动省最后公布的正式文件《为适应新冠病毒而制订的新生活方式实施细则》（新型コロナウイルスを想定した「新しい生活様式」の実践例）（以下简称《细则》）就是以 5 月 4 日提案为底本的，只作了很少的编辑。② 以下，我们的分析就以这个版本为准。

首先，《细则》所说的生活方式是广义的，也包括了工作方式。其次，《细则》的重点是对个人进行行为引导。这当然是因为社会是由个人组成的，而疫情是通过接触才传染的，因此，尽量保持个体之间彼此孤立隔离的状态非常重要。最后，《细则》按照从一般原则到具体情境这样一种顺序进行叙述，因此，在内容上难免有部分交叉或重合之处。

整个生活方式由四大方面总共 22 条细则构成，四大方面依次是：第一，个人防止感染的基本对策；第二，日常生活的基本生活方式；第三，日常生活的各种场面（诸如购物、娱乐、运动、出行、用餐、聚会等）的生活方式；第四，工作方式。

防止感染的三个基本生活方式是：

①与他人保持一定的身体距离（身体的距離の確保）。
②戴口罩。
③勤洗手。

后两条没有什么歧义，但第一条"与他人保持一定的身体距离"似乎比较抽象，难以把握。为了便于执行，《细则》将其精确到距离单位"米"：与他人的距离最好保持在 2 米（最低 1 米）。

从"保持一定的身体距离"这个原则又衍生出一系列建议，除了前面提

---

① 新型コロナウイルス感染症対策専門家会議. 「新型コロナウイルス感染症対策の状況分析・提言」. （2020 年 5 月 4 日） ［EB－OL］. https://www. mhlw. go. jp/content/10900000/000629000. pdf.

② 日本厚生劳动省. 新型コロナウイルスを想定した「新しい生活様式」の実践例を公表しました ［EB－OL］. https://www. mhlw. go. jp/stf/seisakunitsuite/bunya/0000121431_ newlifestyle. html.

到的"三密"回避，又增加了以下内容：可以在室内也可以在室外进行的活动，选择在室外进行；聊天的时候，尽可能避开面对面说话；排队付款时，前后留空间；走路交错时保持距离；唱歌、给人助阵加油时，要保证空间足够宽敞，或者利用网络；吃饭时不坐对面，隔壁坐着吃；避免多人数的聚餐。

其实，所有这些做法都是为了将人身接触降到最低程度。本着这种精神，《细则》不鼓励任何可能形成人群聚集的行为。所以，不难理解这样一些建议：探亲旅游要谨慎；除非万不得已，尽量回避出差；去商场时，一个人或少数同伴，挑选人不多的时间段前往；去公园时，要挑选人不多的时候；跑步在人少时进行；出行尽量徒步或利用自行车，实在需要利用公共交通工具，则尽量避免高峰时段；时差出勤；轮流上班；等等。

《细则》一个突出的特点是提倡利用信息技术，下列建议就是明证：适时选用网络邮购；利用电子支付；在家利用视频进行肌肉训练、瑜伽；网络工作；网络会议；网络交换名片；等等。信息技术的利用，实际上就是将很多线下的活动转移到线上（online）进行。线下活动，无论怎么刻意保持距离，或通过戴口罩、勤洗手加强防范与清除，都还不能做到"零接触"。相比之下，线上活动可以实现百分百"零接触"。因此，线上活动受《细则》青睐，是不言而喻的。

必须指出，对于日本政府而言，这种"新生活方式"不是疫情期间的临时措施，更不是针对"紧急事态"而做的特别对策，毋宁说，它是解除"紧急事态"之后的常规化管理。之所以将其称为"生活方式"，是基于它要在很长一段时间发挥作用这一点而言的。这个判断是新冠病毒感染症对策会议的专家做出的。

最近，医学专家、专家会议副主席（副座长）尾身茂教授①在接受日本TBS电视台采访时表示，距新冠疫苗完全开发到正式投入使用，最少需要一年半的时间。在此期间，必须学会与新冠病毒共存，别无选择。保守估计，新生

---

① 尾身茂（Shigeru Omi），出生于 1949 年 6 月 11 日，1978 年毕业于日本自治医科大学，在日本东京都伊豆七岛行医，1991 年成为自治医科大学公众卫生学教授。2003 年对 SARS 有重大研究与指挥。曾任第六十六届世界卫生大会（2013 年 5 月 20—28 日，日内瓦）主席，现任世界卫生组织西太平洋区域总监。在日本抗击新冠病毒的过程中，他被任命为基本对策咨询委员会（基本的对处方针等諮問委員會）的会长，日本厚生劳动省召集的"病毒感染症对策专家会议"的副主席。

活方式最少要延续到那时为止。但尾身茂称，为健康考虑，建议大家在那之后也一直这样做。①

尾身茂这样说，虽然多少有些令人沮丧，但他并非危言耸听。因为，即便大流行结束，并不意味着病毒立刻就会消失，如前所述，祸害人类的 H1N1 流感，从大流行转为程度较轻的地方性传染病，还继续存在了 40 年之久。

在 2020 年 5 月底"解封"之后，"新生活方式"已经在日本全国推行，其中，最明显的表现是企事业单位，出现了疫前不曾见过的各种新"风景"。②

公司　疫情期间，日本公司纷纷采取在家远程办公的方式。彻底"解封"之后，不少日本企业还继续保持了在家办公、在线会议等工作方式。如日立公司宣布，在家办公的员工，从 6 月以后公司每月支付每位员工 3000 日元，用于在家里办公的必要费用、中途去公司时必须消耗的口罩与消毒液等花费。同时宣布，从 2020 年 4 月开始，每周 2—3 天，大约一半的员工实行在家办公。索尼公司从 6 月 1 日起，分阶段放宽到公司上班的员工比例，但将上班人数控制在 20%，第三周以后控制在 30%。其他大型企业，诸如松下、KDDI、麒麟等，都宣布一定比例的员工继续执行在家办公的工作方式。

商店　"解封"后，银座、日本桥商圈等许多商店已重新开始营业。不过，为防止飞沫感染，收银台前都挂上了透明塑胶帘，隔开结账的顾客与店员。日本星巴克店铺内，为防止结账和传递咖啡时飞沫接触，已在收银台前设置挡板。许多商店的收银台前，为引导民众保持社交距离排队，在地上都张贴了指示，教大家怎么排队，脚步需按数字或暂停点前进。日本 7 - ELEVEN 门店均已挂上飞沫隔离塑料毯，并要求店员必须佩戴口罩营业。

餐饮　遭受疫情打击最严重行业之一的餐饮业，开展外卖服务是其主要自救方式。"解封"后，由于人们对群体性感染的恐惧心理不可能在短期内消退，因此，餐饮业继续推出外卖服务。一些外带熟食便当的店，为减少飞沫传播的可能，在每道菜前标出手指比数字的图案，直接用手比画所要的沙拉和主配菜，通过这种方式让客人点餐时保持沉默。在主营便当、小菜的 Origin 东秀

① 王昱. 日本，与疫共存［EB - OL］. 齐鲁晚报. 2020 - 05 - 09. https://sjb. qlwb. com. cn/qlwb/content/20200509/ArticelA07002FM. htm.

② 刘戈. 抗疫新常态下日本民众的新生活方式［EB - OL］. 人民网. 2020 - 06 - 02. https://www. sohu. com/a/399168752_ 120578424.

的自助销售柜台，过去的做法是客人自己用夹子往容器里夹菜。但从3月上旬开始，店方只出售事先打包好的成品，不再让顾客动手夹菜。

学校　日本各地的学校在"解封"后陆续开学复课。为落实"解封"后的防控措施，日本文部科学省向各地教育委员会发布了以"学校的新生活方式"为主题的卫生管理指南，将地区的感染风险分为3个等级，内容涉及保持距离的方法、可开展的教学及社团活动等。尤其针对学生之间的社交距离做了明确规定，被划分为2级、3级的地区，学生之间的社交距离需达2米，而感染风险为1级的地区不得少于1米，座位也要留出足够的间隔。为了确保必要的社交距离，如有必要，文部省建议各学校采取分散和错峰上学。针对具体的上课内容，理科的实验与观察、音乐合唱与管乐器演奏、烹调、体育等，如果学校所在地被划分为3级，不建议上这些课。

总之，与疫前相比，开门的地方不仅在数量与时间上大为缩减，而且，就算开门，与疫前相比，也增加了诸多禁忌与隔挡。这些变化是醒目的，让人无法忽略。可以想见，这种生活新样式，会给人心理上造成一种异样乃至不适。比如，人与人见面时各自都捂着口罩，讲话都隔着1米以上的距离，这样的见面也许还不如不见；在全程沉默的气氛中完成点餐，这样的用餐体验绝对谈不上愉快；学生不能再上他们喜爱的体育课与音乐课，这样的学校生活对他们很难构成吸引。

幸亏有网络，否则，恐怕人就要活活困死在这种变形的压抑的线下生活中了。不可否认，网络带给人自由：在家远程办公，"我的空间我做主"。虽然足不出户，但有了网络，你随时随地都可以跟亲友视频、语音，"天涯若比邻"。更不用说，便捷的网购。只用动动手指，你要的一切自会有人送上门来。线上的世界无比精彩，你可以工作、学习、娱乐、联谊。而且，更重要的是，你可以自由呼吸，不用戴上让你难受的口罩。

日本后疫时代（p.C.）的生活方式，人工智能在其中扮演了越来越重要的角色，正是人工智能才使得被病毒限制在各自家里的活人没有被自我囚禁，而是拥有了那么多的自由与方便。

三、人工智能不能做什么？

那么，人工智能是万能的吗？人工智能可以做到跟人类一样好吗？人工智能会把人类带向何方？人类会因此异化或退化乃至灭绝吗？限于篇幅，我们在这里不可能回答上述所有问题，只想就一点来谈，那就是后疫时代人工智能在生活方式中的大量应用，在给人带来便利的同时也存在一个让人不易察觉的"天花板"。

众所周知，人工智能技术的运用，使得传统社会的许多活动能够成功地转移到网上完成。"宅"在家里，你就可以轻松地进行购物、办公、学习、交谊。而疫情加剧了人们对线上方式的依赖，越来越多的线上功能被开发出来。

比如，不能见面茶叙、餐叙，是疫情管控后人们感到苦恼的一件事，尤其对日本的上班族而言，因为下班后与同事一起去酒吧或居酒屋是他们一项必不可少的社交或团体生活内容。

然而，据路透社 2020 年 5 月 13 日的报道，日本社会现在很流行"在线酒会"，即酒友们通过视频软件在线上云干杯。受疫情影响，无法在居酒屋喝酒聊天，于是上班族们干脆把酒会转移到了网上，定期举办网上酒会以消除在家的寂寞。日本手游公司 Gree 从 4 月份开始还给所有员工每人每月发放 3000 日元的"网络吃喝补助金"，鼓励员工在家远程办公的同时，要与同事多在网上饮酒聚会，沟通感情，分享信息。

所以，社交问题难不倒人工智能。以往需要见面做的事，现在可以通过云"见面"解决。连云干杯、线上酒会都出现了，就更不用说一般的视频聊天、视频会议、网络直播了。

对此，可能有人依然怀有疑虑：说到底，这些社交都是虚拟的，终究不真实。长期生活在虚拟世界，对人真的好吗？不会造成什么问题吗？

这种疑虑激发我们思考：与真实相比，虚拟世界究竟缺少什么？它所缺少的部分对人来说是否非常重要？换言之，真实世界是否存在某种不可替代性？

且以疫情期间武汉大学开通的"云赏樱"为例。每年 3 月，武汉大学成千上万株樱花一齐开放，观者如云，成为远近闻名的一大风景。2020 年，由于疫情，校园不对公众开放，为满足大众的期待，不辜负良辰美景，武汉大学特别开启"云赏樱"活动，2020 年 3 月 16 日至 25 日每天上午 10 时至下午 4 时，通过网络为公众呈现校园樱花实景。①

---

① 武汉大学开通"云赏樱"［EB - OL］. 中国日报网. 2020 - 03 - 17. https://baijiahao. baidu. com/s?id = 1661394771917081775&wfr = spider&for = pc.

"云赏樱"与身临其境地现场赏樱，区别在哪里呢？现场赏樱，你看到的是樱花本身，而"云赏樱"，你看到的其实是图像。而且，现场赏樱，你是用自己的眼睛去看，无论是观看的时间、地点，还是观看的高度、角度，都是非常个人化的、自由随意的。而"云赏樱"则是通过一个给定了的视角，是通过他人之眼去看，实际上，所有这些图像信号，据说都是由一辆5G无人摄像车在武汉大学樱花大道进行巡游，实时采集和传输直播的。就算摄影车比你本人在现场观看的取景更全、历时更久，可能你还是喜欢透过自己的眼睛去看。更不用说，"云赏樱"无法带给你现场赏樱的那种统觉享受，充其量只不过是视觉的盛宴。比如，"云赏樱"不能让你体会到阳光照在身上的那种和煦感（如果是晴天），春风拂面的那种惬意，纷纷飘零的花瓣落到你头上、手上的那种无法言传的触感。如果是凄风苦雨的天气，那又别是一番滋味，等等。

　　由此可见，与真实世界相比，虚拟世界差得不是一点点。第一，在目前技术手段的情况下，线上能提供的图像、声音信息，只有视觉与听觉两个频道，而嗅觉、味觉、触觉则付阙如，与人的现场体验相比，完全不在一个层次。而且，即便是视觉与听觉，也还严重受制于摄像、录音器材、传输方式以及播放器、显示器、监视器、信号放大器等因素。再好的相机，它捕获的图像跟我们的肉眼所见，也有很大距离。第二，虚拟世界的另一个问题在于，它受控于虚拟世界的提供者（生产商），其中存在有意与无意的选择。在极端的情况下，虚拟世界可以完全是赝品（fake）。就像聊天软件刚刚兴起时，你很难知道跟你聊天的人的真实身份、真实形象。正如比尔·盖茨的名言："你甚至不知道和你交流的对方，是一条坐在电脑前会敲击键盘的狗。"如今，视频聊天也不能最终解决真实性问题，如果你相信摄像头里的那个人就是他（她）在生活中本来的样子，那世上就没有电影这回事了。不要忘记，好莱坞的别名就叫作"梦工厂"。"有图有真相"，常常是"有图没真相"。

　　但是，可能你会说，现实生活中难道就没有欺骗？你亲眼所见就能保证都是真的？魔术可都是你亲眼所见啊。诚然，现实生活中有欺骗，亲眼所见并不能保证"眼见为实"。但是，相比线上所见，这种线下面对面，至少不会被各种"美颜"软件硬件所误，至少能了解这个人在天光之下的样子。毕竟，离开了专业灯光师布置的摄影棚，没有多少人自带闪光。至于说"知人知面不知心"，那已经属于高级人生课程修习的内容。无论如何，从虚拟世界走到真实世界，是开启一份相互信赖的人际关系的基本要求。当然，如果虚拟世界的交流就已经让你满足，你大可止步不前。

对长期亲密关系的需求，必然使人类不会满足于虚拟世界。但是，对于那种短暂的、"逢场作戏"式的关系，虚拟世界所提供的一切也许就够了。就好比，你去酒吧跟一个刚认识的人喝一杯酒，你去看一场演出，你与人在线打联机游戏。你不关心他（她）的真实，你跟他（她）的真实生活可能永远没有交集。甚至，你本来就是因为不堪重负于一种长期、亲密关系，而要开启这样一种短暂的关系、肤浅的接触。

但这不正是问题所在吗？长期生活在这种虚拟世界，让人无力同时也害怕建立一种长久而亲密的关系，这难道不是人际关系的空洞化？而且，对于一种已经存在的长久亲密关系，诸如恋人、夫妻、父子、知交，若长期只能通过虚拟世界维系，久而久之，这种关系也必将名存实亡。

想象一下，你的摄像头24小时打开，直播你的生活，远在天边的你的另一半也同样如此。你们甚至能保持同一生活节奏，你在这边举起酒杯，他在那边同时举起酒杯，你们的世界看上去像是紧紧地黏合在一起。然而，事实上，你们的世界隔了巨大的鸿沟，你们并没有共同生活。因为，共同生活，不是同时在两个不同的地方举起酒杯，而是你们能够碰杯，并能听到碰杯的声响、感受到酒杯的一阵微颤，你能把自己精心烤好的牛排夹到对方盘子里，看着他大快朵颐。是的，你们是同步，但你们之间不存在真正的互动，你们想表达彼此的爱意，你们的吻只能落在各自的电脑屏幕（如果你们冲动之下忘了彼此其实是在屏幕里），你们拥抱的也只能是各自的屏幕，而不是那鲜活的、火热的、带着各人特有气味的身体。最后，你们会发现，信息技术虽然能够把你们带到彼此的眼前，但你们中间依旧隔着万水千山，这种近在眼前却无从摸索的感觉，会让你们无比沮丧，被一种强大的虚无感淹没。

这种虚拟世界的相会就像梦，"梦里不知身是客，一晌贪欢"①，但实际是你一个人在这里，是你一个人的"独角戏"。好像跟梦又不同，因为你们似乎真真切切地通了话。但这跟梦又有什么本质的区别？梦里也可以交谈，甚至还可以拥抱，醒来甚至你还能记得那种实实在在的拥抱感。

---

① 李煜：《浪淘沙令·帘外雨潺潺》。

多么奇怪，那个让你朝思暮想的人离你那么近，他的样子那么清楚，他的声音也一点没变，他能听到你，还能对你的话及时做出回应，但你伸手所及，却不是活生生的他，而是坚硬的电脑屏幕。如果你用的是投影，那你碰到的就是一束光。总而言之，不是他，不是你要的那个人。

是的，如果你要的是一个活生生的生命，目前的人工智能技术还不能满足你。也许未来可以。2018 年 8 月，美国明尼苏达大学利用 3D 打印设备制造出生物工程脊髓①，打印一个完整的活人只是时间问题。但是，打印一个活人又如何？新的麻烦会出来：这个人与那个身在遥远地方的人是什么关系？当那个人透过摄像头看到你跟这个打印出来的自己（？）在一起做他本来该做的事，他是什么反应？之后一系列伦理、法律纠纷，不难想象。

3D 打印也许可以解决虚拟世界的问题，但它并没有真正解决你跟天各一方的爱人"可望而不可即"的问题。因为，你要的是那个人，而不是那个人的复制品。除非，像帕菲特（Derek Parfit，1942—2017）设想的那样，当这个复制品打印出来之后，就将那个"原本"消灭。② 然而，如此一来，问题变得更加复杂，在道德上必将引起严重的错乱。

人工智能能够把你想见的人带到你眼前，但这个"人"只是那个人的"幻影"，一个能实时对话的"幻影"。人工智能甚至能把你想见的人的"替身"或"复制品"带到你面前，这回你可以触摸，他实实在在，但他仍然不是你思念的那个人，那个人此时此刻依然在距离你十万八千里的地方思念着你。

归根结底，人工智能不能代替你去感受、去生活。因为你无可替代，一旦你让别人代替你感受，代替你生活，就意味着，你已经让渡出自己，那部分的你已死。

结语

面对新冠病毒，由于"病从触入"，所有防控措施都是为了达成"不接

---

① 美 3D 打印出生物工程脊髓［EB－OL］. 科技日报. 2018－08－13. http://www. xinhuanet. com/tech/2018－08/13/c_ 1123258716. htm.

② Derek Parfit. *Reasons and Persons*. Oxford University Press. 1984：199－200.

触"这个目的，其中，没有比线上交流更为理想的方式。然而，线上交流无论怎样先进，它在本质上也未能改变人与人相隔不亲的事实。而人与人的相隔不亲状态（也就是通常所说的"宅"）是不符合人性的。如果人工智能的研发是为了更好地实现人性、服务人性，那么，就不能不承认，人工智能在这方面的表现未能尽如人意。

儒家无比珍视"仁"这种价值，而对于"仁"的理解，人与人之间的交互性是一个重要维度。清代学者阮元（1764—1849）说：

春秋时，孔门所谓仁也者，以此一人与彼一人相人偶而尽其敬礼忠恕等事之谓也。相人偶者，谓人之偶之也。凡仁，必于身所行者验之而始见，亦必有二人而仁乃见。若一人闭户斋居，瞑目静坐，虽有德理在心，终不得指为圣门所谓之仁矣。盖士庶人之仁，见于宗族乡党；天子诸侯卿大夫之仁，见于国家臣民，同一相人偶之道，是必人与人相偶而仁乃见也。①

按照阮元的理解，一定要有两个人以上，才谈得上仁；一个人闭户斋居，即使有德行，明事理，也是谈不上仁的。就是说，只有在交往活动中，仁这种美德才会显现。②

借助人工智能，现代人实现了在虚拟空间的交往，这诚然是一大技术进步。然而，如同本文所分析的那样，虚拟空间的交互具有一种"先天"缺陷，它与现实生活中的交互有着质的不同，它始终不能进入没有中介的直接交互，无论是深度还是广度，它都无法与现实生活中的交互相比。虚拟空间的交往，培养不起来真正的信任，一种深深的空虚感始终挥之不去。在这个意义上，它无法完成孝、忠或任何一种基于"仁道"的义务。

---

① 阮元：《论语论仁论》，《揅经室集》上，中华书局 2006 年版，第 176 页。

② 阮元对"仁"的理解，在儒家关于"仁"的众多解说中独树一帜，当然，这不是说他空无依傍。在笔者看来，对于"仁"的理解并不存在一个标准答案，只要言之成理，就可备一说。关于"仁"字的语义演变，可参看陈来：《仁学本体论》"原仁上第二""原仁下第三"，生活·读书·新知三联书店 2014 年版，第 101－167 页。

礼乐的本源

——《论语》"先进于礼乐"章释义

刘崧

（复旦大学哲学学院，上海　200433）

【摘要】《论语》"先进于礼乐"章，古来解者或以"先进后进"为先辈后辈，或以为仕进之先后，而皆不能圆融说明孔子何以会"从先进"。文本细读表明，此章实为孔子追究礼乐之本源而发，"本源"兼涵发生学意义与本体论意义。"先进后进"非谓辈分或时代之先后，亦非进学或仕进之先后，乃秩序发生之先后。"先后"指向秩序之生成，与特定社会结构、制度建置相关联。野人、君子之分判乃春秋时期国野制度之反映。野人生活扎根天地之间，自然兴发礼乐活动；此为礼乐之最本源者，故云"先进于礼乐"。"后进"意谓上层君子之制礼作乐，其制作殊非向壁虚构，而以"先进"为所本。孔子言"礼失而求诸野"，意谓上层之礼失，则必返诸野以求其本源也。

【关键词】孔子；礼乐的本源；先进于礼乐；国野制度

《论语·先进》篇首章记载孔子的一句话，看似寻常，实则极为重要。原文为：

子曰："先进于礼乐，野人也；后进于礼乐，君子也。如用之，则吾从先进。"（《论语·先进》①）

---

① 李学勤主编：《十三经注疏·论语注疏》，北京大学出版社1999年版。

对这句话的解读，自古迄今，岐说纷纭，尚无定解。这样一句看似简单的话却未能取得统一的解释，表明其真实命意仍处晦暗之中，有待开释。

笔者认为：第一，孔子这句话的中心论题是"礼乐"；第二，孔子在此谈论礼乐的方式是把"野人"与"君子"对举，二者对应的礼乐具有不同的意义机制；第三，之所以具有不同的意义机制，根据在于"先进""后进"；第四，孔子表明自己的态度：如果要采用一种礼乐（用之），他会遵从"先进"之类型。这是笔者对孔子这句话爬梳出来的语意逻辑层次。愚以为，本章乃孔子礼乐思想的纲领性表达，其中蕴涵着追问礼乐之本源的问题脉络。澄清这一问题脉络，需要领会孔子为何把"君子"与"野人"对举，二者在此是一种什么关系？特别是"野人"一词所包含的历史信息和制度背景何在？此外，还需要理解"进"之意涵，"先进""后进"到底何谓？最后，孔子"吾从先进"的表态传达出怎样的思想取向？这一思想取向有何深意？这些问题皆关要旨，不可不察。

以下，笔者从讨论几种常见的误释开始，逐步澄清孔子原话的问题意识，以敞开这一问题所指向的真理境域。

一、历代解读的混乱之处

为便于讨论，不妨从现代两种典型的解读切入，以探入孔子的问题脉络。杨伯峻和钱穆二位先生对此章的解读代表了学术史上两种典型的解读方向。兹引之如下：

孔子说："先学习礼乐而后做官的是未曾有过爵禄的一般人，先有了官位而后学习礼乐的是卿大夫的子弟。如果要我选用人才，我主张选用先学习礼乐的人。"[1]

先生说："先进一辈，从礼乐方面讲，像是朴野人。后进一辈，从礼乐方面讲，真像君子了。但若用到礼乐的话，吾还是愿从先进的一辈。"[2]

---

[1] 杨伯峻：《论语译注》，中华书局 2012 年版，第 154 页。
[2] 钱穆：《论语新解》，九州出版社 2011 年版，第 256 页。

这两种解读方式不妨分别称为"仕进说"（杨伯峻）和"文质说"（钱穆）。两种解说在历史上均不乏同类者。以下分别检视两种同类解说的代表性观点。

"仕进说"的最大支持者是清代的刘宝楠。刘氏《正义》认为，先进后进指弟子而言，弟子受夫子所施之教，进学于礼乐而后仕进。《礼记·王制》有"乐正崇四术，立四教，顺先王诗书礼乐以造士，春秋教以礼乐，冬夏教以诗书"等语，刘氏引之以证古代用人之法，皆令先习礼乐而后出仕，子产云"学而后入政"是也。"夫子以先进于礼乐为野人，野人者，凡民未有爵禄之称也。春秋时，选举之法废，卿大夫皆世爵禄，皆未尝学问。及服官之后，其贤者则思为礼乐之事，故其时后进于礼乐为君子。君子者，卿大夫之称也。"刘氏认为，"先进于礼乐"之所以是"野人"，乃因为春秋时选举之法废，卿大夫（君子）"皆未尝学问"。这一解说不免令人生疑：即便是选举之法废，难道"野人"会比"君子"有更多机会学习礼乐？而对于"用之"，刘氏认为是指用人："用之，谓用其人也。后进于礼乐，虽亦贤者，然朝廷用人，当依正制，且虑有不肖滥入仕途也。"①

杨伯峻承袭刘宝楠之说而稍作取舍："译文本刘宝楠《论语正义》之说而略有取舍。孔子是主张'学而优则仕'的人，对于当时的卿大夫子弟，承袭父兄的庇荫，在做官中去学习的情况可能不满意。《孟子·告子下》引葵丘之会盟约说，'士无世官'，又说，'取士必得'，那么，孔子所谓'先进'一般指'士'。"② 然而，这种解说存在的明显问题是：首先，把"进"解释为"学习"根据何在？若是"学习"，孔子为何不说"先学于礼乐"？"学"可是《论语》的核心字眼，为何弃之不用？其次，又犯增字解经之病，原文并没有表示"做官"或"有了官位"的字眼，"进"固然可以解为"仕"③，但此意置入原文，"先仕于礼乐"则文法不通；其三，把"如用之，则吾从先进"解

---

① 程树德著，程俊英、蒋见元点校：《论语集释》（下），中华书局2013年版，第850－851页。
② 杨伯峻：《论语译注》，中华书局2012年版，第154页。
③ 《荀子·大略》"君子进则能益上之誉"，杨倞注云："进，仕也。"又《大戴礼记·曾子制言中》"君子进则能达"，王聘珍解诂云："进，仕也。"见宗福邦等编：《故训汇纂》，商务印书馆2003年版，第2293页。

为"如果要我选用人才，我主张选用先学习礼乐的人"，未及慎思原文"用"字和"从"字之义，囫囵解为"选用"，殊欠严谨，而且以"之"指代"人才"，亦不合原文语意逻辑。"用"是选用，"从"也是选用，孔子为何不说"如用之，则吾用先进"？这一问题在刘宝楠的解说中同样存在。

钱穆主张"文质说"，认为"君子""野人"是就文质而言："野人，朴野之人。先进之于礼乐，文质得宜，犹存淳素之风。较之后辈，转若朴野。君子多文，后进讲明礼乐愈细密，文胜质，然非孔子心中所谓文质彬彬之君子。"① 至于"先进后进"，钱穆沿袭朱熹等人的观点，理解为辈分之别："先进后进，犹言前辈后辈，皆指孔子弟子。"② 可是，这种理解还原到原文语境，则面临语法不通的窘境："先辈于礼乐，野人也"，显然不成文。至于本章的主旨，钱穆认为孔子是谈论门下弟子："先进如颜、闵、仲弓、子路，下章前三科诸人。后进如下章后一科，子游、子夏。本章乃孔子分别其门弟子先后不同。"③ 弟子先后之不同，依据何在？钱穆认为是学风问题："本篇多评门弟子贤否，编者首以此章，为其分别门弟子先后学风最扼要。"④

主张"文质说"的代不乏人，此间情况较为复杂，需具体分析。具言之，"文质说"可以细分为三种类型：一是"古质而今文质彬彬"说，二是"古质而今徒有其文"说，三是"古文质兼备而今徒有其文"说。⑤ 然而，问题的复杂性在于，在主张"文质说"的人中间，同时又交叉着"仕进说"的观点。

---

① 钱穆：《论语新解》，九州出版社 2011 年版，第 256 页。
② 钱穆：《论语新解》，九州出版社 2011 年版，第 255－256 页。
③ 钱穆：《论语新解》，九州出版社 2011 年版，第 255－256 页。
④ 钱穆：《论语新解》，九州出版社 2011 年版，第 256 页。
⑤ 参见张思远：《〈论语·先进〉第一章新解》，《齐齐哈尔大学学报》2014 年第 5 期。第一类之例如《论语注疏》："先进于礼乐野人也者，先进谓先辈仕进之人，准于礼乐，不能因世损益，而有古风，故曰朴野之人也。后进于礼乐君子也者，后进谓后辈仕进之人也，准于礼乐，能因时损益，与礼乐俱得时之中，故曰君子之人也。"（邢昺：《论语注疏》，《十三经注疏整理本》，北京大学出版社 2000 年版，第 159 页。）第二类之例如《论语全解》："时有先后，礼乐有文质。先进于礼乐惟其寔而文不足，故曰野人；后进于礼乐惟其文而已，故曰君子，惟其文则非躬行者也，故欲从先进以救之，以其矫枉以直，救时以正。"（陈祥道：《论语全解》，《影印文渊阁四库全书》〈第 196 册〉，台北商务印书馆 1983 年版，第 149 页。）第三类之例如：《论语集注》："程子曰：先进于礼乐，文质得宜，今反谓之质朴，而以为野人。后进之于礼乐，文过其质，今反谓之彬彬，而以为君子。盖周末文胜，故时人之言如此，不自知其过于文也。如用之，则吾从先进。用之，谓用礼乐。孔子既述时人之言，又自言其如此，盖欲损过以就中也。"（朱熹：《四书章句集注》，中华书局 2012 年版，第 124 页。）

例如，何晏《集解》持"文质说"，同时又说："包曰：先进后进，谓仕（皇侃本'仕'作'士'）先后辈也。"① 邢昺疏曰："此章孔子评其弟子之中仕进先后之辈也。"② 傅慎微《宗城县新修宣圣庙记》引《论语》"先进于礼乐"，释义云："孔子所谓先进者，尧舜禹汤文武周公之时仕进者也。所谓后进者，孔子之时仕进者也。"③ 这表明，在一些释义中，"仕进说"和"文质说"其实是交叉的。看来这种区分尚流于表面，未触及问题之实质。

相较之下，李泽厚先生的解释显得较为融贯："孔子说，'先实行礼乐制度的，是居于城外的殷民族。后来采用礼乐制度的，是今日住在城中的君子们'。如果要实施，那我追随前者。"这种解说注意到了春秋时代的国野之分（类似今天城乡之分）。但李先生并未详细探讨此问题，并且自存疑问："孔子一贯'从周'，盛赞周礼，为何此章说要从野人之先进呢？不得解，也许今日之君子所行礼乐已经变质了？"④

本章解读之所以出现诸多疑难和混乱，直接原因在于释读者未能真切领会"进"字之义，未能领会"先进于礼乐""后进于礼乐"到底意谓什么，因而错失了孔子原话的问题脉络和致思方向。

二、"进"之先后与国野制度

"进"（進）字在甲骨文中已经出现。其字形上面是"隹"（zhuī），为小鸟之形；下面为"止"（趾），有行走逐鸟之意。《说文》云："进，登也。从辵，闻省声。"《说文》把"登"解为："登，上车也。"《尔雅》解为："登，成也。"表示作物成熟。"登、平者，年谷之成也。古人重农贵谷，谷熟曰'登'，登者，成也。"《汉书·食货志》云："进业曰登，再登曰平，三登曰泰平。是则'登、平'之义，本据谷熟为言。"⑤ 据此，《说文》解"登"为上

① 程树德著，程俊英、蒋见元点校：《论语集释》（下），中华书局2013年版，第849页。
② 程树德著，程俊英、蒋见元点校：《论语集释》（下），中华书局2013年版，第850页。
③ 程树德著，程俊英、蒋见元点校：《论语集释》（下），中华书局2013年版，第850页。
④ 李泽厚：《论语今读》，安徽文艺出版社1998年版，第253页。
⑤ 郝懿行著，王其和、吴庆峰、张金霞点校：《尔雅义疏》（上），中华书局2019年版，第169－170页。

车，固然无误，恐非本源之意。"登"与"升"古字互通，都有作物成熟之义。① 综合来看，"进"字本义与作物成熟有关，由此引申而有上进、前进、进益之义。

《论语》中"进"字出现十余次，根据句例可以推知其意义所在。

子曰："孟之反不伐，奔而殿。将入门，策其马，曰：'非敢后也，马不进也。'"（《雍也》）

子曰："与其进也，不与其退也，唯何甚！人洁己以进，与其洁也，不保其往也。"（《述而》）

子曰："譬如为山，未成一篑，止，吾止也；譬如平地，虽覆一篑，进，吾往也。"（《子罕》）

子谓颜渊曰："惜乎！吾见其进也，未见其止也。"（《子罕》）

子曰："求也退，故进之；由也兼人，故退之。"（《先进》）

上引诸例可见，"进"字基本义项为"行进而前"，或取具体之义（马不进也），或取引申之义（进，吾往也），或取抽象之义（与其进也），不管怎样使用，其核心意义一致。准此，笔者认为，"先进于礼乐""后进于礼乐"之"进"也与这一意义有关，应作为动词来理解。如果我们把礼乐与谷物进行联想，则"进"字可以兼融其本义与引申义，也未为不可。总之，"先进""后进"理解为先辈后辈或仕进之先后，字义、文法皆不通。

"先进""后进"之先后，当然是时间意义之先后。不过，这里有一个极关要害的问题：先后之时间性是指时代之先后，还是指一般生存结构意义的先后？这一问题必须得到澄清，否则孔子立言之大义终将蔽而不明。

关于这个问题，古来解说者大多认为先后是时代之先后。如《示儿篇》："先进，指三代而上。后进，指三代而下。"②《论语补疏》："五帝时淳素，质胜于文。三王时文质彬彬，益野人而为君子。……孔子时文胜质，既非先进，

---

① 郝懿行著，王其和、吴庆峰、张金霞点校：《尔雅义疏》（上），中华书局 2019 年版，第170、201 页。《玉篇》云："进，升也。"升，又作陞、昇，皆与作物生长成熟相关，升进、进益之义，皆由此引申而来。

② 程树德著，程俊英、蒋见元点校：《论语集释》（下），中华书局 2013 年版，第847 页。

亦非后进，欲其仍还后进之君子，必先移易以先进之野人也。"①《群经补义》："时人所谓先进之礼乐为野人，后进之礼乐为君子，意其指殷以前为野人，周以后为君子。孔子从先进，正欲去繁文而尚本质耳。"②《论语稽》："按先进谓武王、周公之时，后进谓春秋之世。"③《癸巳论语解》："前人于礼乐，务其质，而于文有所未足，后人则习其文而日盛矣，惟其文之盛，故以前辈为野人，而自谓为君子。"④ 此类解释甚多，不胜枚举。

以"先后"为时代之先后，一般而言固然可通，但这种理解恐怕未能切中孔子运思的问题脉络。若视"先后"为生存意义之先后，则问题将导向不同的方向。生存意义的先后是一种结构性的先后，不拘时代，不拘国别，这种"先后"均具有生存结构的一般性。这种"先后"之所以成立，根本就在于社会结构本来如此。也就是说，"野人"与"君子"之分判包含着一种社会结构信息，由此社会结构而原发地构成一般性的生存时间与秩序时间。孔子所谓"先进""后进"，正是秩序时间的表达。

基于上述思路，笔者试将孔子原话阐释如下：

孔子说："［在生活中自然兴发而］先行形成礼乐习俗的，是乡野之人。而后［通过采集模仿民俗而］制礼作乐的，是在位之君子。如果要采用一种礼乐文明，我主张遵从［自然兴发而形成的］先进类型。"

依据这种理解，"先进""后进"之先后乃是一般生存意义的先后，与时代之先后并无必然关联。生存意义的先后，实际上就是礼乐秩序生成之先后。所谓"进"，就是"进入"（生成、行进而前地生发）礼乐秩序。⑤ 以比喻言之，野人"先进于礼乐"，恰如自然地理条件优越的地方，谷物会率先成熟，一样自然。

---

① 程树德著，程俊英、蒋见元点校：《论语集释》（下），中华书局 2013 年版，第 847 – 848 页。

② 程树德著，程俊英、蒋见元点校：《论语集释》（下），中华书局 2013 年版，第 848 页。
③ 程树德著，程俊英、蒋见元点校：《论语集释》（下），中华书局 2013 年版，第 849 页。
④ 张栻：《癸巳论语解》，王云五等编：《丛书集成初编》，商务印书馆 1937 年版，第 85 页。
⑤ 朱熹《论语精义》云："进者，犹进于此道之进。从先进，近本也。"参见：《朱子全书》，上海古籍出版社 2002 年版，第 380 页。

这种阐释的根据，除了上文所论，其核心还在于"野人"一词所包含的历史信息。"野人"在《论语》中出现仅此一次，而且是与"君子"对举（"君子"通常与"小人"对举）。这一特例意味着我们有必要做一番考据，以探究"野人"所包含的历史制度信息。

　　据《周礼》所载，西周政权确立后，实行"国野分治"的制度。周天子把直接统治的王畿范围划分为"国"和"野"两大区域而经营布置，谓之"体国经野"。"国"与"野"之间为"郊"，"郊"内为"国"，"郊"外为"野"（"郊"字即取义于"国""野"交接之处）[①]。在"国"以外、"郊"以内，分设"六乡"。在"郊"以外、"野"以内，分设"六遂"。对"野"而言，"六乡"以内可以总称为"国"。对"国"而言，"六遂"以外可以合称为"野"。在《周礼》中，"乡""遂"的居民可以统称为"民"；但"六遂"的居民却有专门的称呼，叫"氓""野民"或"野人"。[②] 在这种社会结构中，城中之人与野人地位不同，处境不同，负担也不同。大体而言，城中之人是贵族政权的重要支撑，担负军赋、兵役等政治军事任务，当然也享有接受教育、被选拔的优先机会。野人则主要从事农业生产，担负物品生产和服劳役。这种制度建制在春秋时期仍普遍保留，如齐鲁等国。《周礼》成书年代大致为春秋、战国间，书中所述制度或许杂有拼凑或理想的部分，但国野之分大体符合

---

　　① 《说文》："郊，距国百里为郊。从邑，交声。""野"字甲骨文为林中有土，指从田园到山林之间的过渡地带。《说文》："野，郊外也。"《尔雅·释地》："邑外谓之郊，郊外谓之牧，牧外谓之野，野外谓之林。"

　　② 杨宽：《西周史》，上海人民出版社 2019 年版，第 421 – 423 页。杨宽在《西周史》一书中采用"乡遂制度"一词，不用"国野制度"；二者名称虽异，所指则同。杨宽的看法曾遭到于省吾的反对，于省吾认为乡遂制度并不是西周的制度，只在春秋的一些国家实行。（见于省吾：《关于〈论西周金文中六师八师和乡遂制度的关系〉一文的意见》，《考古》1965 年第 3 期，第131 – 133 页。）李峰认为，"遂"字源于西周可以明确（青铜铭文可证），它的语义流传到后来，指和城市有一定距离的地区，但是目前没有可靠的证据证明《周礼》中的乡遂制度在西周时期便作为一种管理城市及其郊区的方式而存在。贵族占据的"国"与农业人口居住的"野"之间的区别很可能反映了发生于东周时期的社会变革。（见李峰著，吴敏娜、胡晓军、许景昭、侯昱文译：《西周的政体——早期中国的官僚制度和国家》，生活·读书·新知三联书店 2010 年版，第174、287 页。）最近的一个研究则认为，乡遂制度起源于西周时期的齐国。（见张懋镕：《古文字与青铜器论集》，科学出版社 2002 年版，第 34 – 41 页。）不管怎样，"遂"字及其所指代的事实至迟在西周已经出现，是可以肯定的；乡遂制度至迟在春秋时期的一些地区已经存在，也是可以肯定的。

历史实情。① 作为社会结构的一般事实，国野之分实质上类似城乡之分，这种分化是人类社会存在的基本结构，虽然不同的时代其分化的具体情形会有不同，但这种分化本身却是恒常的。

考察西周以来的社会政治结构，可以进一步明确野人的生存意义。西周政权建立后，王权统治的范围包括王畿地区和地方侯国两大板块。王畿地区，具体包括分散在陕西中部渭河流域的贵族政治组织及东都成周附近的较小区域。地方侯国则主要分布在东部地区。二者的意义并不相同：地方侯国是一个政治秩序，它只在以西周国家作为参照体系时才有意义；王畿地区则是一个社会秩序，是基于周人的伦理价值而形成的规范宗族内部的关系。② 这两个秩序在西周扮演着十分不同的政治和社会作用；这一点可以从"邦"与"国"的区别体现出来。"邦""国"皆由分封而来。③ 但在西周时，狭义的"邦"字主要用来指称渭河流域的政体组织，从未用来指称地方封国。相反，"国"字在当时则专指地方封国，且常常与方位词连用，如"东国""内国"等，而从未用来指称陕西地区的政体组织。不管是邦还是国，二者都是由"邑"建构起来的。"邑"是西周社会与政治的实体性结构。"邑"可大可小，诸侯国便是大

① 有学者通过考察"国"字古训，发现西周文献（《尚书》《易经》《诗经》）中"国"字有两种意义：一是相当于今语地域之"域"，另一义是邦国之"国"，而无论在文献里还是金文中，都找不到"国"有"城"或"都城"之义的证据。据此认为，西周的城市与乡村是"无差别的统一"，国野制度是"令人怀疑的东西"，"西周本无作为政治区划的国野制度"。（参见赵伯雄：《周代国家形态研究》，湖南教育出版社1990年版，第160－171、185页。）笔者以为，通过文字训诂来探讨某一文字的时代意义，并据此推断其社会实情，这种方法是可取的，但并非任何时候都是充分的。须提请注意的是，西周时代书籍之出现尚处萌芽状态，人们尚无完备的名相概念来称谓各种社会实情，《周礼》对西周的一些记载很大程度上有事后建构的成分，但这种事后建构并非毫无凭据。"国野制度"作为西周时代的一种事实是一回事，用"国野制度"这个称谓来描述这一事实是另一回事（这意味着，春秋战国的人可以用当时的"国"字去指谓西周的"城"这一事实）。有事实并不一定同时就有对事实的描述。观念、概念常常滞后于事实，这是人类文明史的常事。本文旨趣在于哲学而非历史考证，故在明确国野分划作为历史实情之前提下，即可展开讨论。

② 李峰著，吴敏娜、胡晓军、许景昭、侯昱文译：《西周的政体——早期中国的官僚制度和国家》，生活·读书·新知三联书店2010年版，第53－54页。

③ "封"与"邦"在字形上有关联："封"字甲骨文和金文为一只手或双手拿起植物，表示"栽种"，意指通过栽种树木以划定边界；"邦"字左边近似"封"，右边多一"邑"，意指由"封"所种植之树而划定的区域。二者字源及字形之关系，见周法高：《金文诂林》，香港中文大学1974年版，第4099－4100页、7450－7452页。

邑，大邑下面有宗邑，宗邑下面还有属邑。从纵向看，"邑"是层级性的逐级代理关系。从横向看，"邑"与"邑"之间可以存在交叉或重叠的区域，并没有严格的（领土意义的）边界。这是一种基于血缘宗法关系逐级委任的分层代理结构。西周就是由这样大大小小的邑组成的"权力代理的亲族邑制国家"（Delegatory Kin-ordered Settlement State）。[1] 因此，实际上，在每一个邑中都会有城与野的分际：邑之中心为城，城之郊外为野。虽然春秋时期社会变革已然显著，但这一分判本身仍然延续。

孔子以"野人"与"君子"对举，显然是社会政治结构的反映，代表着特定的社会地位和生活形式。即便到战国，"野人"仍是一个专有名词。傅斯年考辨云："《诗》：'我行其野，芃芃其麦'，明野为农田。又与《论语》同时书之《左传》，记僖二十三年'晋公子重耳……出于五鹿，乞食于野人。野人与之块'。然则野人即是农夫，孟子所谓'齐东野人'者，亦当是指农夫。"[2] 与"野人"相对，"君子"是指居住在城里的卿大夫阶级，二者不仅构成政治上的治与被治关系，而且构成经济上的养与被养关系。《孟子·滕文公上》说："夫滕，壤地褊小，将为君子焉，将为野人焉。无君子，莫治野人；无野人，莫养君子。"《周礼订义》卷二十八云："遂自虞衡之官，极而掌蜃之微，莫不有职君子，所以治野人者，悉矣而天子之囿，游始见诸此谓之囿游，信非弃田以为园囿，使民不得衣食者比也。"[3] 这说明，迟至《孟子》时代，"野人"都是指代农夫的专名。

既然君子处于治者地位，各方面条件当然更为优越，为什么会"后进于礼乐"呢？相反，野人处于被治地位，各方面条件不如君子，为什么反倒"先进于礼乐"呢？这个问题指向礼乐的本源。

三、孔子"吾从先进"之深意

在发生学意义上，礼乐究竟是如何起源的？对此，一般人会认为，礼乐是

---

① 李峰著，吴敏娜、胡晓军、许景昭、侯昱文译：《西周的政体——早期中国的官僚制度和国家》，生活·读书·新知三联书店 2010 年版，第 295－301 页。

② 傅斯年：《史学方法导论》，中华书局 2015 年版，第 129 页。

③ 王与之：《周礼订义》，《影印文渊阁四库全书》（第 93 册），台北商务印书馆 1983 年版，第 474 页。

圣人制定的。可是，圣人凭什么来制定礼乐？《荀子·礼论》有一段话探讨礼的起源问题："礼起于何也？曰：人生而有欲。欲而不得，则不能无求；求而无度量分界，则不能不争；争则乱；乱则穷。先王恶其乱也，故制礼义以分之，以养人之欲，给人之求，使欲必不穷于物，物必不屈于欲，两者相持而长，是礼之所以起也。"根据这段话，人们有理由认为礼乐就是"先王"（圣人）制定的。可是，这段话并不是一个发生学的描述，而是一个建构性的阐释。它从理论上阐发了礼之所以存在的"理由"（礼的功能），而并没有阐发礼之所以出现的发生学意义。这种阐释过滤了历史性因素，基于礼之功能的分析而把礼之出现归诸"先王"的制作。"先王"在这里主要是一个思想修辞。当然，把"先王"坐实来理解也并非不可，比如周公就是"先王"之一。但是，即便是周公，他制礼作乐就是向壁虚构出来的吗？非也；制礼作乐必有所本。这个"本"在哪里？就在野人的生活中。野人生活于天地之间，自然兴发礼乐活动。这方面的道理，我们不仅可以在古籍文献里找到依据，也可以在现实生活中获得具体的感知。

周朝一直有定期采诗以制礼作乐的传统，并设有专门的采诗官。《诗经》很大一部分（以《国风》为主）即通过采诗而形成。《汉书·艺文志》载："《书》曰：'诗言志，歌咏言。'故哀乐之心感而歌咏之声发，诵其言谓之诗，咏其声谓之歌。故古有采诗之官，王者所以观风俗，知得失，自考正也。"《汉书·食货志》载："孟春三月，群居者将散，行人振木铎徇于路以采诗，献之大师，比其音律，以闻于天子。故曰：王者不窥户牖而知天下。"行人就是行走于乡野而采诗的人。哪些人可以做行人呢？《春秋公羊传》卷十六何休解诂云："男女有所怨恨，相从而歌，饥者歌其食，劳者歌其事。男年六十、女年五十无子者，官衣食之，使之民间求诗。乡移于邑，邑移于国，国以闻天子。故王者不出牖户，尽知天下所苦；不下堂，而知四方。"[1] 这些文献表明，采诗官实际上扮演着双重角色，一方面是采诗以供上层制礼作乐，另一方面也可以借此谙熟民情以沟通上下。

诗原本就是乐的一部分。诗主要采自民间，意味着礼乐最先也发源于民间。野人劳作于天地之间，感于劳作节律而兴发喜悦之情，自然地手舞足蹈而

---

① 何休解诂，徐彦疏：《春秋公羊传注疏》（下），上海古籍出版社 2014 年版，第 679 页。

产生歌舞等艺术活动。野人生活于田野村社，承接地气水土，震于风雨雷电而心生敬畏之情，自然地产生出各种敬拜、祭祀仪式。古人的生产、生活是一体化的，生产的准则同时就是生活的艺术①。这一形态可以描述为生产艺术化、艺术生产化，或者说伦理审美化、审美伦理化。这是最原始最自然的礼乐，却也是最富生命力的礼乐。此中，生产与艺术原本无分，伦理与审美原本无分。这种礼乐扎根于自然，扎根于生活，生命力强劲，能够不断生发、传承、创新。上层社会的制礼作乐正是仿照民间礼乐，再结合上层社会自身的特点，斟酌损益而成。上层礼乐制定后会与民间礼乐发生交互影响，一定的互动是正常的。但乡野是礼乐的原生地，其礼乐是本源性的，上层礼乐是派生性的，这具有生存结构的必然性，不会因时代而变。相对于"君子"的制礼作乐（"后进于礼乐"），"野人"自然是"先进于礼乐"。

论述至此，我们可以说，"先进于礼乐，野人也；后进于礼乐，君子也"，是孔子关于礼乐秩序之生成方式的一般性论断，是对礼乐的文化生态类型的纲领性表述。孔子"吾从先进"的主张，是对礼乐之本源的肯认和向往。

由于上层礼乐出于模仿，远离自然，疏远天地之气，内蕴着脱离本源的倾向，容易流于虚文而后继乏力。所以，当上层礼乐出现问题的时候，就需要返回民间，以重获生命力。《汉书·艺文志》记载孔子的一句话："仲尼有言：'礼失而求诸野。'"这是一句极为重要的提示语。"礼失"为何要"求诸野"？无他，因为"野"是礼之本源之所在。②春秋以降，西周传承下来的上层礼乐渐次崩坏，礼乐流于虚文，"文胜质则史"。以音乐而言，"郑音好滥淫志，宋音燕女溺志，卫音趣数烦志，齐音骜辟骄志"（《史记·乐书》），皆非乐之正

---

① 字源学上的一个例子是，"艺"（藝）本字为"埶"，本义为种植。《说文》云："埶，种也。从坴、丮，持亟種之。《詩》曰：我埶黍稷。"直到今天，在一些边远的民族地区，农耕活动与艺术活动仍然是一体化的，一边干活一边对歌，遗风犹存。

② 《礼记·乐记》曰："诗，言其志也。歌，咏其声也。舞，动其容也。三者本于心，然后乐器从之。是故情深而文明，气盛而化神，和顺积中而英华发外，惟乐不可以为伪。""诗歌舞"合一正是原始乐文化的形态。宋代陆游《老学庵笔记》记载："辰、沅、靖等蛮、仡伶……浓阵时，至一二百人为曹，手相握而歌。""仡伶"是侗族自称的音译。笔记中的辰、沅、靖地区包括现在侗族人口最密集的湘西南与黔东南交界片区的会同、新晃、靖州、通道、黎平、天柱、锦屏等县。又明代邝露《赤雅》中有载："餐音乐，弹胡琴，吹六管，长歌闭目，顿首摇足。""长歌闭目，顿首摇足"正为侗族大歌的演唱情形。"诗歌舞"合一的原始乐文化，如今在中国主流文化地区已荡然无存，但在上述民族地区依然遗留下来。

者。其他礼乐形态也大多流于形式，并无实质内容。所以孔子才感叹："人而不仁，如礼何？人而不仁，如乐何？"（《论语·八佾》）这种没有"仁"之实质的礼乐，完全脱离了本源。这正是孔子为什么要说"如用之，则吾从先进"的命意所在。此中道理，我们可以从《论语》另一段对话看出来：

> 林放问礼之本。子曰："大哉问！礼，与其奢也，宁俭；丧，与其易也，宁戚。"（《论语·八佾》）

这里，林放问了一个极为要害的问题，被孔子赞为"大哉问"。林放问的是"礼之本"，但孔子的回答很有意思，乍看起来似乎与"礼之本"无关。孔子说，礼与其追求奢华，不如俭约一点；丧礼与其大事铺张，不如显得悲戚一点。事实上，"俭""戚"正是野人礼乐崇尚自然的描画；而"奢""易"恰恰是君子礼乐尚虚文的表达。孔子认为礼之本不在于外在的过度装饰，而应回归内心的真情实感。这种"真情实感"是什么呢？无他，仁也。野人的礼乐因其兴发于自然生活，葆有真情实感，深得本源之生命力。所以，林放问"礼之本"，孔子乃如是回答；这也正是孔子之所以"从先进"的深层根据。

《汉书·艺文志》写道："春秋之后，周道渐坏，聘问歌咏不行于列国，学诗之士逸在布衣，而贤人失志之赋作矣。……自孝武立乐府而采歌谣，于是有代赵之讴，秦楚之风，皆感于哀乐，缘事而发，亦可以观风俗，知厚薄云。"这说明，汉代设立乐府仍然沿袭了周代的采诗制度。"学诗之士逸在布衣"表明，当上层礼乐崩坏之后，会散逸在布衣之间。因为说到底，扎根于天地自然的布衣（野人）生活，原本就是诗意勃发的。子曰："兴于诗，立于礼，成于乐。"（《论语·泰伯》）诗之兴①，礼之立，乐之成，三者不可割裂，同为一个意义发生的因缘整体，共享着同一个意义机制。

---

① "兴"为何与"诗"建立关联？"兴"字本义颇富启示。《说文》云："興，起也。从舁，从同。同力也。""兴"（興）字甲骨文由四只手、一个口（号子）、一个多柄夯具（凡）组成，表示众人喊着一个号子一齐使劲，用多柄夯具夯地。多人一起呐喊的"号子"本身就是充满节律的诗意创发力量。"興"字本身就是对一种劳动场景的描摹，反映了野人的诗意生活。即便野人对此缺乏自觉，这种诗意仍然是事实性的存在。荷尔德林诗云："充满劳绩，但人诗意地栖居在大地上。"

我们该如何领会这个意义机制呢？

四、礼乐文明的本源

礼乐文明是汉语民族精神的发生—展开—存在方式。礼乐本身可以领会为汉语民族精神的"道说""语言"。礼乐文明的本源，就是汉语民族精神的本源。孔子"吾从先进"的主张，乃是对这一本源的含蓄指明。孔子自称"述而不作，信而好古"，"我非生而知之者，好古，敏以求之者也"（《论语·述而》）。"好古"，意味着对本源的回溯。"古"，不单意味着文化起源之久远悠长，还意味着文明存在之亘古恒常。《说文》云："古，故也。从十口，识前言者也。"段玉裁注："故者，凡事之所以然，而所以然皆备于古，故曰'古，故也。'《逸周书》：'天为古，地为久。'郑注《尚书》'稽古'为'同天'。"据段玉裁，"古"中的"口"表示"识前言"，"十"表示"辗转因袭"。① 能辗转因袭者，必是亘古恒常之道。孔子"好古"，乃尊奉本源性之常道。

礼乐文明是汉语民族精神的本源。这一论断有何意义？此何谓"本源"，有两层含义，一为发生学含义，一为本体论含义。礼乐文明之本源，其发生学含义关联礼乐之发生秩序。上文所论表明，礼乐之发生遵循着"先进""后进"的时空秩序。"先后"一方面意味着时间展开的先后，另一方面，时间展开的先后本身又包涵着地域流布之先后。故而礼乐在国野中的发生秩序，其实兼含时间与空间之义。此为礼乐文明之本源的发生学意义。

礼乐文明之本源的本体论含义，关涉礼乐之"存在"本身。海德格尔《艺术作品的本源》写道："本源一词在此指的是，一个事物从何而来，通过什么它是其所是并且如其所是。"上文云，礼乐是汉语民族精神的本源，其意义为：汉语民族精神通过礼乐而彰显出来，通过礼乐而是其所是并如其所是。在本体论意义上，"本源"同时意味着"本质"："某个东西如其所是地是什么，我们称之为它的本质。某个东西的本源就是它的本质之源。"② 据此，汉

---

① 许慎撰，段玉裁注，叶惟贤整理：《说文解字注》（上），凤凰出版社2015年版，第158页。

② 海德格尔著，孙周兴译：《海德格尔选集》，上海三联书店1996年版，第236页。

语民族精神的本质，可以在礼乐中获得最本源的理解。海氏又把本源领会为真理："在这里，'本源'一词的意思是从真理的本质方面来思考的。"① 这里的真理当然是从本体论而言，与知识论的真理不是一回事。"真理是存在者之为存在者的无蔽状态。真理是存在之真理。"② 我们认定礼乐是汉语民族精神的本源，从本体论言之，这句话的意思是说，是礼乐使汉语民族真正获得自身存在的意义，获得自身存在的真理。

正是礼乐而不是别的，让汉语民族得以去蔽而敞亮。正是礼乐而不是别的，让汉语民族存在于天地之间的真理得以澄明。就此而言，礼乐对汉语民族精神的建构，正如希腊神庙对其周遭环境的建构："一件建筑作品不描摹什么，比如一座希腊神庙。它单朴地置身于巨石满布的岩谷中。这个建筑作品包含着神的形象，并在这种隐蔽状态中，通过敞开的圆柱式门厅让神的形象进入神圣的领域。贯通这座神庙，神在神庙中在场。"③ 在礼乐中，中华民族的精神得以开启，得以在场。礼乐开启着中华民族的历史世界，一如神庙开启着周遭的一切："岩石的璀璨光芒看来只是太阳的恩赐，然而它却使得白昼的光明、天空的辽阔、夜的幽暗显露出来。神庙的坚固的耸立使得不可见的大气空间昭然可睹了。"④ 神庙所矗立其上的地域，因神庙之矗立而获得意义；没有神庙，那不过是一块无意义的地域。同理，礼乐正如同汉语民族精神的神庙；礼乐未启，汉语民族不过是一群尚无定性、无定向的群落，"文之以礼乐"，即礼乐成为文明性存在，汉语民族及其精神乃得以建立并呈现。

或问：礼乐如何开启汉语民族的历史世界？礼乐作为汉语民族的"本源"，本源于何处？

答曰：天地。礼乐与汉语密切相关。汉语自身即扎根于天地，取象于天地万物而建构其意义体系。所谓"汉语民族"，意谓受"汉语"所规定之民族。汉语扎根于天地，则汉语民族必扎根于天地。所谓扎根于天地，意谓其意义与价值之根基即在天地之间确立并自足，而无须诉诸一个彼岸世界。扎根于天地，意谓天地即为一切意义与价值之终极本源。

---

① 海德格尔著，孙周兴译：《海德格尔选集》，上海三联书店1996年版，第302页。
② 海德格尔著，孙周兴译：《海德格尔选集》，上海三联书店1996年版，第302页。
③ 海德格尔著，孙周兴译：《海德格尔选集》，上海三联书店1996年版，第262页。
④ 海德格尔著，孙周兴译：《海德格尔选集》，上海三联书店1996年版，第262页。

《礼记·乐记》云："乐由天作，礼以地制。"天以时令昭示于人，显现于人，人由此获得和同之乐感。地以形态显示于人，支撑着人，人由此获得差异之殊感。《乐记》云："乐者为同，礼者为异。同则相亲，异则相敬。"人立足于天地之间，本源于天地，生养于天地，油然而生亲敬之心；亲敬生则人道生。天有天道，地有地道，人有人道；而人道实本源于天地。《春秋繁露·立元神》："何谓本？曰：天地人，万物之本也。天生之，地养之，人成之。天生之义孝悌，地养之以衣食，人成之以礼乐。"《左传》昭公二十五年："夫礼，天之经也，地之义也，民之行也。天地之经，而民实则之。则天之明，因地之性。"天以时令之明显示于人，是以乐生焉，乐感无不尽人皆同也；地以形貌之殊支撑于人，是以礼生焉，礼俗莫不因地而殊也。礼乐交感，同异相参，生命意义得以绽出无穷。

天地乃礼乐之本源。礼乐之形态虽殊，而皆出于爱敬之心。《乐记》云："大乐与天地同和，大礼与天地同节。"孙希旦注云："天地有自然之和，而大乐与天地同其和；天地有自然之节，而大礼与天地同其节。"这些论断意味着，礼乐不仅与人心相关，而且与天地呼应。人心与天地相互建构，或者毋宁说，它们只是同一个东西的不同显现而已。"礼者，殊事合敬者也。乐者，异文合爱者也。"孙希旦注："礼之事异，而敬之情则同；乐之文殊，而爱之情则同。礼乐之文与事者其末，而爱敬之情者其本，末可变而本不可变，故明王以相沿也。"① 礼乐之文可因时因地而损益，而礼乐之心则亘古恒常，此乃汉语民族精神之历史性存在，不分古今，一以贯之。孔子之好古，正在于好礼乐之"文"而"化"之力量本身。礼乐之道，"文之以礼乐"之"文"足以括之。故子曰："郁郁乎文哉，吾从周！"（《论语·八佾》）

礼乐作为汉语民族精神之本源，具有艺术化的存在方式。此"艺术"以本体论言之，非谓现代学科分划之"艺术"。子曰："兴于诗，立于礼，成于乐。"（《论语·泰伯》）诗、礼、乐，皆本源于艺术。本源的艺术，融摄真善美于一体，本源地浑然如一。子路问成人，子曰："文之以礼乐，亦可以为成人矣。"（《论语·宪问》）"文"之以"礼乐"，是为汉语民族生命意义之生成方式，亦为汉语民族精神之存在方式。"礼乐不可斯须去身。致乐以治心，则

---

① 孙希旦：《礼记集解》（下），中华书局1989年版，第989页。

易、直、子、谅之心油然生矣。易、直、子、谅之心生则乐，乐则安，安则久，久则天，天则神。"孙希旦注云："易、直、慈、良之心，人之善心也。乐者，乐于此而不厌也；安者，安于此而不迁也；久者，久于此而不息也。久则体性自然，而无作为之劳，故曰'天'。天则神妙不测，而无拟议之迹，故曰'神'。自然，故不言而人自信；不测，故不怒而人自畏。"①

礼乐与人心融通为一，便凝成生命之意义与真理。此时，生命之意义自行"置入"礼乐之中，又通过礼乐而"敞开"出来，"置入"与"敞开"是同一过程。此中道理，百姓日用而不知。故孔子反诘道："礼云礼云，玉帛云乎哉？乐云乐云，钟鼓云乎哉?"（《论语·阳货》）其意盖谓：不可徒执于器物而遗忘礼乐之为礼乐的本源意义。

① 孙希旦：《礼记集解》（下），中华书局1989年版，第1030页。

正人之名以正世界

——孟子人性论探析

刘瑶瑶*

（三江学院马克思主义学院，南京　210012）

【摘要】孟子的性善说是儒家内部第一个自觉建立的系统的人性学说。并且，从儒家文化历史的发展来看，性善说开辟了儒家人性论的主流与传统，奠定了儒家文化的基本性格。所以我们可以认为孟子对于儒家正统人性论的建立具有开创之功，也是研究、理解先秦乃至历史各时期儒家人性论的关键。孟子的人性学说既然是儒家内部第一个系统的人性学说，自然是孟子之后的儒家在讨论人性问题时绕不开的。自稍晚于孟子的荀子提出"人之性恶"批评孟子始，董仲舒的性三品论、扬雄的性善恶混论、李翱的性善情恶论以至理学的性二元论再到当代新儒家倡言的天道性命相贯通在调和孟荀发展孟子人性学说时，均采用了他们各自时代的思考方法而忽略了孟子时代和孟子自身人性探讨的思维方式。所以本文力图回到《孟子》文本探析孟子人性论的逻辑结构，以便尽可能地显出孟子人性论的真实面貌。

所以，本文第一节指出孟子通过拒斥杨墨、辩难告子突显了"人禽之辨"对于人性探讨之重要，故而在承认"生之谓性"这一原则的同时，自觉地加入了"人禽之辨"这一原则作为人性探讨的前提与轴心。孟子将仅依"生之谓性"得出的"食色"等本能欲求排除在了人之为人的本性之外，因为本能欲求虽然是生而具有的，但第一不能区别人与禽兽；第二欲求对象是外在的，得与不得受客观之限制，不能自主自由，所以在生理欲求上既不能突出人之为人的特质，又不能彰显人的主体性，所以不能作为人性。而在"人禽之辨"

---

* 作者简介：刘瑶瑶，三江学院马克思主义学院助教，主要研究方向：儒家哲学。

的原则下，将人之为人的本性指点在恻隐、羞恶、恭敬、是非四端之心的发用处，既突出了仁义礼智是人区别于禽兽的特质，是人先天固有的，又表明了四端的发用是无条件的，是普遍必然的。

本文第二节指出孟子人性的探讨和先秦正名思想有着结构的一致，基于"人禽之辨"对人性的探讨就是正人之名，即是通过属加种差的内涵定义法寻求类本质的本质主义路线，是类范畴在人性问题上的具体运用，而不是为人性善恶求本体论或宇宙论的说明。所以四端本心作为人性是人之为人的类本质，是人的统一性所在，所以圣人与凡人本质上是相同的，这保障了每一个人成贤作圣的可能和平等。所以人与禽兽与万物是质的不同，四端本心作为人性为人所特有，动物不能有，余物更不能有。所以，在孟子的系统中人只是现象界物类中之一类，在本质上与其他物类相区别。由是便引出了世界的统一性问题，亦即如何解释孟子"知天""万物皆备于我""上下与天地同流"这类命题。

顺着第二节的问题，第三节得出以下结论。孟子在承认天作为存在的保障的同时指出天不可知，于是"知天"是知天之不可知，从而划定了天人的界限，指出人在超越之天的领域的无能为力，这同时指出了人的能力范围，转而向人自身寻求安定的力量，从而起肃穆敬畏之感而庄严我们的生命。在承认了保障存在的超越之天是不可知的同时，显出了人的界限和能力而起对人的本分的要求，即在尽自己本分的同时安立万物，使万物各得其位，各遂其生，从而与天地并列而"上下与天地同流"。孟子在肯定了超越之天的不可知而将人的意识和对人性的考察放在了现象界，而且对人的本分和责任的要求是顺着历史文化而发展的，进而将世界安立在人性上，从而将世界纳入人的意识和意义范围内；并且要求人负起世间的责任，而世界又是变动地随着人的意识和人格的增长而增长的，故而得出了人认识和成德的无限的结论。

【关键词】人禽之辨；正名；类；统一性；有限与无限

一、"人禽之辨"——孟子人性论的前提与轴心

程颐认为："孟子有大功于世，以其言性善也"①，并且指出："孟子性善、

---

① 朱熹：《孟子集注·孟子序说》，《四书章句集注》，中华书局1983年版，第199页。

养气之论，皆前圣所未发。"① 徐复观先生也指出："孟子在中国文化中最大的贡献，是性善说的提出。"② 因为"夫子之言性与天道，不可得而闻也"③，所以孟子的性善说是儒家内部第一个自觉建立的系统的人性学说。并且，从儒家文化历史的发展来看，性善说开辟了儒家人性论的主流与传统，奠定了儒家文化的基本性格。就像劳思光先生说的："无性善则儒学内无所归，故就中国之'重德'文化精神言，性善论乃此精神之最高基据。"④ 所以我们可以认为孟子对于儒家正统人性论的建立具有开创之功，也是研究、理解先秦乃至历史各时期儒家人性论的关键。

（一）人性问题的突显

孟子性善说的提出绝非偶然和突然，乃是文化长期发展的结果。就像当子贡感叹"夫子之言性与天道，不可得而闻"的时候，"性"的问题便已出现在了子贡的意识中，我们甚至可以进而认为关于"性"的问题在孔子时代已突显起来。并且孔子亦言："性相近也，习相远也"⑤，只是说的不分明，起后世儒者纷纭之争。经过"百有余岁"⑥ 的发展，到孟子那个时代，人性问题已经非常普遍，对人性的讨论似乎成了重要议题而不可回避。《孟子·告子上》借公都子之口道出了当时流行的四种人性学说：

公都子曰："告子曰：'性无善无不善也。'或曰：'性可以为善，可以为不善；是故文武兴，则民好善；幽厉兴，则民好暴。'或曰：'有性善，有性不善；是故以尧为君而有象；以瞽瞍为父而有舜；以纣为兄之子，且以为君，而有微子启、王子比干。'今曰'性善'，然则彼皆非与？"⑦

从公都子这段话中我们可以看到孟子时代至少流行着"性无善无不善"，"性可以为善，可以为不善"，"有性善，有性不善"，以及孟子的"性善"这

---

① 朱熹：《孟子集注·孟子序说》，《四书章句集注》，中华书局1983年版，第199页。
② 徐复观：《中国人性论史（先秦卷）》，上海三联书店2001年版，第139页。
③ 《论语·公冶长》。
④ 劳思光：《新编中国哲学史》，广西师范大学出版社2005年版，第117页。
⑤ 《论语·阳货》。
⑥ 《孟子·尽心下》。
⑦ 《孟子·告子上》。

四种关于人性善恶的学说。并且公都子分别举出为人们普遍接受和承认的事实，对"性可以为善，可以为不善"，"有性善，有性不善"进行了例证，并以此反问孟子："如果老师您说人性善，那么这些说法都是错的吗？"甚至作为例证的"文武兴，则民好善；幽厉兴，则民好暴"，以及"贤能如尧而有像这样坏的臣民；有瞽瞍这样的人做父亲，却有舜这么优秀的儿子；有纣这么凶恶的侄子作为君主，却有微子启、王子比干这些贤人"也都是错的吗？当然公都子举出的例证未必是历史的事实，却作为一种观念或价值的事实为人们所普遍接受和承认。如果这些都是错的，那么尧、舜、微子启、比干这些圣贤的价值将大打折扣甚至变得不足信，这是"言必称尧舜"①的孟子所不能接受的。所以，孟子必须一方面驳斥当时流行的人性学说，一方面积极建立自己的性善说，以给传统和价值以确定的基础。所以孟子的性善说是为治其时代流行的种种人性学说所必然产生的。所以，牟宗三先生指出："惟'性'之问题是孟子时特显之问题，而孟子亦积极地创辟地盛言此问题，遂奠定儒学中内圣之学之基础。"

（二）"人禽之辨"的突出

由此我们了解到，孟子为了保卫尧、舜、禹、文、武、周公、孔子开创相承的事业，在建立其性善论的同时，不得已而与各家争辩。然当其时，"杨朱、墨翟之言盈天下。天下之言不归杨，则归墨"②。所以，孟子认为："能言距杨墨者，圣人之徒也。"③他甚至曾毫不客气地骂杨朱、墨翟"是禽兽也"。当然孟子不是武断地情绪化地"攻乎异端"，不是争夺文化霸权。因为在孟子看来，"杨氏为我，是无君也；墨氏兼爱，是无父也。无父无君，是禽兽也"④。但是何以"无父无君"便是禽兽了呢？这里孟子所谓的"无父无君"不单是说不讲究君臣、父子之礼节，而更重要的是，"杨氏为我"，不懂得推己及人、仁爱天下，是不仁也；"墨氏兼爱"，不懂得"亲亲而仁民，仁民而爱物"⑤，不懂得爱由亲始的差等之义，是不义也，并且若没有差等原则的义，

---

① 《孟子·滕文公上》。
② 《孟子·滕文公下》。
③ 《孟子·滕文公下》。
④ 《孟子·滕文公下》。
⑤ 《孟子·尽心上》。

作为普遍原则的仁也便丧失了具体操作性。所以孟子接着讲："杨墨之道不息，孔子之道不著，是邪说诬民，充塞仁义也。仁义充塞，则率兽食人，人将相食。"① 所以不论是杨氏的"为我"，还是墨氏的"兼爱"，都是对孔子仁义之道的充斥堵塞，仁义不行，人沦为禽兽，大乱将至。所以孟子列述先圣之事业："昔者禹抑洪水而天下平，周公兼夷狄、驱猛兽而百姓宁，孔子成《春秋》而乱臣贼子惧。《诗》云：'戎狄是膺，荆舒是惩，则莫我敢承。'无父无君，是周公所膺也。"② 亦即表明杨墨"无父无君"之邪说，对人心术的危害就像洪水猛兽一样，需继圣王志业而拒斥之。所以孟子自觉地以"圣人之徒"自居而"承三圣"之志业，捍卫仁义护持人伦。基于此，我们可以从孟子对杨墨的批判中看到，杨墨的"为我"和"兼爱"实则是非仁非义，势必导致无君无父、背弃人伦，人若不仁不义、背弃人伦便将沦为禽兽。从孟子在这里对杨墨的批评，我们可以得出两个推论：第一，人不同于禽兽，亦即"人禽有辨"；第二，仁义及仁义所展现的人伦是人不同于禽兽之所在。这在孟子与告子的争辩中表现得更为明显。

告子曰："生之谓性。"孟子曰："生之谓性也，犹白之谓白与？"曰："然。""白羽之白也，犹白雪之白，白雪之白犹白玉之白欤？"曰："然。""然则犬之性犹牛之性，牛之性犹人之性与？"③

"生之谓性"亦即生而具有者便是性。若生而具有者便是性，那么凡为人天然所具有、不加后天努力作为者都可称之谓性，推而广之，凡一物天然具有的属性均可谓其物性。所以孟子问告子："生之谓性也，犹白之谓白与？"即如果生而具有者便是性，那么天然具有白色的东西就是白吗？告子的回答是肯定的。孟子继而问：如果天然具有白色的东西就是白，那么白羽、白雪、白玉这些天然具有白色的东西他们都可以称为白，那么白羽、白雪、白玉作为白都是一样的吗？告子的回答同样是肯定的。由此可以看出告子充分肯定了性是先

---

① 《孟子·滕文公下》。
② 《孟子·滕文公下》。
③ 《孟子·告子上》。

天的，是生而具有的，此亦荀子所说的："不事而自然谓之性。"① "凡性者，天之就也，不可学，不可事。"② 他充分肯定了"性"这一概念先天的一面。但若只有"生之谓性"，那么便不能区分出一物生而具有的诸多属性与一物之为一物的本质属性之间的差别，即性概念作为一物之为一物的规定性而为一物所特有这一面。即如白羽、白雪、白玉在白这一点上都是一样的，都可称之为白，但羽、雪、玉毕竟不同，而有其各自之成其自身的特殊属性。若一物之性即区别于其他一切存在而为该物所独有这一面不突出，则"性"终只是一形式的表达而无实质内容，在这种形式的表达中，物与人都得不到具体的规定，实则无人性亦无物性。所以顺着"生之谓性"可以推导出"犬之性犹牛之性，牛之性犹人之性"这一命题。但是当孟子以这一推论反问告子：犬、牛和人一样都天生具有食色欲求，具有感官知觉能力，那么犬、牛和人的本性是一样的吗？这时告子没有继续做肯定的回答。所以，朱熹说："告子自知其说之非而不能对也。"③ 盖告子既承认"生之谓性"，又承认人不同于禽兽。所以，告子虽然主张"生之谓性"，但却不承认顺"生之谓性"推论出的"犬之性犹牛之性，牛之性犹人之性"这一命题。由此我们可以看出，若只顺"生之谓性"这一条原则是不能得到人之所以为人的本性这一问题的答案的。这里孟子与告子的辩论着重突出了人不同于禽兽，亦即"人禽之辨"。

上面孟子对杨墨的批评，以及孟子对告子的辩难，所采用的法则是同样的，即"人禽之辨"。"人禽之辨"为告子甚至当时人所共同承认，但未曾自觉地将"人禽之辨"运用到人性问题的讨论中。所以，孟子在讨论人性问题时，在承认"生之谓性"这一前提的同时，首先追问的便是以告子为代表的当时流行的人性论所忽视的人之所以为人的本质规定性，亦即为人所独有的特质这一问题。所以，孟子在讨论人性问题、正面建立性善说时首先给出的便是"人禽之辨"。

（三）"人禽之辨"所指点的四心

孟子曰："人之所以异于禽兽者几希，庶民去之，君子存之。舜明于庶

---

① 《荀子·正名》。

② 《荀子·性恶》。

③ 朱熹：《四书章句集注》，中华书局1983年版，第326页。

物，察于人伦，由仁义行，非行仁义也。"① 即是说，人和禽兽的区别只是很细微的一点点，而这几希的一点点却正是把握人之所以为人的本性的关键。然而这几希之一点是什么，孟子在这里并没有明说，而是接着说这几希之一点"庶民去之，君子存之"。从这句话我们可以知道，君子与众人的不同在于能不能自觉此人禽之别的几希之一点，并操存此人禽之别的几希之一点，亦即君子与众人的不同在于能自觉"人禽之辨"而守住人之为人的本性。基于此，如果能知道在孟子看来君子所存究为何者，则或可知人禽之别的几希之一点。所幸孟子曾言："君子所以异于人者，以其存心也。君子以仁存心，以礼存心。"② 从这里我们可以知道，孟子所谓人禽之别的几希之一点即君子存心之仁与礼，亦即爱、敬之心，因为"仁者爱人，有礼者敬人"③。如果心无仁、礼，不知爱、敬，那么"此亦妄人也已矣。如此，则与禽兽奚择哉？于禽兽又何难焉"④？并且，下文以"出于其类，拔乎其萃"⑤ 的大舜为例说明，舜之所以为舜，乃在于其能明察人伦庶物；舜之所以能明察人伦庶物，乃在于其能"由仁义行"，即根据固有的仁义活动，若非固有则不能是"由仁义行"，而只能是"行仁义"，是把持一个外在的仁义。这也说明"人之所以异于禽兽者"的"几希"乃固有的仁义，能根据固有的仁义而起行为、能将固有的仁义推扩开来，则能像大舜一样明察人伦庶物成贤作圣。

由此，孟子进而肯定说："恻隐之心，人皆有之；羞恶之心，人皆有之；恭敬之心，人皆有之；是非之心，人皆有之。恻隐之心，仁也；羞恶之心，义也；恭敬之心，礼也；是非之心，智也。仁义礼智，非由外铄我也，我固有之也，弗思耳矣。"⑥ 这里明确肯定仁义礼智是"我"固有的，即每一个人天生便具有的，不是后天习得或可经人力作为强加于人的，这也便说明了上文舜所以能"由仁义行"的内在根据。所以当告子说"性犹杞柳也，义犹桮棬也；以人性为仁义，犹以杞柳为桮棬"⑦ 时，孟子截断众流似的说："率天下之人

---

① 《孟子·离娄下》。
② 《孟子·离娄下》。
③ 《孟子·离娄下》。
④ 《孟子·离娄下》。
⑤ 《孟子·公孙丑上》。
⑥ 《孟子·告子上》。
⑦ 《孟子·告子上》。

而祸仁义者，必子之言夫！"① 即告子认为仁义不是人性所固有的，人之所以能表现出仁义的样子乃是后天强力作为的结果，正因为告子认定仁义不是人性所固有的，所以他对人性善恶的界定是无善无不善。告子所言既类似于荀子要求"隆礼贵义""化性而起伪"②；亦类似于道家轻视仁义，甚或以仁义为残生伤性。所以，朱熹即认为："告子言人性本无仁义，必待矫揉而后成，如荀子性恶之说也。"③ 徐复观先生则认为告子的"人性论，却是自成体系，而且似乎与道家的杨朱一派相关联的"④。告子学派归属不是讨论的重点，这里不做论述。但告子认为仁义是人后天对人性矫饰的结果，这就否定了仁义的先天性和内在性，也就否定了德性的先天性，即仁义礼智亦合于"生之谓性"这一原则。这样道德实践便没有了先天而内在的根据，也便没有了普遍必然性，甚至可以推导出道德实践不仅是有条件的而且还是对人性的戕贼残害。所以，孟子认为告子以仁义为后天、外在的观点是在率天下之人祸害仁义。徐复观先生甚至认为："因戕贼人以为仁义，致使天下之人讳言仁义，反对仁义，这正是孟子所说的'率天下之人而祸仁义'。讳言仁义的结果，天下之人，都变成了得到高级享受，得到高级杀人方法的一群可怕的动物；这正是当今世界危机之所在。"⑤ 所以从仁义后天、外在造成的结果看，为保证先圣仁义礼智之统和人伦制度的合法性以及道德实践的可能性与普遍有效性，必须当下肯认仁义礼智是生而具有的，是人所固有的。

孟子为论证"仁义礼智，非由外铄我也，我固有之也"⑥，引经典和先圣之言为证："《诗》曰：'天生蒸民，有物有则。民之秉彝，好是懿德。'孔子曰：'为此诗者，其知道乎！故有物必有则；民之秉彝也，故好是懿德。'"⑦即是说，上天降生万物，每一事物都有其为一事物所固有的法则；人亦如此，如果能秉持固有的本性，便会爱好美好的德行。当然，这种证明本身便是尚待

① 《孟子·告子上》。
② 《荀子·性恶》。
③ 朱熹：《四书章句集注》，中华书局1983年版，第325页。
④ 徐复观：《中国人性论史（先秦卷）》，上海三联书店2001年版，第163页。
⑤ 徐复观：《中国人性论史（先秦卷）》，上海三联书店2001年版，第171页。
⑥ 《孟子·告子上》。
⑦ 《孟子·告子上》。

证明的，比如"民之秉彝也，故好是懿德"① 只是一论断，并没有说明为何秉持生而固有的法则、本性便爱好美德？反而恰恰是先承认了"仁义礼智，非由外铄我也，我固有之也"② 才能得出"民之秉彝，好是懿德"③。所以孟子引证的经典和孔子言论并不能很好地回答仁义礼智为人先天固有这一问题。但这种引用经典和先圣言语、事迹的证明方式在孟子的时代却是合法的、有效的。如《庄子·寓言》开篇便言："寓言十九，重言十七，卮言日出，和以天倪。"④ 郭庆藩释"重言，谓为人所重者之言也"⑤。"世之所重，则十言而七见信。"⑥ 另，王先谦注曰："重言，述尊老之言，使人听之而以为真。"⑦ 并且我们知道，庄子亦是常常征引为人重视的人的言论以展开、证明或增强自己观点的可信度。在庄子那个时代"为人所重者"有神农、黄帝、尧、舜、孔、颜等，如"姚云：庄生书，凡讬为人言者，十有其九；就寓言中，其讬为神农、黄帝、尧、舜、孔、颜之类，言足为世重者，又十有其七"⑧。墨子甚至将征引先王的事迹、言行和典籍作为言说和思考方法与原则加以确定，如墨子言曰："有本之者，有原之者，有用之者。于何本之？上本之于古者圣王之事。于何原之？下原察百姓耳目之实。于何用之？废以为刑政，观其中国家百姓人民之利。此所谓言有三表也。"⑨ 故而，虽然孟子作为证据的《诗》和孔子的言论亦是有待证明的，但这种论证证据在当时还是很有力量，是足为征信的，并且给了自己的学说以历史的统绪和合法性。然而这种论证依然是外在的证明，不能突出仁义礼智作为人之为人的本性的先天性及其彰显的力量以及道德实践的普遍必然性。

另外我们应知道，孟子不是拈出仁义礼智这些理念而形式地论证其先天的为人所具有，而是从恻隐、羞恶、恭敬、是非四心，即从心中自然生发的四种

---

① 《孟子·告子上》。
② 《孟子·告子上》。
③ 《孟子·告子上》。
④ 《庄子·寓言》。
⑤ 郭庆藩：《庄子集释》，中华书局1985年版，第947页。
⑥ 郭庆藩：《庄子集释》，中华书局1985年版，第947页。
⑦ 王先谦：《庄子集解》，中华书局1987年版，第245页。
⑧ 王先谦：《庄子集解》，中华书局1987年版，第245页。
⑨ 《墨子·非命上》。

感受（这里不讨论恻隐、羞恶、恭敬、是非是情感性的还是知性的，而是笼统称之为感受，是每个人所不能自欺的最真实的感受，当然既可以是情感性的又可以是知性的）具体的实践地论证仁义礼智为人先天固有。所以孟子讨论"仁义礼智，非由外铄我也，我固有之也"① 的时候一定是接"恻隐之心""羞恶之心""恭敬之心""是非之心"顺着来的，亦即仁义礼智的先天固有必须落实在恻隐、羞恶、恭敬、是非四心上才能亲切真实，因其亲切真实故只需指点不需证明。将亲切真实的道德感受加以理论地证明，只能是将本来鲜活的感受如有物焉对象化为一种实在去把捉，反倒是"缘木求鱼，非徒无益，而又害之也"②。所以孟子只是在具体的情境中于恻隐、羞恶、恭敬、是非四心自然生发的感受当下指点，而不是为四心寻找本体论或宇宙论的证明，故而未曾以天道的绝对超越性证明四心的普遍必然性。然而以本体宇宙论的进路打通天道性命确保人性善和世界合乎善的目的性却是宋明理学所做的工作。

1. 四心发用的绝对无条件

孟子曰："人皆有不忍人之心。……所以谓人皆有不忍人之心者，今人乍见孺子将入于井，皆有怵惕恻隐之心——非所以内交于孺子之父母也，非所以要誉于乡党朋友也，非恶其声而然也。"③ 在这里，孟子迎面抛出了自己对于人的观点——"人皆有不忍人之心"。但在说明这一观点时，孟子没有进行理论的论证，也没有征引"古者圣王之事"④（事迹、言论、经典都是圣王的事业），而是给出了一个具体的情境。"乍见孺子将入于井"，整个人都会为之揪心，全副精神指向这一事件而不会有人视之漠然无动于衷。为之揪心伤神是无条件的，既不是为了攀交情、求名声，也不是因为讨厌孩童的哭喊不得已而为之。"怵惕恻隐之心"是乍见乍现的，是自然而然的，与欲求无关，在思虑之先。其乍见乍现，随机而发，无待于外在条件或目的而始呈露，正因其是绝对无条件的。正因如此，其证明只能是每个人自证，而他人所能做的只是随机点醒。所以，孟子于此亦只是做了指点性的说明，而不做理论的证明。

_____

① 《孟子·告子上》。
② 《孟子·梁惠王上》。
③ 《孟子·公孙丑上》。
④ 《墨子·非命上》。

2. 四心发用对理智和理论的优先性

四端之心触机发用是绝对无条件的，与理智思虑和理论相较而言更具有优先性，这在孟子对夷之的批评中得到了很好的表现。孟子曰："吾闻夷子墨者，墨之治丧也，以薄为其道也。夷子思以易天下，岂以为非是而不贵也？然而夷子葬其亲厚，则是以所贱事亲也。"① 即是说，夷子是墨家，墨家主张薄葬，夷子作为墨家想将薄葬推行于天下，难道会认为薄葬是不正确的而不应该推崇吗？既然夷子认为薄葬是正确的应该推崇，厚葬是不正确的应该轻贱，然而夷子却厚葬自己的父母，这是拿自己所轻贱的来对待父母，这是不合情理的。而夷子反驳道："之则以为爱无差等，施由亲始。"② 即夷子认为对人的爱是没有差别等级的，只是实行起来要从自己的父母开始。夷子这里的反驳是自相矛盾的。既然他认为"爱无差等，施由亲始"③，那么便应该拿自己认为正确而推崇的主张来侍奉父母，为何却违背了自己主张的薄葬而用自己认为不正确而轻贱的厚葬施之于亲呢？从夷子厚葬其亲的事件来看，要承认"施由亲始"，便不能认为薄葬是正确的应当推崇；要推崇薄葬的主张，那么夷子厚葬其亲便不是爱亲，也便否定了"施由亲始"。所以孟子说："夷子二本故也。"④并且夷子主张的"爱无差等，施由亲始"⑤，似乎爱如有物焉而可把捉可操作，这正是孟子批评的"行仁义"而非"由仁义行"⑥。所以夷子主张的爱和自己所施行的爱是不一样的，所以夷子才会自相矛盾。

孟子进一步指出夷子之所以违背了自己推崇的理论而厚葬其亲，是因为"盖上世尝有不葬其亲者，其亲死，则举而委之于壑。他日过之，狐狸食之，蝇蚋姑嘬之。其颡有泚，睨而不视。夫泚也，非为人泚，中心达于面目，盖归反虆梩而掩之。掩之诚是也，则孝子仁人之掩其亲，亦必有道矣"⑦。即是否要葬亲要厚葬其亲，不是理论推求所能决定的，更不是做给别人看的，厚葬其亲是因为心中诚有不可欺不可抑制的感受而要求有相应之行动以表现以落实，

---

① 《孟子·滕文公上》。
② 《孟子·滕文公上》。
③ 《孟子·滕文公上》。
④ 《孟子·滕文公上》。
⑤ 《孟子·滕文公上》。
⑥ 《孟子·离娄下》。
⑦ 《孟子·滕文公上》。

所以不容不厚葬其亲。所以厚葬其亲本之于孝子仁人的仁孝之心，仁心孝心不因其持相悖之理论便不生发不要求实现，就像夷子虽然主张薄葬却厚葬其亲一样。所以，本心的发用自然呈现的感受真实不虚当下自证，比思虑计度、理论证明更具有优先性，而对我们的道德实践起决定意义。因为孟子也说了良知、良能是"人之所不虑而知者、所不学而能者"①，不思不虑不假后天作为而自觉或不自觉地自能呈现于我们的行为之中。当然孟子这里不是要我们不思不虑不要后天学习和努力作为，恰恰相反，孟子非常强调心的思虑、后天学习、环境形势以及尽心力而操持存养。孟子这里只是为了说明良知良能本心的呈现是无条件的，是道德行为的发动者和决定者，是每个人可以反身自证的亲切真实的感受而不是理论的有无和真伪问题。然而这种感受是乍见乍现的几希一点，所以需要师长当机指点，需要学习教育，需要环境熏染，需要立志养勇持之以恒地操之存之、持而养之、扩而充之。所以后天一切都是为了我们自己能够当下认取、把住、推扩"人禽之辨"的几希一点，以期本心常觉常照随缘应感而起相应道德行为随之落实，亦即使道德主体挺立而自作主宰。

此一如孔子对宰我的批评。"宰我问：'三年之丧，期已久矣。君子三年不为礼，礼必坏；三年不为乐，乐必崩。旧谷既没，新谷既升，钻燧改火，期可已矣。'子曰：'食夫稻，衣夫锦，于女安乎？'曰：'安。''女安，则为之！夫君子之居丧，食旨不甘，闻乐不乐，居处不安，故不为也。今女安，则为之！'宰我出。子曰：'予之不仁也！子生三年，然后免于父母之怀。夫三年之丧，天下之通丧也，予也有三年之爱于其父母乎！'"② 对于三年之丧合理与否的问题，宰我向孔老夫子提出疑难，认为为父母守丧三年期限太长了，是不合理的，并提出了自己的论证：我们知道守丧期间不为礼乐，如果要守丧三年，那么便是三年不能为礼作乐，"君子"三年不为礼乐，礼乐将会废弃失传，将导致礼坏乐崩的严重后果。宰我的论证很有力量，因为守丧三年正所为礼也，然而为了恪守这一礼却可能要面临整个礼乐崩坏的危险，这岂不是因小失大不知本末轻重吗？所以宰我认为根据自然的秩序，依时令变换、植物生衰的一个轮回作为守丧年限就可以了，既符合自然秩序，又不致礼坏乐崩。由此

① 《孟子·尽心上》。
② 《论语·阳货》。

我们可以看到，宰我的论证似乎是很合理的。孔子没有对宰我进行理论的辩难，也没有反过来对三年之丧的合理性进行理论的证明，而是将将三年之丧的合理性问题落实在宰我自身而道：父母死后不到三年，就让你锦衣玉食为欢作乐，你会觉得心安吗？宰我却干净利落地答：安。孔子亦只是顺之言：既然你觉得心安，那就按着你自己的心意去做就是了。"君子"守丧期间，玉盘珍馐不觉得甘美，霓裳羽衣不觉得快乐，高广大床不觉得舒适，所以才会要求守三年之丧，以顺利度过内心的悲痛期，所以三年丧礼才能通行天下。既然父母亡故，你没有那么痛苦的心理历程，那么你按自己的心意去守丧就可以了。

从这里我们可以看到，孔子对宰我的意见既没有权威式的教训，也没有诉诸传统或历史的因袭来说明三年之丧的合法性，更没有涉及天道、寻求某种形上本体或宇宙根源式的理论证明。孔子只是实实在在地从每个人都会有的本心应机起见的不可自欺不可自抑的感受来指点道德行为的缘由。这些来自每个人对相类情境都会有的感受而起的行为的规范化制度化便是礼制，三年之丧的礼制要求之所以能通行天下正是基于每个人都会生起的对父母亡故的悲痛和追思。所以三年之丧合不合理、道德实践如何可能这类问题不是推理得到的，不是理论自洽或本体奠基的问题，只能自求自知当下自证自明。这也证明了孟子恻隐、羞恶、恭敬、是非四心随机发用自然呈现的不可欺不可已的感受，比思虑计度和理论证明更具有优先性，而足为我们道德实践的缘由和可能性的保障。当然，这样似乎会陷入道德相对主义，但是在"人禽之辨"所蕴含的"类"原则下"人同此心，心同此理"，越是个人最真诚的感受越是能感通于他人，所以孟子才自信："圣人复起，必从吾言矣。"① 这一点待下文详细论述，这里仅举一例以为证明。

"先生（笔者注：韩贞）一日间，偶遇一野老。问之曰：'先生尝讲良心，不知良心为何物？'先生曰：'吾欲与汝讲之，只恐难晓。汝试脱汝衣可乎？'于是野老先脱外衣，再脱里衣，至裤，不觉面红，自惭曰：'吾愧不能脱矣。'先生曰：'即此就是良心。'野老大笑而去。"② 明代泰州学派的代表人物韩贞，出身陶匠，终身不仕，劝化平民。一日路遇一村野老人问难韩贞：先生你颇爱讲

<hr>

① 《孟子·滕文公下》。
② 颜钧、韩贞著，黄宣民点校：《颜钧集》，中国社会科学出版社1996年版，第205－206页。

论"良心"，但老朽却不知"良心"是个什么东西。韩贞说：我也想给你老人家说道说道，只是怕说不明白。但是能否请您老人家把衣服脱了呢？于是乎村野老人脱去了外套，不觉有什么，便又脱去了衬衣，当脱得只剩裤衩时，不觉老脸一红，惭愧地说：不能再脱了，太羞耻了。韩贞于是乎说：老人家你内心生起的这莫名其妙的羞耻感，便是良心的呈露了呀。村野老人似乎恍然，大笑而去。所以我们可以看到，恻隐、羞恶、恭敬、是非四端，不论时代处境如何，不论个人知识背景如何，均能在具体的生活情境中呈露出来，并要求起相应之行为。但若无人指点或因其几希或因其过于熟悉而常为自己轻略不自知，而用天道作支撑用一种理论的证明，或许恰是缘木求鱼把我们本该用在具体生活实践中反身省察的意识拉离了本心吧。所以，我们可以看到孔孟和明代平民儒者韩贞，均善用随机指点于本心发用处指示道德主体，以明道德实践的缘由。这里从韩贞为野老寻得良心的一个事例说明了，孔孟将道德实践如何可能的缘由指点在每个人恻隐、羞恶、恭敬、是非四端随机发用自然呈现的不可欺不可已的感受上的有效性。从这一个事例说明了这种非寻求理论自洽和本体奠基的，启发指点式的对德性善的说明，并非道德的相对主义或道德的主观主义。这也便是孟子所说的："先圣后圣，其揆一也。"① 揆不在外，絜矩由心。正所谓"斯人千古不磨心"②，故"东海有圣人出焉，此心同也，此理同也。西海有圣人出焉，此心同也，此理同也。南海北海有圣人出焉，此心同也，此理同也。千百世之上有圣人出焉，此心同也，此理同也。千百世之下有圣人出焉，此心同也，此理同也"③。世更时易千有余岁，东西相去何啻万里，只要人还是人，总有不可变异者（当然历史的极端环境和极端事件只是历史的变态歧出，终究会回归人性之常）。不论时代背景文化背景如何不同，人总有人之为人的同一性，这不可变异的同一性便是孟子所指点的"人禽之辨"的几希一点。

所以，孟子常毫不客气地骂人为禽兽，如前言骂杨朱"无父无君，是禽兽也"④，再如"人之有道也：饱食暖衣、逸居而无教，则近于禽兽"⑤，"如

①　《孟子·离娄下》。
②　陆九渊：《陆九渊集》，中华书局1980年版，第427页。
③　陆九渊：《陆九渊集》，中华书局1980年版，第388页。
④　《孟子·滕文公下》。
⑤　《孟子·滕文公上》。

此，则与禽兽奚择哉？于禽兽又何难焉？"①"夜气不足以存，则其违禽兽不远矣"②等。姑先不论这些引文的具体内涵是什么，单从字面上我们可以很明显地认识到，孟子骂人为禽兽正说明人跟禽兽实在是太像了，稍不留心就可能违禽兽不远矣，甚至沦为禽兽而不自知。所以孟子在上面这些地方骂人为禽兽正是要竭力从这些地方把人与禽兽区别开以划明人与禽兽的界限，以显示人之为人的本性。孟子骂人为禽兽也正是孟子从拒斥杨墨、辩难告子以突显"人禽之辨"，进而自觉地以人禽之辨为原则探讨人性问题。

（四）"人禽之辨"所辨乃质的不同

然这里似乎有一个漏洞，即孟子在讲出"人之所以异于禽兽者几希"③正面探讨性善说的时候，直下肯认了仁义，进而将仁义礼智指点在恻隐、羞恶、恭敬、是非四心之发端处，并未说明禽兽有没有四心。若不能说明禽兽没有四心，那么这便不符合孟子自觉的以人禽之辨探讨人性论这一原则。但是基于上文论述，我们可以了解到孟子未对禽兽是否具有四心做出说明亦属必然。因为孟子并不是通过天道观或某种形上学论证人性善的，而是就四心在具体情境中的发用而起的实践活动反身省察以自证的，又因人作为一"类"而心同理同，故而个体照见本心的同时即是照见了人类。所以这种自证不可能证知与人不同类的禽兽有无四心。但是，不能证知不等于不可知，因为就像前面论述的，四心随机起现的不可欺不可抑的感受必要求相应之行为以表现而落成之，对这些表现或落成之行为的规范化制度化便将产生礼制和文化生活。然而我们并不能从禽兽那里发现相当之行为和生活方式，所以依"诚于中，形于外"④我们或可反证禽兽没有四心，这即是人禽之辨处。

虽然我们可以依"诚于中，形于外"⑤从表现处反证禽兽没有四端之心而与人不同，但是人与禽兽在"食色"之处真的相同吗？如果人与禽兽在"食色"处亦不相同，孟子依何理由而未将"食色"本能或欲求作为人之为人的本性呢？《庄子·齐物论》言："民湿寝则腰疾偏死，鳅然乎哉？木处则惴栗

---

① 《孟子·离娄下》。
② 《孟子·告子上》。
③ 《孟子·离娄下》。
④ 《礼记·大学》。
⑤ 《礼记·大学》。

恂惧，猨猴然乎哉？三者孰知正处？民食刍豢，麋鹿食荐，蝍蛆甘带，鸱鸦耆鼠，四者孰知正味？猨猵狙以为雌，麋与鹿交，鳅与鱼游。毛嫱丽姬，人之所美也；鱼见之深入，鸟见之高飞，麋鹿见之决骤，四者孰知天下之正色哉？"①由此我们可以看到，不仅人与禽兽，即便禽兽之间在饮食起居和伴偶的选择、审美结构上也不尽相同，何则孟子不认为这也是"人禽之辨"呢？从庄生之言我们还应该看到，人与禽兽及禽兽之间在"食色"上的不同只是对象的不同，即不同类的生命体基于不同的生理和欲求结构而欲求之对象的不同，但欲求之为欲求在本质上是不变的。由此我们更可以明确，孟子"人禽之辨"是基于主体内在而非外在对象的，所辨的不是量或程度或表现形式的不同，而是质的不同。也正因孟子"人禽之辨"所辨是本质的不同，所以经"人禽之辨"所突显的四端是人之为人的本质，无之便不能成其为原来的样子，所以孟子说无四端之心"非人也"，而骂非人为禽兽"此亦妄人已矣。如此，则与禽兽奚择哉？于禽兽又何难焉？"② 所以，孟子通过"人禽之辨"所确立的人之为人的四端德性仅能为人所固有，动物不能有，余物更不能有。然而宋明理学通过宇宙本体论的流行、下贯来证明性善时，认为"性者，万物之一源，非有我之得私也"③，从本体的角度认定人与万物均"禀天理以为性"④ 而同具天地之性，故在本性上同是德性善。所以我们可以看到，宋明理学抹去了孟子通过"人禽之辨"极力突出的德性为人所特有的本质，在这里之于孟子人性论是有所偏离的，甚至是异质的。

（五）四心作为本质所彰显的主体性

另外我们还应看到，虽然人禽同具欲求本能但所取之正处、正味、正色各不相同，但孟子并不因此种不同辨别人禽而以"食色"作为人之为人的规定性，除了上面论述的孟子"人禽之辨"是基于主体内在而非外在对象的，所辨的是质的不同，而不是量或程度或表现形式的不同。还因为孟子认为四端本心是内在的，其随机发现是无条件的，如前文所言，并且能否因之起相应之道德行为是人可以自己做主的；而"食色"之得与不得却有种种客观之限制，

---

① 《庄子·齐物论》。
② 《孟子·离娄下》。
③ 张载：《张载集》，中华书局 2014 年版，第 21 页。
④ 黎靖德：《朱子语类》，中华书局 1986 年版，第 286 页。

亦即有命焉而不能自主。所以孟子说："口之于味也，目之于色也，耳之于声也，鼻之于臭也，四肢之于安佚也，性也，有命焉，君子不谓性也。仁之于父子也，义之于君臣也，礼之于宾主也，知之于贤者也，圣人之于天道也，命也，有性焉，君子不谓命也。"① 亦即是说，耳目口鼻之欲虽然是我们生而具有的，但能不能得到满足以实现却受种种命数之限制，不能由我们一心做主，所以虽然耳目口鼻之欲是天生就有的，却不能作为人之为人的本性，这即是上文孟子辩难告子所得出的只有"生之谓性"这一条原则是不足以确立人性的。仁义礼智虽然亦是"莫之致而至者"②，亦是先天固有的，但仁义礼智能否在人伦等具体情境中表现相应之行为以落成之，却是我们可以自己做主的，也正因我们自己做主才有相应之责任与价值。我们对于"食色"与仁义礼智之求得与不得能不能做主，原因在于所求有内外之不同。

如孟子曰："求则得之，舍则失之；是求有益于得也，求在我者也。求之有道，得之有命，是求无益于得也，求在外者也。"③ 这也便是上段论述的孟子"人禽之辨"是基于主体内在而非外在对象的，所以不因人与禽兽以及禽兽之间在饮食起居的要求和伴偶的选择不同，而认为人与禽兽及禽兽之间在"食色"上不同。若言价值，"食色"亦有莫大之价值，"食"所以保全个体之生命，"色"所以延续族群之生命，从生命的延续上看，似可合于"天地之大德曰生"④，所以孔子亦言："饮食男女，人之大欲存焉"⑤，要存焉而不能去。但孟子并不将"食色"看作人之为人的本性亦未赋予其道德意义，因为"食色"虽是生而就有且是延续生命的保障，但"食色"的对象是外在的，人在这里有客观的制约，是不能自作主宰的。所以，我们可以看到孟子通过"人禽之辨"彰显的人之为人的本性实即是一道德主体性，即人在道德活动中是自主、自由的，同时是自律的。

所以，孟子通过拒斥杨墨、辩难告子突显了"人禽之辨"对于人性探讨之重要，故而在承认"生之谓性"这一原则的同时，自觉地加入了"人禽之

① 《孟子·尽心下》。
② 《孟子·万章上》。
③ 《孟子·尽心上》。
④ 《周易·系辞传》。
⑤ 《礼记·礼运》。

辨"这一原则探讨人之为人的本性。在"人禽之辨"的原则下，孟子将仅依"生之谓性"得出的"食色"等本能欲求排除在了人之为人的本性之外，因为本能欲求虽然是生而具有的，但第一不能区别人与禽兽；第二欲求对象是外在的，得与不得受客观之限制，不能自主自由，所以在生理欲求上既不能突出人之为人的特质，又不能彰显人的主体性，所以不能作为人性。另外，通过禽兽不能表现道德活动和伦常礼乐的文化生活，而反显了作为道德活动和礼乐文化生活的缘由的仁义礼智乃"人之所以异于禽兽"的几希一点，并将仁义礼智指点在恻隐、羞恶、恭敬、是非四端之心的发用处，既突出了仁义礼智是人区别于禽兽的特质，是人先天固有的，又表明了四端的发用是无条件的是普遍必然的，人在四端随机显现的基础上能否起相应之行为是自主自由的。基于此，孟子得出了人之为人的本性便是根于心的仁义礼智。人之为人的本性的问题，换言之即人是什么的问题，人之为人的本性是仁义礼智，换言之，也即人便是仁义礼智；又因仁义礼智为人所独有，又可言仁义礼智即是人，也即是说没了仁义礼智，人也便不是人了，同样的，没了人，也便没了仁义礼智。故而孟子说："仁也者，人也。"① 所以，孟子人性论实即是道德主体性问题，人在根本上即是道德主体。基于此，孟子才能用"善"对人性进行描摹或判定而曰人性善，故而"善"是一描摹词或判断词。然至理学基于德性本体而将"善"实体化为至善本体，"善"不再是对"性"的描摹或判断，反倒成了"性善"的根据而"善"即是"性"、"性"即是"善"。如朱熹说："夫善之与性，不可谓有二物"②，"善则理之方行而未有所立之名也，阳之属也，诚之源也"③。这也是宋明理学与孟子人性论的一点不同。

二、"人禽之辨"——"类"范畴在人性论上的具体应用

（一）"人禽之辨"先秦儒家的共同意识

通过上文论述，我们可以得出结论——"人禽之辨"乃是孟子探讨人性

---

① 《孟子·尽心下》。
② 周敦颐：《周敦颐集》，中华书局 1990 年版，第 8 页。
③ 周敦颐：《周敦颐集》，中华书局 1990 年版，第 13 页。

问题的起点和轴心。并且通过孟子对告子"生之谓性"的辩难，我们认识到，"人禽之辨"为孟子时代所普遍认同。其实，孔子承周文而赋予礼乐文明以仁的核心，则必然以人为思想的中心，亦即其思想中必然蕴涵着"人禽之辨"。如从"厩焚。子退朝，曰：伤人乎，不问马"①，可以看出在孔子显然人的价值要高于马，这显示了孔子对人的地位的肯定，就像郑玄注云："重人贱畜也。"② 当然说人的价值和地位高于马（禽兽），并不是轻贱物命，而是明人禽有别而起对人本分和责任的要求。如："子游问孝。子曰：'今之孝者，是谓能养。至于犬马，皆能有养。不敬，何以别乎？'"③ 由此可见，孔子在回答子游问孝时以"人禽之辨"为预设，而要求于人者与禽兽不同，除了身体的供养，讲求孝敬正是人的本分，是人禽之大防。另外，隐者桀溺当着子路的面批评孔子说："滔滔者天下皆是也，而谁以易之？且而与其从辟人之士也，岂若从辟世之士哉？"④ "子路行以告"⑤，孔子听后，怅惘若失道："鸟兽不可与同群，吾非斯人之徒与而谁与？天下有道，丘不与易也。"⑥ 这不仅表达了孔子"知其不可而为之"⑦ 的勇力与气魄，不仅体现了孔子的责任、担当与仁爱，还表达了另一层含义，即"鸟兽不可与同群"⑧，也就是说人与禽兽不同，天下无道，我们更要守住自己作为人的本分挑起人的担当，哪能退而与禽兽同群相与甚至"率兽食人，人将相食"⑨ 呢？所以，"人禽之辨"亦是孔子讨论孝悌仁义等德目和人的本分与责任的隐含前提。

荀子针锋相对地批评孟子的性善说，但在讨论人性问题时也是把握着"人禽之辨"这一原则展开的。如荀子直言："然则人之所以为人者，非特以二足而无毛也，以其有辨也。今夫狌狌形状亦二足而毛也，然而君子啜其羹，食其胾。故人之所以为人者，非特以其二足而无毛也，以其有辨也。夫禽兽有

---

① 《论语·乡党》。
② 《十三经注疏·论语注疏》，中华书局 1980 年版，第 2495 页。
③ 《论语·为政》。
④ 《论语·微子》。
⑤ 《论语·微子》。
⑥ 《论语·微子》。
⑦ 《论语·宪问》。
⑧ 《论语·微子》。
⑨ 《孟子·梁惠王上》。

父子而无父子之亲，有牝牡而无男女之别。故人道莫不有辨。"① 荀子在探讨"人之所以为人"这一问题时，将人与禽兽相对比而区别出人所特有的属性，认为人之所以为人，不是因为人和禽兽的形体不同，乃是因为人有"辨"。"辨"即是分义即是礼，如"辨莫大于分，分莫大于礼，礼莫大于圣王"②。并且这是人所特有的，所以人能在父子、夫妇等自然关系中生起伦常秩序和德行，而禽兽则不能，所以即便与人形体相似如狌狌，也只能果人之腹。再如"水火有气而无生，草木有生而无知，禽兽有知而无义，人有气、有生、有知，亦且有义，故最为天下贵也"③。荀子将人从水火、草木、禽兽中层层剥离，剥离到最后得出与人最相近的禽兽在天地间亦不能有人的价值和地位，因为"义"是人所独有的，即是与人相似如禽兽也不能有。所以，荀子跟孟子一样也爱骂人为禽兽，如"性不得则若禽兽"④，"为之，人也；舍之，禽兽也"⑤，"一朝而丧其严亲，而所以送葬之者不哀不敬，则嫌于禽兽矣"⑥。由此，虽然荀子跟孟子，在理论进路，人性论的内容、各层次和侧重点，以及善恶等概念的内涵与安立处均不相同，但荀子亦是把握着"人禽之辨"展开人性讨论的。

同一时期西方哲学的奠基人亚里士多德在讨论人性时亦采用了"人禽之辨"的思想方法，如其在《政治学》中说："人类以外有生命的物类大多顺应它们的天赋以活动于世界，其中只有少数动物能够在诞世以后稍稍有所习得。人类（除了天赋和习惯外）又有理性的生活；理性实为人类所独有。"⑦ 这便是认为理性为人所独有而使人区别于动物和其他生命体，即理性是人之为人的本质属性，所以可以说"人是理性的动物"，并进而要求当天赋、习惯和理性"三者之间要是不相和谐，宁可违反天赋和习惯，而依从理性，把理性作为行为的准则"⑧。这和孟子经由"人禽之辨"将人之为人的本性或独特属性确定

① 《荀子·非相》。
② 《荀子·非相》。
③ 《荀子·王制》。
④ 《荀子·赋篇》。
⑤ 《荀子·劝学》。
⑥ 《荀子·礼论》。
⑦ 亚里士多德著，吴寿彭译：《政治学》，商务印书馆1983年版，第385页。
⑧ 亚里士多德著，吴寿彭译：《政治学》，商务印书馆1983年版，第385页。

在四端之心，并要求依四端之心而不是生理欲求起相应之道德活动以表现和实现四端之心的人性论探讨方式如出一辙。非但如此，即使是被孟子骂为禽兽的墨子亦明言："今人固与禽兽麋鹿、蜚鸟、贞虫异者也。"①

基于此，我们可以说，"人禽之辨"乃是先秦儒家人性论讨论的共同前提，且孟子自觉地明确提出"人禽之辨"并以之为原则展开了儒家第一个人性学说——性善说。并且通过前文论述，我们知道，孟子通过"人禽之辨"排除了人禽所共有的属性，如感官欲求等生理本能；再者，这些生理本能不仅不能把人与禽兽区别开来，同时其所求之对象也是外在的，其得与不得有诸多之限制和偶然性，人在这里不能自作主宰是不自由的。这种通过"人禽之辨"剥离出人之为人的独特属性，并因之确定人的本分和责任的人性论模式，和先秦时期的"正名"思想有着结构上的一致性。

（二）"正名"与"人禽之辨"的思想结构

春秋时期，周王室衰弱不足以维系其血缘宗法制度和礼乐秩序而礼坏乐崩，出现了季氏"八佾舞于庭"②"三家者以雍彻"③，甚至"陪臣执国命"④等名实不符的现象。所以，孔子感叹："觚不觚，觚哉！觚哉！"⑤觚没个觚的样子，这还是觚吗？这还是觚吗？因此当子路问："卫君待子而为政，子将奚先？"⑥孔老夫子回答说："必也正名乎！"⑦所以孔子认为"政者，正也"⑧，为政的首要任务是察名实而定名分。因为"名不正，则言不顺；言不顺，则事不成；事不成，则礼乐不兴；礼乐不兴，则刑罚不中；刑罚不中，则民无所措手足。故君子名之必可言也，言之必可行也。君子于其言，无所苟而已矣"⑨。概念（名）是思维和语言的基本单位，概念不明晰则会产生思考和语言表达的混乱，思考和表达的混乱是名实相乱不符的表现，即概念所指陈事物

---

① 《墨子·非乐上》。
② 《论语·八佾》。
③ 《论语·八佾》。
④ 《论语·季氏》。
⑤ 《论语·雍也》。
⑥ 《论语·子路》。
⑦ 《论语·子路》。
⑧ 《论语·颜渊》。
⑨ 《论语·子路》。

的内涵和外延的混乱，这样不仅不能指导我们的活动反倒扰乱人们的活动和社会及自然的秩序。所以，勘正名实才能准确地思考和表达以确立制度，这决定着我们行事的成败和社会秩序的治乱与否，所以孔子认为为政的首要任务"必也正名乎"①！孔子认为为政的首要任务是察名实而定名分的原因还在于，"世衰道微，邪说暴行有作，臣弑其君者有之，子弑其父者有之。孔子惧，作《春秋》"②，"以道名分"③。这就像荀子批评惠施、邓析所说的："好治怪说，玩琦辞，甚察而不惠，辩而无用，多事而寡功，不可以为治纲纪。然而其持之有故，其言之成理，足以欺惑愚众。"④ 这些玩弄概念而创治的怪说，或"惑于用名以乱名"⑤ 或"惑于用实以乱名"⑥ 或"惑于用名以乱实"⑦，非但寡功无用而且有害于世道人心和礼乐秩序，所以荀子说："异形离心交喻，异物名实玄纽，贵贱不明，同异不别；如是，则志必有不喻之患，而事必有困废之祸。"⑧ 如果指称不同事物的概念在内涵和外延上混淆在一起，那么不同事物所固有的不同属性就不能区别开来，这种认识的混乱必将使我们行事陷于困境而最终失败。所以圣王"为之分别制名以指实，上以明贵贱，下以辨同异"⑨，亦即圣王审查明辨事物的特殊属性而分别规定事物以不同的名称，反映事物特殊属性的概念确定了，那么想到或说出某概念时，自己和他人便能明辨此一概念所指陈的事物与其他事物的异同，因而也便不会产生互相的不理解、导致行事的失败，就像荀子说的"贵贱明，同异别，如是则志无不喻之患，事无困废之祸"⑩；最终名实相符将会带来社会的统一安定，如"名定而实辨，道行而志通，则慎率民而一焉"⑪。

通过上面介绍我们可以了解到，"正名"有两方面的要求，一是要求"摹

① 《论语·子路》。
② 《孟子·滕文公下》。
③ 《庄子·天下》。
④ 《荀子·非十二子》。
⑤ 《荀子·正名》。
⑥ 《荀子·正名》。
⑦ 《荀子·正名》。
⑧ 《荀子·正名》。
⑨ 《荀子·正名》。
⑩ 《荀子·正名》。
⑪ 《荀子·正名》。

略万物之然"① 而"分别制名以指实"②，即要求明辨事物异同而根据事物的特殊属性规定事物以特定的名称，此如孟子通过"人禽之辨"剥离了与禽兽相同的属性而将人性规定为人所独有的四端之心一样。再次，"正名"要求"名副其实"，概念的内涵是所指事物的特殊属性，如果空有其名而不能有相应之征兆以表现此概念之内涵，那么这一概念便成虚假概念了。此如孟子通过"人禽之辨"将人性规定为四端之心而要求于人的本分和责任一样，如不能有相应之行为或道德实践以表现和落成也即客观化四端之心那么便是名实不符，冒人之名不干人事、有"人"之名无"人"之实以符之也便不是人了，失去了人之为人的特有属性也便堕入了下一层概念范围——禽兽，所以孟子以无四端之心则非人也，常斥以禽兽警人自持向上。由是我们可以看到，通过"人禽之辨"剥离出人之为人的独特属性，并因之确定人的本分和责任的人性论模式，与"正名"思想有着结构上的一致性，基于"人禽之辨"对人性的探讨就是正人之名。

（三）以"类"为基础的属加种差定义法在人性论上的应用

"正名"的第一个要求"分别制名以指实"③，也便是下定义，这种区别事物异同而根据事物特殊属性下定义的方法即属加种差的内涵定义法。属加种差的内涵定义法由两部分组成，一是属，一是种差，而"属"和"种"本来就是不同层级的"类"。另外牟宗三先生言曰："下定义便是用谓词去规定一物之特征并划定它的类界"④，并且"下定义须把握事物之'本质'，用本质来规定它，不要用偶有特征来规定它"⑤。所以我们可以说，属加种差的内涵定义法是对事物类本质的规定。当用"属加种差"对"人"下定义时，首先要把"人"划在动物这一"属"而为其中一"种"，也便是说"人是动物"；把人划在动物这一"属"中其实已经将同属于生物这一大类中的植物、微生物等排除在定义条件之外了。但"人是动物"还不能作为人的定义，因为不能显示人所以为人所特有的属性而区别于同在动物这一"属"类中的其他"种"

---

① 《墨子·小取》。
② 《荀子·正名》。
③ 《荀子·正名》。
④ 牟宗三：《理则学》，江苏教育出版社 2006 年版，第 10 页。
⑤ 牟宗三：《理则学》，江苏教育出版社 2006 年版，第 12 页。

类。所以第二步便是要在动物这一"属"类中寻找"种差"将人和其他种类区别开来，这一"种差"即仅为人所特有且为人所必然具有的性质。寻找将人与其他动物区别开来的"种差"也便是孟子"人禽之辨"的工作。

孟子"人禽之辨"便是"属加种差"定义法在人性讨论中的运用，孟子在对人进行定义时选择了与人同属且最为近似的禽兽为参照，进而用"种差"将人与禽兽相区别，得出了"人之所以异于禽兽者几希"① 的四端之心。因此，人与禽兽同然的食色不能作为人之为人的规定性，而无四端之心则非人也。无独有偶，荀子"水火有气而无生，草木有生而无知，禽兽有知而无义。人有气而生有知亦且有义。故最为天下贵也"②，以及"然则人之所以为人者，非特以二足而无毛也，以其有辨也。今夫狌狌形状亦二足而毛也，然而君子啜其羹，食其胾。故人之所以为人者，非特以其二足而无毛也，以其有辨也。夫禽兽有父子而无父子之亲，有牝牡而无男女之别。故人道莫不有辨"③，亦是运用属加种差定义法对人进行定义或规定的具体体现。并且荀子对这种定义方法进行了理论的说明："故万物虽众，有时而欲无举之，故谓之物；物也者，大共名也。推而共之，共则有共，至于无共然后止。有时而欲偏举之，故谓之鸟兽。鸟兽也者，大别名也。推而别之，别则有别，至于无别然后至。"④ 虽然孟子没有像荀子对这种定义方法进行理论的说明，但孟子对这种游戏规则运用得得心应手，如在反驳告子"生之谓性"时，利用类概念对同一"属"中"种差"的区别反诘道："然则犬之性，犹牛之性，牛之性犹人之性与？"⑤ 致使告子哑口无言。

（四）人性作为类本质的统一性

由此我们可以看出，属加种差的内涵定义法是对事物类本质的规定，即一类事物所共有的根本属性，亦即寻求类所以为类的内在统一性的问题。此如牟宗三先生在《理则学》中所言："类等于'以共相贯穿殊相而使其成为分子'的一个'抽象的构造品'。"⑥ 用在对人性问题的探讨上即人之所以为人的内在

---

① 《孟子·离娄下》。
② 《荀子·王制》。
③ 《荀子·非相》。
④ 《荀子·正名》。
⑤ 《孟子·告子上》。
⑥ 牟宗三：《理则学》，江苏教育出版社 2006 年版，第 8 页。

统一性的问题，但"人"是一类概念，是思维的产物即"抽象的构造品"，人类的统一性问题必须落实在人类下的各个分子即每一个人的同一性上才是具体而有内容的。所以孟子在通过"人禽之辨"将人之所以为人的本性指点在四端之心后，紧接着展开了人的统一性和每个人成贤作圣的可能性的讨论。

所以孟子在《告子上》第六章提出"仁义礼智，非由外铄我也，我固有之也"，紧接着在《告子上》第七章说："故龙子曰：'不知足而为屦，我知其不为蒉也。'履之相似，天下之足同也。口之于味，有同耆也；易牙先得我口之所耆者也。"这是因为"凡同类者，举相似也"①，即共属一类而为其分子，大体上都是一样的。所以当我们能"反身而诚"②真诚地与自己打照面，也便是与所有人真实地打照面，这也便是絜矩之道的内在依据。所以没见过别人的脚去给别人做鞋子不会做成筐子，因为都是人所以脚都是相似的，根据自己脚的样子去为别人做鞋就可以了。这也便是"执柯以伐柯"③其则不远要在"反身而诚"真诚地与自己打照面，因为人的统一性具体在每个人的同一性中。就像所有人在饮食、音乐、审美上有着相同取向，"至于味，天下期于易牙，是天下之口相似也。惟耳亦然，至于声，天下期于师旷，是天下之耳相似也。惟目亦然，至于子都，天下莫不知其姣也；不知子都之姣者，无目者也。故曰，口之于味也，有同耆焉；耳之于声也，有同听焉；目之于色也，有同美焉"④。如若不同类，则感官欲求的对象便不相同，此"如使口之于味也，其性与人殊，若犬马之与我不同类也"⑤。这也便是庄子说的："民湿寝则腰疾偏死，鳅然乎哉？木处则惴栗恂惧，猨猴然乎哉？三者孰知正处？民食刍豢，麋鹿食荐，蝍蛆甘带，鸱鸦耆鼠，四者孰知正味？猿猵狙以为雌，麋与鹿交，鳅与鱼游。毛嫱丽姬，人之所美也；鱼见之深入，鸟见之高飞，麋鹿见之决骤，四者孰知天下之正色哉？"⑥不同种类的生命体其耳目口鼻之欲性不同类，其欲求对象各不相同，这也反面证明了同属一类之各分子有着同一性。

---

① 《孟子·告子上》。
② 《孟子·尽心上》。
③ 《礼记·中庸》。
④ 《孟子·告子上》。
⑤ 《孟子·告子上》。
⑥ 《庄子·齐物论》。

（五）人性的统一性保障了成圣的可能与平等

人在耳目口鼻之欲性上相同，"至于心，独无所同然乎?"① 耳目口鼻之欲性并非人之为人的本质规定，其所养者为"小体"，在小体处尚且相同，至于人之为人的本质规定——四端之心，又怎么可能没有同一性呢？"心之所同然者何也？谓理也、义也。"② "故理、义之悦我心，犹刍豢之悦我口。"③ 只是常人不知"体有贵贱，有小大"④ 常放失其心，而"圣人先得我心之所同然耳"⑤，就像易牙、师旷先得我口耳之所同然。所以，"圣人，与我同类者"⑥。圣人与我即属同类，则我与圣人在本质上是一样的，所以，"人皆可以为尧、舜"⑦，"涂之人可以为禹"⑧。所以圣人跟我们一样是人而不是神，我们每个人都可以成贤作圣，所以"颜渊曰：'舜，何人也？予，何人也？有为者亦若是'"⑨。孟子充分肯定了人人可以成圣的可能性和内在保障，并未甚言"或生而知之，或学而知之，或困而知之"⑩，"或安而行之，或利而行之，或勉强而行之"⑪ 等修圣道路上的根器问题，而根器问题却为两汉及宋明所唱言。盖孟子是依"人禽之辨"突显了人之为人的本性即仁义礼智的先天性（此处先天性仅指生而固有言），不是通过一种气化宇宙论的方式给出了德性的保障和善恶的解释，所以在孟子人性更多是人作为类的内在统一性。所以，孟子这种本质主义的路线，突出了人的道德主体性，作为道德主体的自觉和道德活动中的自主自由。所以，成不成圣人更多的是"不为也"而不是"不能也"。因为，"圣人，人伦之至也"⑫，"尧、舜之道，孝弟而已矣"⑬。圣人之道平实亲切，

---

① 《孟子·告子上》。
② 《孟子·告子上》。
③ 《孟子·告子上》。
④ 《孟子·告子上》。
⑤ 《孟子·告子上》。
⑥ 《孟子·告子上》。
⑦ 《孟子·告子下》。
⑧ 《荀子·性恶》。
⑨ 《孟子·滕文公上》。
⑩ 《礼记·中庸》。
⑪ 《礼记·中庸》。
⑫ 《孟子·离娄上》。
⑬ 《孟子·告天下》。

孝悌人伦人人能为，所以，"道若大路然，岂难知哉？人病不求耳"①。虽然"圣人，与我同类"而"人皆可以为尧、舜"，"涂之人可以为禹"，但毕竟是凡人日出，圣贤难得，以致"五百有余岁"② 才得一见。那么，虽然本质上说人人皆可以为圣人，但为何现实是不成圣人以及如何成圣人，这便涉及了孟子存养扩充的工夫论。

三、"万物皆备于我"与世界的统一性

通过上文论述，我们可以看到孟子通过"人禽之辨"将性善指点在了人人生而固有的四端之心上，并未采取德性的宇宙论和本体论以证明和保证人之性善。并且"人禽之辨"本就是在类范畴的基础上，通过属加种差的内涵定义法寻求类本质的本质主义路线，而非宇宙论或本体论的理路。当然本质亦是一种本体，但本质作为本体仅在类范畴内对现象界之某类存在者有效（基于此，类本质又可称为此类存在者的性或体），而不是通常意义上作为存在何以可能的保障的本体。因此我们可以看出，在孟子人只是现象界物类中之一类，在本质上与其他物类相区别，也正因区别才显出了人之为人的本性。人既在本质上与其他物类相区别，且没有宇宙论和本体论的支撑，那么世界的统一性如何保障？亦即如何解释孟子所谓的"万物皆备于我"③ 这一命题？

（一）人自身力量的觉醒

我们知道"殷人尊神，率民以事神"④，殷商尊神尚鬼通过祖宗神和占卜沟通天人，以至高的人格神指导行动、保障人间的秩序，就像徐复观先生说的："从甲骨文中，可以看出殷人的精神生活，还未脱离原始状态，他们的宗教，还是原始性地宗教。当时他们的行为，似乎是通过卜辞而完全决定于外在的神——祖宗神、自然神及上帝。"⑤ 所以商纣才会喊出"我生不有命在

---

① 《孟子·告子下》。
② 《孟子·尽心下》。
③ 《孟子·尽心上》。
④ 《礼记·表记》。
⑤ 徐复观：《中国人性论史（先秦卷）》，上海三联书店 2001 年版，第 13－14 页。

天"①。但武王伐纣而周革殷命，打破了天、帝的权威和宗教对人间秩序的保障，从而取鉴于殷认识到"骏命不易"②"天命靡常"③。行为决定者和秩序保障者的权威被打破以后，原有观念也必将变革以重新确立人间秩序。所以周人从殷商的宗教意识转出而产生深深的忧患，认为"天不可信，我道惟宁王德延"④，即认为天并非无条件地保障人间秩序，要通过发扬先王之德以求"克配上帝"⑤。因此，人在这种"唯命不于常"⑥的忧患中意识到自身行为的道德与否决定着后果的吉凶，认识到了自身的责任和自身行为的力量。这便由对鬼神的信仰转为对自身行为负责而要求行为合理，在这种负责中人获得了自主的权利。行为合理落实在礼乐制度上，所以"周人尊礼尚施"⑦，即通过礼乐制度保障人间秩序，而这正是对人的力量的肯定。随着文化的继续发展和周王室衰弱，礼乐制度在春秋时期面临崩坏，在人间秩序的维系方面越发无力，因此要么废弃礼乐而建立新的文化秩序，要么就要赋予礼乐以确定的基础而使其焕发新的生命力。礼乐因其历史性而有其合法性及在人心的惯性，显然废弃历史文化长期发展的礼乐是不可行的，所以孔子欲安定秩序重建礼制要求正名的同时赋予了礼乐以仁的内核。孟子继承孔子而将仁指点在人人生而具有的恻隐之心、不忍人之心，从而给了礼乐制度以人性的基础，而礼乐制度是人间秩序的保障，所以秩序的安定最终落实在了人性上。这一过程即人因世界的变动和不稳定而不断认识到自己的力量，而以人自身的力量确保世界的稳定，这便为世界找到了阿基米德点，找到了确定而不可动摇的中心。

（二）人是世界的基点和界限

人所以能成为世界的阿基米德点，是因为我们所能谈论的世界只能是人世间，是人的世界，只能是世界向人展开的样子，世界如此这般向我们展示是因为人是如此这般的存在，所以与其说世界是人的界限，不如说人是世界的界限。这便将世界的基础建立在了人性上，人对自己的责任即是人对世界的责

---

① 《尚书·西伯戡黎》。

② 《诗·大雅·文王》。

③ 《诗·大雅·文王》。

④ 《尚书·君奭》。

⑤ 《诗·大雅·文王》。

⑥ 《尚书·康诰》。

⑦ 《礼记·表记》。

任，同样人对世界的责任也是人对自己的责任。在这里并没有自由与自然的对立，整个世界是依我们人性的展开而展开的。人的认识推进一分、人的德性充扩一分，天地也便随之增长一分。天地随人的认识与人格的增长而增长不仅是精神世界的增长，因为我们并不知道世界本来的样子，我们知道的只是世界向我们自身、向我们人类共同体展现的相貌，我们对自己的认识增长一分，世界也便向我们展开一分。所以人在精神世界里不断突破自身有限性的同时，也必在现实的领域里（实存的世界里）打开新的天地。如亚里士多德物理学力求把握事物的本质，且以宇宙的合乎目的性解释自然活动；牛顿则认为本质不可知，将科学限定在对现象的描述，且用数学公式解释自然活动，这种思维的进展、思想范式的转变对世界带来的影响是我们有目共睹的。所以人在不断突破自身思维的界限时，也必将打破实存世界的界限从而打开新天地。所以我们可以认为人是这人世间的主体和界限，所以宇宙内事即吾分内事。

从成德的意义上说，如真能存养扩充本有的良心，从亲亲到仁民到爱物，这样万物都在自己的情感、意识和意义范围内，万物因我情感与意识的投注而真正显现其为物的价值以及物之于我的意义。所以在这里，人与物不是对立的，而是在推扩本心、长养四端的过程中不断生成意义世界，在这里万物也才各得其位而有相应的秩序。这便是"成己成物"①，依人性安定人间秩序的同时安立世界万物，从这种意义上说"万物皆备于我"②。所以顺着历史文化的进展人对自身本性和力量的不断觉醒，将外在世界的不稳定安定在人性之常上，故而"万物皆备于我"③ 不需要宇宙论或本体论的支撑，只是将天地作为存在的保障的同时当下承认现存的一切，而起相应的要求与行为。

所以孟子说："霸者之民驩虞如也，王者之民皞皞如也。杀之而不怨，利之而不庸，民日迁善而不知为之者。夫君子所过者化，所存者神，上下与天地同流，岂曰小补之哉？"④ 第一与天地同流是以天地人三才相分为前提的，再次与天地同流也不是说人可与天地通而为一，而是在说明天地生养万物，君子能给万物以秩序而各安其位以遂其生。此一如荀子之言："天地生君子，君子

---

① 《礼记·中庸》。
② 《孟子·尽心上》。
③ 《孟子·尽心上》。
④ 《孟子·尽心上》。

理天地；君子者，天地之参也，万物之摠也，民之父母也。无君子，则天地不理，礼义无统，上无君师，下无父子，夫是之谓至乱。"① 这即是说，君子所以与天地参，不是君子可以贯通天人，而是君子能在天生地养的前提下给万物以应有的秩序。这即是在承认天地作为存在的保障的同时充分肯定了人的力量，所以没有继续追问天地规定天地，而是在人性的基础上对人起负担万物的责任与要求，从而将万物安定在人性上，所以才会有"致中和，天地位焉，万物育焉"②，故而儒家所要求者乃在对人性的操持长养，亦即"壹是皆以修身为本"③。

（三）"万物皆备于我"与尽心知性知天

如此理会孟子"万物皆备于我"④ 这一命题似乎矛盾于孟子"尽其心者，知其性也；知其性，则知天矣"⑤ 这一重要命题，这也是宋明理学认为先秦儒学心性天通一无二的重要依据。如果承认心性天通而为一，更进而天道性命相贯通，那么将世界的确定性和秩序安立在人性上则必须转出一步而以天道为形上的根基。这显然迥异于上文在承认天作为存在的保障的同时不规定天为何种模态以建立某种本体论或宇宙论以确立世界的超越根据寻求世界的统一性，而是认为人是世界的主体和界限，通过主体的挺立安立世界以解释"万物皆备于我"⑥ 的思路。但这种思路真的与孟子"尽其心者，知其性也；知其性，则知天矣"⑦ 这一命题相矛盾吗？或许真的只有承认心性天通而为一、天道性命相贯通才能对孟子"尽其心者，知其性也；知其性，则知天矣"⑧ 这一命题进行解释吗？我们认为对孟子"尽其心者，知其性也；知其性，则知天矣"⑨ 这一命题的解释和对孟子"万物皆备于我"⑩ 的解释一样，不需要天道性命相贯通作为思考的背景。

---

① 《荀子·王制》。
② 《礼记·中庸》。
③ 《礼记·大学》。
④ 《孟子·尽心上》。
⑤ 《孟子·尽心上》。
⑥ 《孟子·尽心上》。
⑦ 《孟子·尽心上》。
⑧ 《孟子·尽心上》。
⑨ 《孟子·尽心上》。
⑩ 《孟子·尽心上》。

1. 尽心知性知天的几种解读

朱熹解释孟子"尽其心者，知其性也；知其性，则知天矣"① 曰："心者，人之神明，所以具众理而应万事者也。性则心之所具之理，而天又理之所从以出者也。"② 朱熹这里以理贯通心性天，自然认为"故能极其心之全体而无不尽者，必其能穷夫理而无不知者也。既知其理，则其所从出，亦不外是矣"③。这里预设了一理流行贯通天人，人在本性上与天一样同一于理，自然可尽心、知性以知天。但在孟子并没有一个可以贯通天人的理，孟子将性指点在本心上，但没有将心性与天一起讨论，除了本章。所以，朱熹的解释加入了孟子所未有的观念并将后加入的观念作为讨论的基础，显然对孟子的系统来说是有问题的。

即使牟宗三先生认为全是孟子学的王阳明亦然，亦认为"夫心之体，性也；性之原，天也。能尽其心，是能尽其性矣"④。王阳明虽然没有以理贯通心性天，但在形式上是一致的，即在体用框架下预先认定天是性之原、性是心之体而形式地打通了心性天。既然预先设定天是性之原、性是心之体，那么自然尽心知性而知天，所以这里通过体用模式预先承认了心性天通而为一，所以自然可以说"盖'知天'之'知'……，是与天为一者也"⑤，并且认为"此惟圣人而后能然"⑥。然而就像前面提到的孟子并未将心性天放在一起讨论，亦未用体用论的思维方式讨论人性问题；并且孟子在讨论人性问题时重在突出人的道德主体性即道德实践的自主和自由，并未甚言根器问题，而王阳明却认为孟子尽心知性知天、存心养性事天、夭寿不贰修身以俟分别是"此生知安行，圣人之事也"，"此学知利行，贤人之事也"，"此困知勉行，学者之事也"⑦，此亦与孟子系统多所出入。

最后，牟宗三解释此句说："能充分体现其仁义礼智之本心的人就可知道他的真性之何所是，知道他的真性之何所是就可知道天之所以为天（知道于

① 《孟子·尽心上》。
② 朱熹：《四书章句集注》，中华书局 1983 年版，第 349 页。
③ 朱熹：《四书章句集注》，中华书局 1983 年版，第 349 页。
④ 王守仁撰，吴光等编校：《王阳明全集》，上海古籍出版社 2011 年版，第 49 页。
⑤ 王守仁撰，吴光等编校：《王阳明全集》，上海古籍出版社 2011 年版，第 49 页。
⑥ 王守仁撰，吴光等编校：《王阳明全集》，上海古籍出版社 2011 年版，第 49 页。
⑦ 王守仁撰，吴光等编校：《王阳明全集》，上海古籍出版社 2011 年版，第 49 - 50 页。

穆不已的天道之何以为创生万物之道）。"① 其言"能充分体现其仁义礼智之本心的人就可知道他的真性之何所是"② 此句与孟子系统自无不可，但"知道他的真性之何所是就可知道天之所以为天（知道于穆不已的天道之何以为创生万物之道）"③ 这句却在孟子系统中没有根据，甚至与孟子说是矛盾的。因为孟子曾明确指出："莫之为而为者，天也"④，此即是说，不加人的意志和努力自然呈现者便是"天"，人在这个领域内是无能为力的，亦即"天"这个领域超出了人的意识和能力范围，天是不可知的。所以牟宗三先生以"知天"为"知道天之所以为天（知道于穆不已的天道之何以为创生万物之道）"⑤ 显然与孟子此意不同。当然，同一概念在不同体系中有不同的甚至相反的内涵，即使在同一体系内同一概念亦可有不同方面，但一体系的完整性需要基本概念的一贯性，并且孟子文本中找不到能有力证明天是可知的、"知天"为知天之所以为天的证据，所以我们认为牟先生的解读亦未必妥当。

2. 知天不可知展现的人的有限与无限

所以我们不妨依"莫之为而为者，天也"⑥ 作为理解"尽其心者，知其性也；知其性，则知天矣"⑦ 的注脚。在承认天作为存在的保障的同时指出天不可知，此亦顺"天命靡常"⑧ "天不可信"⑨ 的忧患意识发展而来，"天命靡常"⑩ 故而世界是不稳定的；同时天不可知、天不可信，人不能在超越者天那里寻求稳定，所以意识转向自身从自身从人性中寻求稳定和秩序，在安定人间秩序的同时安立万物，这在前面解释"万物皆备于我"⑪ 时已经讨论过了。所以，知天是知天之不可知，从而划定了天人的界限，指出人在超越的天的领域的无能为力，这同时指出了人的能力范围，转而向人自身寻求安定的力量，从

---

① 牟宗三：《圆善论》，吉林出版集团有限责任公司 2010 年版，第 97 页。
② 牟宗三：《圆善论》，吉林出版集团有限责任公司 2010 年版，第 97 页。
③ 牟宗三：《圆善论》，吉林出版集团有限责任公司 2010 年版，第 97 页。
④ 《孟子·万章上》。
⑤ 牟宗三：《圆善论》，吉林出版集团有限责任公司 2010 年版，第 97 页。
⑥ 《孟子·万章上》。
⑦ 《孟子·尽心上》。
⑧ 《诗·大雅·文王》。
⑨ 《尚书·君奭》。
⑩ 《诗·大雅·文王》。
⑪ 《孟子·尽心上》。

而起肃穆敬畏之感而庄严我们的生命。再如前面讨论的人是世界的主体和界限，人的意识和人格增长一分天地便增长一分，故而知天不可知而指出人的认识和成德是一无限的历程需要无限的努力。这一无限的历程无限的努力是对自身有限性的无限突破，一旦自居仁且圣，自认与天合德，世界也便关闭了我们通向无限的道路，生命亦将在锢塞中堕落。所以，孔子不自居仁且圣，而认为自己"抑为之不厌，诲人不倦"①，只是在做着不厌不倦的努力。所以曾子指出"仁以为己任"② 是一无限的历程，只要活着就需努力于此，唯"死而后已"③。所以曾子在病重时对门子弟说："而今而后，吾知免夫。"④ 所以，正因天的不可知，人的认识和成德是一无限的历程需要无限的努力，人基于本性做无限努力不断突破自身的有限性，即是人有限而可无限，不需要一个形上本体承认我们本性的具足圆满，亦不需要一个宇宙合乎善的目的和动力，所以不必定以天道性命相贯通解释孟子人性论和孟子的思想体系。

对孟子天人关系的这种理解还可以在稍后于孟子的荀子那里看到。荀子明确提出："不为而成，不求而得，夫是之谓天职"⑤，"皆知其所以成，莫知其无形，夫是之谓天功"⑥。这即是认为天职、天功是人的意识和能力范围之外的，天作为保障存在的超越者是不可知的。所以"唯圣人为不求知天"⑦，在承认现存世界的同时承认天人的界限而"不与天争职"⑧。"如是，则知其所为，知其所不为矣"⑨，只有这样才能知道什么是人该做的是人的本分，知道什么超出了人的界限、人在那里不仅徒劳无功甚至导致祸害而不能妄为。正因天的不可知而指出了人的本分和责任，即"天地生君子，君子理天地"⑩，即"天地生之，圣人成之"⑪。若人真能把人该做的做好了，则能与天地参，当然

① 《论语·述而》。
② 《论语·泰伯》。
③ 《论语·泰伯》。
④ 《论语·泰伯》。
⑤ 《荀子·天论》。
⑥ 《荀子·天论》。
⑦ 《荀子·天论》。
⑧ 《荀子·天论》。
⑨ 《荀子·天论》。
⑩ 《荀子·王制》。
⑪ 《荀子·王制》。

这里与天地参不是与天地通一无二，如荀子所言："天有其时，地有其财，人有其治，夫是之谓能参。"① 若人真能把人该做的做好了，"则天地官而万物役矣。其行曲治，其养曲适，其生不伤，夫是之谓知天"②。所以在承认了保障存在的超越者天是不可知的同时，显出了人的界限和能力而起对人的本分的要求。在尽自己本分的同时安立万物遂万物之生，从而与天地并列；并且人能顺天地生物之天职、天功而尽人之本分使万物各得其位遂其生，即是知天。由是我们可以看到，对孟子"知天""与天地同流""万物皆备于我"③ 的解读不必需要形上本体或宇宙根源的证明，亦不必需要天道性命相贯通而后条畅。

四、结论

通过上文论述我们可以看到，孟子通过拒斥杨墨、辩难告子突显了"人禽之辨"对于人性探讨之重要，故而在承认"生之谓性"这一原则的同时，自觉地加入了"人禽之辨"这一原则探讨人之为人的本性。在"人禽之辨"的原则下，孟子将仅依"生之谓性"得出的"食色"等本能欲求排除在了人之为人的本性之外，因为本能欲求虽然是生而具有的，但第一不能区别人与禽兽；第二欲求对象是外在的，得与不得受客观之限制，不能自主自由，所以在生理欲求上既不能突出人之为人的特质，又不能彰显人的主体性，所以不能作为人性。另外，通过禽兽不能表现道德活动和伦常礼乐的文化生活，而反显了作为道德活动和礼乐文化生活的缘由的仁义礼智乃"人之所以异于禽兽"④ 的几希一点，并将仁义礼智指点在恻隐、羞恶、恭敬、是非四端之心的发用处，既突出了仁义礼智是人区别于禽兽的特质，是人先天固有的，又表明了四端的发用是无条件的是普遍必然的。基于此，孟子得出了人之为人的本性便是根于心的仁义礼智。这种基于"人禽之辨"对人性的探讨不是本体论或宇宙论的，而是类范畴在人性问题上的具体运用，即是通过属加种差的内涵定义法寻求类本质的本质主义路线。所以人与禽兽与万物是质的不同，四端本心作为人之为

---

① 《荀子·天论》。
② 《荀子·天论》。
③ 《孟子·尽心上》。
④ 《孟子·离娄下》。

人的本质是人的统一性所在，同时又为人所特有，动物不能有，余物更不能有。然而宋明理学通过德性的宇宙本体论的流行、下贯来证明性善时，认为"性者，万物之一源，非有我之得私也"①，通过天地之性的确立抹去了孟子通过"人禽之辨"极力突出的德性为人所特有而为人的本质这一根本点。这不可不说是对孟子人性论的偏离。

我们知道本质亦是一种本体，但本质作为本体仅在类范畴内对现象界之某类存在者有效，而不是通常意义上作为存在何以可能的保障的本体。所以，在孟子的系统中人只是现象界物类中之一类，在本质上与其他物类相区别。由是便引出了世界的统一性问题，亦即如何解释孟子"知天""万物皆备于我""上下与天地同流"② 这类命题。我们知道周革殷命，打破了天、帝的权威和宗教对人间秩序的保障，从而认识到"天命靡常""骏命不易"③。行为决定者和秩序保障者的权威被打破以后，原有观念也必将变革以重新确立人间秩序。所以周人从殷商的宗教意识转出而产生深深的忧患，认为"天不可信，我道惟宁王德延"④，即认为天并非无条件地保障人间秩序，要通过发扬先王之德以求"克配上帝"⑤。因此，人在这种"唯命不于常"⑥ 的忧患中意识到自身行为的道德与否决定着行为后果的吉凶，认识到了自身的责任和自身行为的力量。这便由对鬼神的信仰转为对自身行为负责而要求行为合理，在这种负责中人获得了自主的权利。

随着文化的继续发展和周王室衰弱，春秋战国礼乐崩坏失去了原有的效力，原有的礼乐不能继续保障人间秩序，所以需要赋予礼乐以新的内核和确定的基础而使其焕发新的生命力。孟子在继承孔子思想的基础上继续发展给了礼乐制度以人性的基础，所以秩序的安定最终落实在了人性上。这一过程即人因世界的变动和不稳定而不断认识到自己的力量，而以人自身的力量确保世界的稳定，这便为世界找到了确定而不可动摇的中心。又因为我们所能谈论的世界

---

① 张载：《张载集》，中华书局 2014 年版，第 21 页。
② 《孟子·尽心上》。
③ 《诗·大雅·文王》。
④ 《尚书·君奭》。
⑤ 《诗·大雅·文王》。
⑥ 《尚书·康诰》。

只能是人世间是人的世界，只能是世界向人展开的样子，所以人是世界的主体和界限，所以说"万物皆备于我"①。这是在承认天作为存在的保障的同时指出天不可知，于是"知天"是知天之不可知，从而划定了天与人的界限，指出人在超越的天的领域的无能为力，这同时指出了人的能力范围，转而向人自身寻求安定的力量，从而起肃穆敬畏之感而庄严我们的生命。在承认了保障存在的超越者天是不可知的同时，显出了人的界限和能力而起对人的本分的要求，即在尽自己本分的同时安立万物使万物各得其位各遂其生，从而与天地并列而"上下与天地同流"②。

由此我们可以看到，孟子在肯定了超越者天的不可知而将人的意识和对人性的考察放在了现象界而起对人的本分和责任的要求是顺着历史文化而发展的，进而将世界安立在人性上，从而将世界纳入人的意识和意义范围内；并且要求人负起世间的责任，而世界又是变动地随着人的意识和人格的增长而增长的，故而给出了人认识和成德的无限。所以我们可以看到孟子的系统是一贯的、完整的，不需要天道性命相贯通而后条畅，不需要天道观超越的证明人性的圆满具足而后可言"万物皆备于我"③ 和"参赞天地"④，人的性善、人的有限而无限亦不定需要德性天道观的证明。

① 《孟子·尽心上》。
② 《孟子·尽心上》。
③ 《孟子·尽心上》。
④ 《礼记·中庸》。

当代儒家
理论建构

《左传》"赋诗断章"的存在论诠释学分析
——作为"哲学训诂学"的探索①

张小星*

（山东大学儒学高等研究院，济南　250100）

【摘要】"断章取义"属于中国古典诠释传统中的一种特殊现象，其本身渊源于《左传》所记载的赋诗活动。作为赋诗活动的核心内容，"断章取义"虽然涉及理解与解释的相关问题，但其本身并不属于一般的文本诠释学，亦即并非"主体—客体"观念架构之下的读者对文本的理解与解释活动。在"生活—存在"的视域下重新分析赋诗活动（赋诗断章现象），可以发现，"断章取义"本身作为诠释乃是一种具有前主体性意义的活动：赋诗活动本身既生成了新的赋诗者，即赋予赋诗者以新的主体性；又生成了新的诗文本，即赋予诗以新的对象性。全文包括导言和结语共五个部分：导言主要阐述了"断章取义"观念之诠释学意蕴在建构中国经典诠释学过程中的意义以及学界对赋诗断章活动的研究现状，由此指出本文的研究思路。第一节主要考察了赋诗活动的性质。作为存在情境的"享"以及"赋诗"使其本身所蕴含之"断章取义"成为一种具有前主体性意义的诠释活动。第二节主要分析了赋诗活动中诗之新义的生成问题。赋诗断章活动的核心是意义（"志"）的生成问题，其生成机制即是"断章取义"。"志"的生成意味着诗被赋予新的意义规定性。此即"断章取义"本身之诠释学意义的基本内容。第三节主要讨论了赋诗活动中赋诗者之新主体性的生成问题。"诗"之"兴"的特殊功能以及"赋"本身之"获取—给

---

① 本文原题为《"断章取义"的诠释学意义——〈左传〉赋诗活动的存在论分析》。

* 作者简介：张小星，山东大学儒学高等研究院中国哲学博士研究生，研究方向：儒家哲学、中西比较哲学。

予"的原初意义结构，使得赋诗者在"断章取义"的过程中发生了变化，即赋诗者被赋予新的主体性。结语概括了论文的主要内容与结论，提出了"前主体性诠释"观念，并在此基础上表达了进一步考察春秋时期之"用诗"风尚以及"引经据典"传统所蕴含之诠释学意蕴的意向。

【关键词】断章取义；诠释学；赋诗；存在论；诗可以兴

导言

本文所探讨的问题属于经典诠释学（Classical hermeneutics）的范畴。具体而言，是通过对《左传》所载赋诗活动的考察与分析，进而阐发"断章取义"观念本身所蕴含的诠释学意义。"断章取义"一词首见于汉代孔安国《古文孝经传·开宗明义章》之"断章取义，上下相成"①，一般意指一种"截取别人的话来为己用而不顾原意"的行为，而且这种解释早已被人们接受为一种常识。然而，"断章取义"观念本身却渊源于春秋时期的赋诗活动，即《左传·襄公二十八年》庆舍家臣卢蒲癸所言之"赋诗断章，余取所求焉"。如果从中国古典诠释传统之演进来看，赋诗活动本身乃是中国古典诠释实践——"引经据典"文化的一种典型形态。② 按照当代诠释学的思想观念，作为春秋礼乐文化之表现方式的赋诗活动乃是一种朴素的"诠释学经验"③，在后世对于赋诗活动的诠解中，此经验被总结为"断章取义"。根据《左传》的记述④，赋诗活动即"断章取义"本身首先呈现为主体对于文本的"诠释（to

---

① 孔安国传，太宰纯音：《古文孝经孔氏传》，文渊阁四库全书影印本。

② 参见黄玉顺：《易经古歌考释》（修订本），上海古籍出版社 2014 年版，第 21、22 页。

③ 美国诠释学家理查德·E. 帕尔默在其对伽达默尔诠释学思想的解读中将"诠释学经验"总结为："诠释学经验是以流传下来的文本形式显现的流传物与诠释者视域之间的一种际遇。"理查德·E. 帕尔默著，潘德荣译：《诠释学》，商务印书馆 2012 年版，第 271 页。

④ 对于春秋时期"赋诗"活动的记载，主要见于《左传》与《国语》。据统计，今本《左传》《国语》称引诗三百（包含逸诗）和赋诗、歌诗和作诗等有关记载，共有 317 条；其中《左传》计有 279 条，《国语》计有 38 条。（具体情形可参见董治安：《先秦文献与先秦文学》，齐鲁书社 1994 年版。）其中"赋诗断章"一词出自《左传》，故本文主要讨论《左传》所载之赋《诗》活动。

interpret)"①，即：作为主体的赋诗者去理解并解释作为对象的诗及其意义。就此而言，"断章取义"活动本身即涉及经典诠释学的相关问题，因而可将其置于当代诠释学的论域中展开讨论。

（一）选题意义

在西方思想史上，诠释学（Hermeneutics）成为一门研究理解与解释问题的学科，始于对《圣经》文本的解读。就诠释观念之起源而言，以理解与解释为核心主题的诠释活动，最早可追溯到希腊诸神之信使赫尔墨斯（Hermes）向人间传递消息这一活动，即：将超出人类理解的东西（神言）转换成人类智力可以把握的形式（人言），亦即将一件东西（文本）或是情境从未知引入理解的过程。据此而言，诠释观念本身从其诞生以来即包含有"言说/表达（express）""说明（explain）""翻译（translate）"等三个意义向度。② 在诠释学获得其独立地位的同时，后世思想家们基于对诠释观念本身之原初意义向度的把握，建构出诸多类型各异的诠释学形态，而诠释观念本身之内涵也在此过程中得以不断扩充。

然而，有学者指出："迄今为止，根本不存在一般意义上使用的'诠释学'定义。""虽然诠释学的主旨是意义的理解与解释，但我们不能简单地将诠释学定义为关于理解与解释的理论。……这样的定义，既忽略了诠释学之理解的历史性特征（这是诠释学最重要也是最初被揭示出来的特征之一），又没有反映自海德格尔以来的诠释学家试图在诠释学方法论和本体论上的突破所做的努力。"③ 这就表明，虽然"诠释学"的形态日益丰富，但是有关"何谓诠释"的问题依然有待澄清："诠释"与"解释（interpretation）"之间的差别、"理解（comprehension）"与"解释"之间的关联、"读者"与"文本（text）"之间的相互关系等问题，仍将在很长的时期内困扰着我们。当然，这种困扰并非抑制我们深入探索诠释学哲学的消极障碍，而是不断指引我们重新省察诠释

---

① 洪汉鼎先生在《真理与方法》之"译后记"中指出，汉语"诠释"一词，出自唐代颜师古《策贤良问》之"厥意如何，听问诠释"。就目前而言，汉语"诠释"与西语"interpret"之间的对应关系，值得讨论。就赋《诗》活动本身而言，此所谓"诠释"更接近于"表达"之意，即"to express"。

② 理查德·E. 帕尔默著，潘德荣译：《诠释学》，商务印书馆2014年版，第25、26页。

③ 潘德荣：《西方诠释学史》（第2版），北京大学出版社2016年版，第4页。

活动本身的积极开端。

21世纪以来，随着西方诠释学相关理论在中国哲学研究领域的引进与传播，中国本土的古典诠释传统受到越来越多的关注；在此研究思潮的刺激下，已有不少学者开始有意识地重建并发展"中国诠释学"①。尽管这一提法仍存争议，但不可否认的是，这种诉求正在被接受为一种共识：对于建构中国经典诠释学的现代形态来说，除了吸纳西方诠释学，尤其是20世纪以来海德格尔、伽达默尔等人所提出的哲学诠释学（Die philosophischehermeneutik）的相关理论之外，更为重要的还在于充分考察中国本土古典诠释传统中特有的诠释学现象。

这样一来，一个重要任务就摆在了我们面前：在中国本土的古典诠释传统中，为人所忽视而有待重新考察的诠释活动有哪些？这些活动本身具有什么独特的思想意蕴？在以西方诠释学相关理论为参照的基础上，应当如何考察并澄清这些诠释活动所蕴含的思想观念？而且，所获得之新的思想观念对于重建"中国诠释学"而言意味着什么？以及这种"考察"与"澄清"工作有何意义？在此背景下，本文认为，我们所熟悉的"断章取义"现象即属于这种特殊的诠释活动。

（二）文献综述

虽然"断章取义"一词首见于汉代，但此观念本身却渊源于《左传》所载之春秋时期的赋诗断章活动，即《左传·襄公二十八年》庆舍家臣卢蒲癸所言之："赋诗断章，余取所求焉。"此被后世总结为"断章取义"活动。就其原初语境来看，"赋诗断章"本身只是卢蒲癸借以证明"同宗可婚"之正当性的"譬喻语"（杨伯峻语），但其实际所指却是春秋时期流行于各诸侯国之中的一种极具政治意义的文化活动，即"赋诗言志"。考察《左传》可知，春秋时期之用诗活动蔚为风尚，此所谓之"赋诗言志"即是当时用诗风尚之典型形式。清代皮锡瑞《经学通论》载："宾客宴享，赋诗明志，不自陈说，但

---

① 笔者以为，与现代西方诠释学相比，"中国诠释学"或者"中国解释学"并非一种成熟的理论建构，而是一种基于中国古典诠释传统的"诠释学思潮"，其中较为典型的有傅伟勋先生之"创造的诠释学"、成中英先生之"本体论诠释学"以及汤一介先生之"中国解释学"相关思考等多种形态。

取讽喻，此为春秋最文明之事。"① 所谓"赋诗明志"，即是指赋诗活动。东晋杜预《春秋左氏经传集解》（以下简称"杜注"）注"赋诗"为："古者礼会，因古诗以见意。"② 据此而言，"赋诗"指的是春秋时期各诸侯国之卿大夫或行人③在朝聘、盟会、宴享、祭祀等特定生活情境中借"赋"④ 古诗以表达自身情感或言明态度的用诗活动，陈来先生视其为一种特殊的外交仪式⑤；而"赋诗断章"则是此活动中的一种普遍现象：卿大夫或行人在赋诗过程中选取"诗三百"⑥ 中之章句以"言志"。故后世有学者将"赋诗断章"视为"赋诗言志"与"断章取义"之简称。

根据所"赋"对象的不同来源可将《左传》所载赋诗活动分为两种形式，即郑玄所言之："或造篇，或诵古。"⑦ 所谓"造篇"，指的是赋诗者临时自作诗句而表意言志。《左传》所载"造篇"赋诗，共计六例，即：隐公三年"卫人所为赋《硕人》也"，闵公二年"许穆夫人赋《载驰》"，闵公二年"郑人为之赋《清人》"，文公六年"国人哀之，为之赋《黄鸟》"。此四篇皆当时记事而作，而后收入"诗三百"，故皆可见于今本《诗经》；此外，隐公元年"公入而赋：'大隧之中，其乐也融融。'姜出而赋：'大隧之外，其乐也泄泄。'"与僖公五年"退而赋曰：'狐裘龙茸，一国三公，吾谁适从？'"两例，亦为当时记事而作，但不见于今本《诗经》，断为亡佚。

除以上六例外，《左传》所载其余赋诗大部分为"诵古"，即赋诗者直接赋"诗三百"之本有篇目而表意言志。故所谓"赋诗"，实为"赋《诗》"。而《左传》所载"诵古"赋诗，又包含以下两种形式：

一是"赋某《诗》之某章"：既列其篇名亦标明某章，即卢蒲癸所言之

---

① 皮锡瑞：《经学通论·诗经》，中华书局1954年版，第3页。

② 杜预集解：《春秋经传集解》，上海古籍出版社1988年版，第338页。

③ "行人"为春秋时期之官名，掌接待诸侯及卿大夫之职，类似于现在的外交官。

④ 《汉书·艺文志》曰："不歌而诵谓之赋"。见班固：《汉书·艺文志》，中华书局1999年版，第1383页。其后，唐代孔颖达《毛诗正义》《春秋左传正义》对此亦有辨析。

⑤ 陈来：《古代思想文化的世界——春秋时代的宗教、伦理与社会思想》，生活·读书·新知三联书店2002年版，第178页。

⑥ 见于《左传》之用诗，其所用之"诗"有很多篇目不见于今本《诗经》。

⑦ 转引自《春秋左传正义·隐公三年》，唐孔颖达曰："正义曰，此诗自作诗也。班固曰：'不歌而诵亦曰赋'。郑玄云：'赋者，或造篇，或诵古。'然则赋有二义。"参见李学勤主编：《春秋左传正义》，北京大学出版社1999年版，第79页。

"赋诗断章",见于《左传》者共计八次。因此,"赋诗断章"即可进一步明确为:在具体的赋诗过程中,赋诗者选取某诗之某章来表达情感或立场的用诗现象。例如文公十三年载:

> 郑伯与公宴于棐。子家赋《鸿雁》。季文子曰:"寡君未免于此。"文子赋《四月》。子家赋《载驰》之四章。文子赋《采薇》之四章。郑伯拜。公答拜。

鲁文公十三年,郑伯与文公在棐地饮宴,郑国子家赋《诗·鄘风·载驰》之第四章,鲁国季文子赋《诗·小雅·采薇》之第四章,双方互做酬答,以言其意。

再比如襄公二十年载:

> 冬,季武子如宋,报向戌之聘也。褚师段逆之以受享,赋《常棣》之七章以卒。宋人重贿之。归,覆命,公享之,赋《鱼丽》之卒章。公赋《南山有台》。武子去所,曰:"臣不堪也。"

鲁襄公二十年,宋国褚师段设宴迎接季武子,褚师段赋《诗·小雅·棠棣》之第七章以示欢迎;事后襄公设宴招待季武子,当场赋《诗·小雅·鱼丽》之末章以及《诗·小雅·南山有台》以示对季武子的感激。

二是"赋某《诗》":即仅列其篇名。此例颇多,比如僖公二十三年载:

> 他日,公享之。子犯曰:"吾不如衰之文也,请使衰从。"公子赋《河水》。公赋《六月》。赵衰曰:"重耳拜赐!"公子降,拜,稽首,公降一级而辞焉。衰曰:"君称所以佐天子者命重耳,重耳敢不拜?"

此为《左传》首次记载赋诗活动,事件经过亦见于《国语·晋语》,记述较《左传》更为详细。鲁僖公二十三年,秦伯设宴招待晋公子重耳,重耳当场赋《河水》①以谢秦伯,秦伯则以《诗·小雅·六月》作为答赋。上文所引

---

① 《河水》不见于今本《诗经》,断为逸诗。

文公十三年之"子家赋《鸿雁》""文子赋《四月》"以及襄公二十年之"公赋《南山有台》",亦属此种形式。此即是对《左传》所载赋诗活动之类型与形式的简单梳理。

关于赋诗活动的结构问题,在此有两点需先行指出:

一是"断章"之真实意义。杜注僖公二十三年曰:"古者礼会,因古诗以见意,故言赋《诗》断章也。其全称《诗》篇者,多取首章之义,他皆放此。"① 据此而言,所谓"赋诗断章"并不只是见于《左传》之"赋某《诗》某章"者,所谓"赋某《诗》"者同样发生着"断章",只不过所"断"之章乃是首章,而且断章的一般目的即在于"取义"。比如上引僖公二十三年之"公子赋《河水》""公赋《六月》"与文公十三年之"子家赋《鸿雁》""文子赋《四月》",所"断"者皆为首章。从"言志"角度来看,无论是"赋全篇"还是"赋某章","取义"则是普遍发生的,赋诗主体所言之"志"皆是依托于其所取之诗义而表达的。其实,这从卢蒲癸所言之"余取所求"中亦可得见。当然,杜注并未获得后世注家之普遍认可,有关具体"赋某《诗》"者是否"取首章之义"的争论,自唐孔颖达《春秋左传正义》(以下简称"孔疏")以来,至今依然存在,难以裁决。

二是赋诗活动的展现情形。按《左传》记载,赋诗活动之完整情形可归结为"赋—答"结构,即赋诗者与听诗者按先后顺序分别"赋诗言志"与"答赋言志"。就"答赋"而言,例如文公四年载:"卫宁武子来聘,公与之宴,为赋《湛露》及《彤弓》。不辞,又不答赋。"以及昭公十二年载:"夏,宋华定来聘,通嗣君也。享之,为赋《蓼萧》,弗知,又不答赋。"在此"对话"模式中,赋听双方依次完成着自身角色的转换。例如上引文公十三年之"子家赋《鸿雁》"在先,而后"文子赋《四月》"作答在后,在赋诗过程中,子家与文子既同是赋诗主体,亦同是听诗主体,其区别仅在于因情境之次第展现所引发的先后顺序与主体性转换。当然,无论双方如何转换,其本身作为与诗相对立的诠释主体的地位是确定的。由此可知,卢蒲癸所言之"赋诗断章"并非一种普通的活动形式,而是指赋诗之完整过程中普遍发生的"事情",是对"赋诗"这一社会活动的观念把握。

---

① 杜预集解:《春秋经传集解》,上海古籍出版社1988年版,第338页。

对于赋诗活动的性质，根据当代诠释学的思想观念，可将其判定为一种朴素的诠释活动。这是因为，此活动本身之结构首先呈现出一种常见的诠释关系："读者"对于"文本"及其意义的理解与解释。具体而言，即是作为主体的赋诗者、听诗者与作为对象的诗形成理解与解释的关系：一是"赋诗言志"，包含两个方面，首先是赋诗主体对于诗的理解，其次是赋诗主体（通过断章取义）对于其"志"的解释，即"言志"；二是听诗主体对于诗以及赋诗主体所言之"志"的理解。这种关系的形成是经由"断章"现象而表现出来的："断章"不仅意味着作为文本的《诗》有其自身完整的意义规定性，而且也意味着赋诗者对于诗文本及其意义具有先行的理解结构，此即涉及当代诠释学所强调的"前理解"观念。伽达默尔（Hans-Georg Gadamer）曾明确指出："一切诠释学条件中最首要的条件总是前理解，……正是这种前理解规定了什么可以作为统一的意义被实现，并从而规定了对其完全性的先把握的应用。"[1]就此赋诗活动来看，赋诗者对于诗义的前理解，既是"断章"得以发生的前提，又是"喻志"得以实现的基础。然而，就赋诗活动之特质——由赋诗情境所决定的"见意言志"而言，其本身作为诠释活动不仅不同于中国古典的通过注疏方式而实现"正义"的训诂诠释学，也不同于西方近代以来施莱尔马赫、狄尔泰所代表的旨在寻求普遍适用之诠释原则的方法论诠释学，更不同于现代颇为流行的以海德格尔、伽达默尔为代表的旨在"探究人类一切理解活动得以可能的基本条件"进而"发现人与世界的根本关系"的本体论诠释学[2]。因此，赋诗断章活动之意蕴有待澄清。

当然，将赋诗活动认定为一种诠释学事件，这一判断形成并兴起于西方诠释学传入中国之后。在此之前，有关《左传》赋诗活动的考察主要以训诂、考据，即传统的经学方式进行，且主要分布于《左传》之历代注疏以及相关的文人札记中。[3] 这种解读方式意在通过对赋诗断章活动之注释训解，以实现对其具

① "前理解结构"的观念由海德格尔首发其端，伽达默尔有所发展并将其提升为哲学诠释学是核心观念。参见伽达默尔著，洪汉鼎译：《诠释学Ⅰ：真理与方法》，商务印书馆 2010 年版，第 417 页。

② 伽达默尔著，洪汉鼎译：《诠释学Ⅰ：真理与方法》，商务印书馆 2010 年版，第 iii 页。

③ 可参见刘美硒：《〈左传〉赋诗研究综述》，《诗经研究丛刊》2011 年第 2 期。

体发生史实与具体内容的辨析与清理，主要表现①是从卢蒲癸所言之"赋诗断章"出发通过注解具体的赋诗案例，从而将赋诗活动判定为"断章取义"活动。当然，此所谓之"断章取义"乃是一种亟待反思的"主体性诠释观念"（详下）。

这种观点最早显露于东晋杜预的《春秋经传集解》。杜注虽未明言"断章取义"，但其有关赋诗活动之注解皆以"断章取义"立说，为后世对此现象之解读奠定了基础。杜注僖公二十三年："古者礼会，因古诗以见意，故言赋诗断章也。其全称诗篇名者，多取首章之义，他皆放此。"又杜注襄公二十八年释"赋诗断章"："言己苟欲有求于庆氏，不能复顾礼，譬如赋诗者，取其一章而已。"② 合而观之，杜注认为，所谓"赋诗"即指"因诗以见意"，而"见意"之方式则是通过"断章"，故所谓"赋诗断章"实则是"断章取义"。其后，孔疏虽然引用隋代刘炫《规过》之论，对杜注之"取首章之义"提出异议，但实际上是为杜注进行辩护，其结果则是深化了"断章取义"的说法。

今人杨伯峻《春秋左传注·襄公二十八年》（以下简称"杨注"）释"赋诗断章"为："赋诗断章，譬喻语。春秋外交常以赋诗表意，赋者与听者各取所求，不顾本义，断章取义也。"③ 杨注主要表达了两层意思：一是将"赋诗断章"一词确定为"譬喻语"，即卢蒲癸以此为喻以证"同姓可婚"之正当性；二是对作为社会现象之"赋诗断章"进行解释，其所谓"表意"即指"赋诗言志"，而"各取所求"则暗含"取义"之说。因此，杨注仍是对前人观点的继承：视"赋诗断章"现象为"断章取义"活动；然而其发挥之处在于指出："断章取义"本身作为行为方式，同时发生于赋诗者与听诗者之间，即所谓"各取所求"。

在此研究模式中，值得注意的是，随着明末清初实学思潮的兴起，清代涌现出大量研究《左传》赋诗活动的成果。④ 其中，皮锡瑞在《经学通论》中基

---

① 此研究模式的另一方面表现为基于"断章取义"的判断，而展开对具体赋诗之"取何章之义"的考察。

② 杜预集解：《春秋经传集解》，上海古籍出版社 1988 年版，第 1101 页。

③ 杨伯峻编：《春秋左传注》（四），中华书局 2016 年版，第 1265 页。

④ 清代研究《左传》赋诗的成果，主要有赵翼《陔余丛考》、顾栋高《春秋大事年表·春秋左传引据诗书易三经表》、劳孝舆《春秋诗话》、梁履绳《左传补释九》等，这些成果的主要内容，是对春秋赋诗之具体史实的梳理，理论价值需挖掘。参见刘美砾：《〈左传〉赋诗研究综述》，《诗经研究丛刊》2011 年第 2 期。

于前人"断章取义"之说，将"赋诗断章"指认为一种"引诗以证义"的活动，视其为"春秋最文明之事"。皮氏观点本身并非是对春秋赋诗活动之专题讨论，但其关于"赋诗断章"本身所涉及之"诗义"问题的探讨，已经隐含着对于赋诗活动本身之"言志取义"机制的解释，值得进一步分析与发挥。

进入现代学术范式以后，上述解释模式并未完全消失，而是通过研究重心的转移继续流行于文学、文献学领域，这些研究侧重于挖掘《左传》赋诗活动本身的文学史意义，并基于具体的"赋诗断章"现象着重阐发其本身所蕴含的诗学价值。其中，童汝劳《春秋时期的"赋诗断章"习俗》一文认为，作为春秋时期特定的历史产物，"赋诗断章"是"赋诗言志"和"断章取义"的简称，其特点和规律是不顾及原诗本来的诗意而仅取其所求来表达引诗之志。朱德民《"断章取义"辨——论对〈诗〉的赋、引、解》一文认为，作为政治外交的手段，赋诗显示着春秋人"有言于此而喻意于彼"的特点，赋诗者仅为表达自身情志而借用诗中之现成章句来象征或说明自己之意，故"断章取义"有其合理性。曹建国《"赋诗断章"新论》一文认为，作为先秦时期重要的"言诗"方式，"赋诗断章"的实质是赋诗者基于当下情境而展开的对于诗歌的阐释，其所关注的乃是具体情境中的文本意义。郑彬《春秋赋〈诗〉规则及其成因》一文认为，见于《左传》《国语》之中的春秋赋诗活动具有四大规则，即：断章取义、诗旨共识、赋篇取首、赋诗不刺；而这些规则的形成，乃是春秋外交形势需要、《诗》之社会功能转变、官学教育结果等原因所致。

此外，最具代表性的研究模式则是借助西方诠释学的相关理论，对"赋诗断章"活动之性质与机制进行考察与分析。此模式认为，"赋诗断章"现象属于一种特殊的诠释学活动，其发生原则即是所谓的"断章取义"；基于此判断，有关"赋诗断章"现象的研究逐渐转变为在当代诠释学的理论背景下对"断章取义"观念本身之合理性的追问。李有光《春秋"赋诗"、"引诗"活动的解释学探析》一文将春秋赋诗活动界定为一种原始而粗糙的解释学现象，指出其解释学方法是"断章取义"，即赋诗者在特定情境中通过将诗句从原来的语境和意义中截取出来从而赋予文本以新的意义。闫爱华《现代解释学视野下的中国古代诗学阐释方式》一文则将"赋诗言志"视为一种用诗方法，指出其所遵循的原则是"断章取义"，认为赋诗者的目的并非为了阐释文本，而是通过融入自身的主体性来实现表明情感态度的目的，因此"断章取义"有其合理性。柳倩月《诠释学视野：中国古代文学批评的三种取向》一文运用海德格尔、伽达默尔的诠释学理论，将"赋诗言志"认定为一种理解、解释与应用相结合的诠释学活动，指出其基本原则是"歌诗必类"（《左传·襄公十六年》），表现方式是"断章取义"，并且"歌诗必类"所强调的"赋听相类"性规定了赋诗者必须从自我角度出发来称引诗句，由此而形成"断章取义"的表现方式，而这种表现方式的合理性与正当性则在于赋诗者的"前理解"与"前筹划"。钟厚涛、仇爱丽《断章取义：意义生成机制合法性的维系》一文借助哲学诠释学、语义学、修辞学的相关理论将"断章取义"视为一种意义生成机制，认为"断章取义"的合法性基础在于阐释者的前理解及其所处的当下情境，而对"断章取义"之合法性的指明，旨在强调意义生成转换过程中主体的创造性解读以及语境力量的规限等因素的重要作用。

再有，刘丽文《春秋时期赋诗言志的礼学渊源及形成的机制原理》一文，从礼学角度论证了春秋时期政治舞台上普遍应用的赋诗言志现象的渊源及形成的机制原理，认为赋诗言志是对燕享礼仪中固有乐歌形式的模仿和意义的替换；《诗经》中的"诗"在燕享之礼中本是固定的、程式化的，其发挥作用的原理是被"礼"化了的诗的乐章之义；春秋时期礼崩乐坏，乐章之义失落了，于是燕享礼仪中的"诗"经历了从取乐章之义到取词章之义又到"点歌"即赋诗言志、断章取义的演变；就思维方式看，《诗》的乐章之义和词章之义，都是以一种象征即比兴式思维对《诗》进行的再诠释。杨钊《"赋诗言志"中的赋诗与答赋》一文借助传播学的相关理论，认为《左传》《国语》中所载的赋诗言志，是一种独特的传播接受机制，是一种用诗者依据当时普遍认可的伦理观念和价值取向，采用相似性联想，通过断章取义的吟唱诗章委婉含蓄地表达意愿，且需对方揣测意会、双向互动才能完成的复杂而微妙的机制。

（三）研究思路

从上述研究成果[①]中可以看到，对于《左传》赋诗活动的考察，无论是传

---

① 此所谓"成果"是与本文论题相关且具有参考价值的文献。更多关于《左传》赋诗的研究成果，可参见毛振华：《〈左传〉赋诗研究百年述评》，《湖南大学学报》2007 年第 4 期；沈邦兵：《春秋赋诗言志研究综述》，《剑南文学》2010 年第 3 期；刘美硒：《〈左传〉赋诗研究综述》，《诗经研究丛刊》2011 年第 2 期。

统的注疏正义模式还是现代的诠释学解读模式，"断章取义"观念始终都被作为"赋诗断章"现象之中心论题而得以讨论和分析，这固然有其合理性所在。然而，赋诗活动及其所蕴含之"断章取义"果真如此吗？在笔者看来，作为春秋礼乐文明的表现形式，"赋诗断章"现象本身所蕴含的"断章取义"观念，并非后世所理解并阐发的"断章取义"。自杜注首倡"断章取义"之说以来，随着孔疏及后世注家对此观点的辩护与承袭，蕴含在赋诗活动中的真切的"断章取义"观念已被遮蔽，随之而来的则是此活动本身遭到误读；而现代学者对所谓"断章取义"观念之正当性的强调无疑更加剧了这种遮蔽状态。

究其根源，这种遮蔽状态的形成与加剧，是由轴心时期（Axial Period）以来前现象学（pre-phenomenology）① 之存在者化的"主体—客体"观念架构所决定的，而充斥于以往研究成果中的"断章取义"观念正是此架构的典型表达。从"断章取义"观念之构成来看，无论"断章"还是"取义"，其本身之发生总是已经预设了存在着某种现成化且具有客观意义的对象性存在者，即作为文本的诗章及其意义，以及具有主观能动性且能够"断取"此客观对象的主体性存在者。② 因此，后世所解读出的"断章取义"活动本身显然属于"形而下存在者"的事情。

然而，按照当代哲学的思想观念来说，近代以来之认识论哲学在思维模式上存在着其自身难以克服的"困境"，即胡塞尔（Edmund Husserl）所指出的："对切中事物本身的认识可能性的反思陷入这样一种困境之中，即：认识如何能够确信自己与自在的事物一致，如何能够'切中'这些事物？自在事物同我们的思维活动与那些给它们以规则的逻辑规律是一种什么关系呢？"③ 显然，存在于后世注疏中的处于知识论观念层级的"断章取义"，同样难以避免这种"困境"：作为诠释主体的赋诗者何以能够"断取"作为客观对象的文本？"断章取义"观念本身何以可能？归根结底，问题的关键在于：人们习以为常的

---

① 所谓"前现象学"（pre - phenomenology），是指轴心时期以来到现象学创立之前的观念，其基本特征是存在者化的"本质—现象"和"主体—客体"的观念架构。参见黄玉顺：《中国哲学的"现象"观念——〈周易〉"见象"与"观"之考察》，《河北学刊》2017年第5期。

② 赋诗活动中的"主体性存在者"显现赋诗者与听诗者，而"对象性存在者"则显现为诗及其意义；虽然"断章取者"会随着具体诠释情境之不同而发生改变，但其主体地位却是确定的，而此架构也是固定的。

③ 胡塞尔著，倪梁康译：《现象学的观念》，商务印书馆2016年版，第3页。

"主一客"观念架构何以可能？进而言之，作为主体和对象的"存在者"何以可能？

就此来看，以往研究成果将赋诗活动判定为"断章取义"活动，即在杜注、孔疏后世相关注疏的思想视域中，赋诗断章现象实质上始终被作为一种认识活动而加以分析与考察。这也就导致现代学者们对于赋诗断章现象的考察，始终局限于"文本诠释"层面，从而落入认识论诠释学，即方法论诠释学的模式，因而将"断章取义"视为春秋时期赋诗活动本身之原则或方法，从而忽视了赋诗断章活动本身发生之历史境域以及生活基础。

综上所述，尽管后世注疏所解读出的"断章取义"观念面临着困境，但此困境并非直接指向赋诗活动本身；这反而意味着，赋诗活动本身所蕴含之"断章取义"观念亟待澄清并分析。故本文的主要任务是摆脱主体性模式，即回到主客未分的前主体性观念层级，即在"生活—存在（life-existence）"的思想视域——"任何具体的生活方式，只不过是作为源头活水的生活本身所显现出来的某种衍流样式；而生活本身作为存在本身，才是先在于任何存在者的大本大源，因而乃是前形而上学、前哲学、前概念、前理论的事情"① 下，展开对赋诗活动的分析，从而阐发一种存在论（Theory of Being）② 意义上的"断章取义"观念："断章取义"固然是"读者"与"文本"之间的事情，但这种事情本身却具有前主体性的意义，即"断章取义"本身是一种前主体性诠释活动。当然，这种阐发工作并非为了表明作为诠释活动的"赋诗断章"现象本身高明于其他诠释学形态，而只是意在敞开并获得一种能够进一步把握诠释观念的可能。而此任务的完成，首先需要我们回到《左传》所载赋诗活动本身。

---

① 黄玉顺：《儒学当代复兴的思想视域问题——"儒学三期"新论》，《周易研究》2008 年第 1 期。关于"生活—存在"的思想，可参见黄玉顺：《面向生活本身的儒学——黄玉顺"生活儒学"自选集》，四川大学出版社 2006 年版；《爱与思——生活儒学的观念》（增补本），四川人民出版社 2017 年版。

② 本文不取"Ontology"的原因在于，"Ontology"在汉语之中被译为"本体论""存在论""存有论"。这些翻译均难以摆脱传统形而上学"主体—客体"架构的思维模式，即传统的"体—用""本—末"架构。

一、作为前主体性活动的赋诗

回到"赋诗断章"现象本身，并非以传统的注疏正义方式对其进行梳理与辨析，而必然是在新的思想视域下重新审视作为整体的赋诗活动。迄今为止，诠释学自身的发展演变在于确认了这样一个基本事实：任何诠释活动都涉及"读者"与"文本"的某种关系，"诠释学本来的任务或者首要的任务就是理解文本"①，其主旨在于对文本及其意义的理解与解释②。就此而言，赋诗活动本身即属于一种诠释活动，因为其中包含着作为诠释学核心内容的理解与解释现象。而《左传·襄公二十八年》卢蒲癸所言之"赋诗断章，余取所求焉"，即是对此活动之架构的最初显露。然而，"赋诗断章"之原初语境的限制，导致后世注疏始终未能脱离"主体性诠释活动（subjective interpretation）"的窠臼，而只能将赋诗活动理解为一种"主—客"架构之下的"断章取义"活动。因此，在揭开赋诗活动之真实面目之前，首需对此"主体性诠释活动"进行评析。

（一）"赋诗断章"与"断章取义"

卢蒲癸所言之"赋诗断章，余取所求"，并非是对赋诗活动之展现情形的实际描述，毋宁说其所表达的是一种"赋诗断章"观念，而此观念的核心在于所谓的"余取所求"，此语体现了春秋时期人们对赋诗活动的最初把握。然而，就作为诠释活动的赋诗而言，"余取所求"的提出使得"赋诗断章"本身成为一种主体性诠释活动。所谓"主体性诠释模式"，指的是基于"主—客"观念架构③而且是主体性先行的诠释模式；就西方诠释学而言，认识论诠释学

---

① 参见潘德荣：《西方诠释学史》（第二版），北京大学出版社2016年版，第4页。
② 伽达默尔著，洪汉鼎译：《诠释学Ⅰ：真理与方法》，商务印书馆2010年版，第551页。
③ 黄玉顺教授通过对"绝地天通"事件的分析，指出："从观念史的角度看，我们所经历的实际乃是这样三个观念时代：①前原创期：人神杂糅——形而上学之前的时代（西周以前）。②原创时期：绝地天通——形而上学的建构时期（西周春秋战国时期）。③后原创时期：人神异业——形而上学统治的时代（汉代以来）。"（黄玉顺：《面向生活本身的儒学——黄玉顺"生活儒学"自选集》，四川大学出版社2006年版，第112页。）依此，卢蒲癸所提出之"赋诗断章"本身以及后世对此命题的注解，皆属于形而上学观念架构的统治时代；而春秋战国时期正是形而上学的建构时期，亦即"主—客"架构的形成期。

甚至伽达默尔的哲学诠释学在一定意义上都属于这种主体性诠释学模式，因为作为此在之存在方式的"理解"本身并没有完全摆脱这种主体性先行的预设。就赋诗而言，随着后世注家对"余取所求"的解释，这种主体性诠释的模式得以不断确立，其表现即是凸显于后世注疏中的"断章取义"观念。

《左传·襄公二十八年》记载：

> 齐庆封好田而耆酒，与庆舍政，则以其内实迁于卢蒲嫳氏，易内而饮酒。数日，国迁朝焉。使诸亡人得贼者，以告而反之，故反卢蒲癸。癸臣子之，有宠，妻之。庆舍之士谓卢蒲癸曰："男女辨姓，子不辟宗，何也？"曰："宗不余辟，余独焉辟之？赋诗断章，余取所求焉，恶识宗？"癸言王何而反之，二人皆嬖，使执寝戈而先后之。

根据传文，在当时之语境中，"赋诗断章"本身只是一句"譬喻语"，卢蒲癸以赋诗之断章现象为喻，来佐证"同宗通婚"之合理性，以化解其所面临之"男女辨姓"的婚制冲突，即："余取所求焉，恶识宗？"然而，卢蒲癸所认为的"合理性"本身却是值得反思的：无论在本体中还是在喻体中，"余取所求"本身都面临着自身难以克服的困境。

首先，在本体即"是否可婚"的问题中，"余取所求"与当时现行之婚姻制度，即"男女辨姓"发生冲突：春秋时期，"男女辨姓"的婚制有其正当性所在，而卢蒲癸所提出之"余取所求焉，恶识宗？"本身并不具有正当性，二者产生矛盾。就此而言，原初语境中的"余取所求"本身涉及伦理学，即制度伦理学中的"社会规范建构及其制度安排所依据的价值根据"问题①。对卢蒲癸来说，其"取所求"之根据在于"余"即其本人，显然这是将主体性作为价值尺度，亦即对主体性的凸显；在此意义上，"余取所求"本身隶属于价值论的范畴：在"主—客"观念架构下，作为价值主体即主体性存在者的"余"，评判并取舍作为对象性存在者的"所求"，即：一个形而下存在者即卢蒲癸，面对着另一个形而下存在者即庆舍之女。然而，问题在于：作为价值主

---

① 黄玉顺：《中国正义论的形成——周孔孟荀的制度伦理学传统》，东方出版社2015年版，第2、5页。

① 黄玉顺：《中国正义论的形成——周孔孟荀的制度伦理学传统》，东方出版社2015年版，第2、5页。

体的存在者,是从哪里来的?① 即"卢蒲癸"这样的"余"是何以可能的? 鉴于本文论题,故对此中所涉及之其他理论问题不做深入讨论。但在此需指出的是,卢蒲癸认为"余取所求,恶识宗?"的前提在于:承认"余取所求"观念在当时赋诗活动中的合理性,即承认"赋诗断章,余取所求"本身的正当性。

其次,在喻体即"赋诗断章"现象中,"余取所求"转而成为诠释学的问题,并且是对赋诗活动之呈现结构的把握。当然,这种把握是一种基于"主—客"观念架构而描绘的单向形态:作为主体性存在者的"余"取舍作为对象性存在者的"诗",即:主体通过"断章"的方式截取诗并获取其意义,因此,"余"与"诗章"之间形成理解与解释的关系。由于"取舍"之根据同样在于作为主体性存在者的"余",因而可将此所谓之"赋诗断章"现象归结为一种"主体性诠释活动"(故卢蒲癸所言之"赋诗断章"是一种主体性诠释观念):在此活动中,作为诠释主体的"余"以及作为文本对象的"诗章"都是现成化的形而下存在者,因为"断章"的发生意味着作为对象的"诗"本身是一个自身相对固定而完整的意义系统。当然,此"主体性诠释活动"是由"余取所求"本身之原初语境所决定的,因而并非是对真切的赋诗断章活动的把握。然而,就此"主体性诠释模式"而言,问题仍然在于:作为诠释主体的存在者,又是从哪里来的?

然而,随着轴心期以来之形而上学观念架构,即"主体—客体"架构的确立②,在后世注疏中,卢蒲癸所提出的作为主体性诠释观念的"赋诗断章"得以不断固定下来而成为所谓的"断章取义"活动。自杜注以来,后世注家皆以"断章取义"之说来解释"赋诗断章"现象,亦即将《左传》所载之赋诗活动视为"断章取义"活动。这就使得这种"主体性诠释模式"得以固定并走向极端化:赋诗本身之"见意言志"特质得以凸显,"取义"本身得以进一步明确,文本及其意义作为对象性存在者被固化,而"余"作为主体性存在者的既有特性亦被强化。

现举其要者分析如下:

首先,东晋杜预首倡"断章取义"之说。杜注僖公二十三年曰:

---

① 黄玉顺:《时代与思想——儒学与哲学问题》,山东人民出版社 2017 年版,第 127 页。
② 产生"断章取义"一词的汉代,正是形而上学的统治时期,即"主—客"定型的时期。

古者礼会，因古诗以见意，故言赋诗断章也。其全称诗篇名者，多取首章之义，他皆放此。①

这是对"赋诗断章"一词之明确解释。杜注认为，"赋诗断章"意在借诗义而表己意，"断章"作为手段则是为了获取"诗义"，因此"赋诗断章"实际上是"断章取义"。而其所谓"全称诗篇名者，取首章之义"则表明《左传》所载赋诗活动，无论是"赋某章"还是"赋全诗"，"断章"现象必然发生。这就说明，所谓"断章"并非是记载体例上的"规定"，而是由赋诗活动本身之"见意言志"的特性所决定，亦即"取义"上的"断章"。而杜注明确以"赋诗断章"一语解释《左传》首次出现且"全称诗篇名"的赋诗活动，亦可表明：所谓"赋诗断章"，并非一种固定且成型的社会现象，而是赋诗活动的"事情本身"：在赋诗活动中，"断章"本身的发生具有普遍必然性，即"断章取义"。

此外，杜注襄公二十八年释"赋诗断章"曰：

言己苟欲有求于庆氏，不能复顾礼，譬如赋诗者，取其一章而已。②

显然，杜注是根据原初语境来解释"赋诗断章"的，即将其作为"譬喻"以揭明卢蒲癸的本意，即"余取所求"。值得注意的是，虽然"譬如赋诗者，取其一章而已"并未明言"断章取义"之说，但实际上却表明："断章"现象普遍发生于赋诗过程中。换言之，任何"赋诗"都是"断章赋诗"。这实际上是对僖公二十三年所提出之"断章取义"说的补充。

其次，清代皮锡瑞之《经学通论》直言"断章取义"。《通论》提出：

左氏襄二十八年传，明载卢蒲癸之言，曰赋《诗》断章，则传载当时君

---

① 杜预集解：《春秋经传集解》，上海古籍出版社1988年版，第338页。
② 杜预集解：《春秋经传集解》，上海古籍出版社1988年版，第1101页。

臣之赋诗，皆是断章取义，故杜注皆云取某句。①

皮氏观点是对杜注"断章取义"之说的沿袭与明确。其以卢蒲癸所言之"赋诗断章"为切入点，断定《左传》所载赋诗皆为"断章取义"活动。皮氏重在揭示"赋诗断章"现象之特征，故未对卢蒲癸所言详加辨析。

最后，需要注意的是杨伯峻的《春秋左传注》。杨注提出：

赋诗断章，譬喻语。春秋外交常以赋诗表意，赋者与听者各取所求，不顾本义，断章取义也。②

与前人相比，杨注对"赋诗断章"一语的解释更为清楚明白。杨注依循杜注，径直将"赋诗断章"断为"譬喻语"，并依此来解释赋诗之基本特征，指认春秋时期之赋诗为"断章取义"活动。其中"赋者与听者各取所求"一句既是对赋诗之发生结构的进一步梳理，也是对赋诗之"取义"问题的强调。杨注在区分赋诗之行为主体即"赋者"与"听者"的同时，从"取义"的角度指出双方在赋诗过程中皆为"各取所求，不顾本义"，此为以往注家所未加明确的问题，即赋诗活动本身所蕴含之主体性问题。如果说杜注的贡献在于指出赋诗之基本特征——所有赋诗都存在"断章"现象，而且是以"取义"为目的的"断章"，即"断章取义"（此为全称命题）的话，那么杨注超越前人之处则在于进一步揭示出赋诗之发生结构：在具体赋诗过程中，赋/听双方都在"断章取义"，而且是"不顾本义"的"断章取义"。

由此可知，"赋诗断章"本身之解释史，即将赋诗解读为"断章取义"活动，实则是将作为主体性诠释观念的"赋诗断章"推向极端化的过程，此过程既是"断章取义"观念本身的极端化，也是逐渐遮蔽"赋诗断章"现象之"事情本身"的过程，具体表现即在于对"余取所求"观念的注解上。从杜注到杨注，"取所求"逐渐由"取首章之义"转变为"各取所求"，而杨注之

---

① 皮锡瑞：《经学通论·诗经》，中华书局1954年版，第3页。
② 杨伯峻编：《春秋左传注》（四），中华书局2016年版，第1265页。

"不顾本义"① 正是此极端化的完成形态。因为，杨注所谓之"不顾本义"本身并不合理，既不符合"断章取义"之观念内涵，也不符合赋诗活动之实情，其问题在于："断章取义"何以能够"不顾本义"呢？

在杜注中，"取某章之义"意味着作为对象的"诗章"有其自身自足的意义规定性；而杨注之"赋者与听者各取所求"实则是对杜注之认可与沿袭。杨注本身所存在的问题在于"不顾本义"：指认"赋诗断章"为"断章取义"活动，并且赋者与听者可以"各取所求"即"断章"，这意味着承认了作为对象的"诗章"本身有其自身之意义规定性，而且"断取"行为的发生也表明赋诗主体对于诗本身之意义有所取舍，而并非所谓的"不顾本义"。此外，就赋诗活动之实情来看，"不顾本义"之说也是难以成立的：尽管"赋诗断章"本身并非为了探求作为对象之诗文本的客观意义，但赋诗活动本身之"见意言志"的规定性使得赋诗者难以割断自身与诗本义之间的意义关联。

主体性诠释模式这种将"断章取义"的解读方式推向极端化所引起的后果是：一方面，对于诠释主体（赋诗者/听诗者）而言，"不顾本义"意味着在赋诗活动之发生过程中，作为诠释主体的赋者与听者可以任意选取并处置作为对象的诗文本，这无疑是对主体之既有特性（能动性）的扩张与强化；另一方面，对于被诠释文本而言，"不顾本义"意味着在赋诗过程中，作为对象的诗及其意义成为可有可无的"东西"，显然这是对赋诗活动中《诗》及其意义之存在合理性的否定，由此而封闭了诗本身之意义的被诠释可能。

由此后果可知，所谓"断章取义"实则是对赋诗活动之实情的误读：对诠释主体（余）之作用的强调遮蔽了赋诗活动本身之原初发生情境。造成主体性诠释模式这种误读的原因，固然与"余取所求"本身之语境限制有关，但究其根源则在于：轴心期以来之"主体—客体"观念架构的不断强化，而"断章取义"本身即是在此思维架构之下形成的观念。进一步地说，此观念架构的不断强化使得主体和对象都被剥夺了"去存在"即获得新的特性的可能：作为主体的诠释者丧失了获得新主体性的可能，作为对象的诗文本也丧失了获得新意义规定性的可能，此即是"主体性诠释模式"的困境所在。

---

① 杜注之"不能复顾礼"实则是杨注"不顾本义"之先声，其中蕴含着"不顾本义"之意。

上述历代注疏所解读出的"断章取义"观念即属于此主体性诠释模式，其问题在于"余"何以能够"取所求"，即"赋诗者"何以能够"断章"，进一步地说，"赋诗者"本身何以可能？此问题的提出意味着，对于赋诗活动现象的真切把握，需要我们超越"主—客"观念架构而溯源至前主体性的存在视域。

（二）作为存在情境的"享"以及"赋诗"

主体性诠释模式的困境在于未能有效解释"主体性何以可能"或者"存在者何以可能"的问题。而"何以可能"的发问方式已经将我们带入存在论的视野之中。因此，为了摆脱这种困境，以期获得对赋诗活动的真切把握，在此我们就需要破除主体性设定而溯源至前主体性（pre-subjectivity）的存在视域中。为此，我们有必要引入海德格尔（Martin Heidegger）在《存在与时间》中提出的"存在论差异"（Die ontologischeDifferenz）思想。所谓"存在论差异"，是指"存在（sein）"与"存在者（seiende）"之间的差异，亦可称为"存在"与"存在者"之间的区分（unterschied）。

> 存在论是关于存在的科学。……存在合乎本质地与存在者区别开来。……为了将诸如存在之类做成研究专题，我们必须能够搞清楚存在与存在者之间的区别。……我们称之为存在论差异，亦即存在与存在者之间的区分。只有先把存在与存在者，而非一存在者与另一存在者区别开（krinein 希），我们才能进入哲学的问题域。①

> 存在问题的目标不仅在于保障一种使科学成为可能的先天条件（科学对存在者之为如此这般的存在者进行考察，于是科学一向已经活动在某种存在之领会中），而且也在于保障那使先于任何研究存在者的科学且奠定这种科学的基础的存在论本身成为可能的条件。②

> 作为哲学的基本课题的存在不是存在者的族类，但却关涉每一存在者。须在更高处寻求存在的"普遍性"。存在与存在的结构超出一切存在者之外，超

---

① 海德格尔著，丁耘译：《现象学之基本问题》，上海译文出版社 2008 年版，第 19 页。
② 海德格尔著，陈嘉映、王庆节合译，熊伟校、陈嘉映修订：《存在与时间》（修订译本），生活·读书·新知三联书店 2014 年版，第 13 页。

出存在者的一切存在者状态上的可能规定性之外。①

综上所引，简而言之，海德格尔意在表明，"哲学存在论"的主题或问题乃是对于存在问题的探讨，而此探讨的前提则是"存在本身"与"存在者"之间的区别，即存在本身既不是存在者，也不是存在者之存在，而是保证存在者成为可能的"条件"。而且这种"条件"不仅能使以各种存在者之族类为研究对象的科学（形而下学）成为可能，而且也能使为此科学进行奠基的存在论本身（自亚里士多德以来之研究存在者之为存在者的形而上学，这种形而上学的研究遗忘了存在本身，而将目光投注于存在者之存在）成为可能。

在上述海德格尔的观点中，值得注意的有两个关键词，即"区别"与"奠定"。海德格尔的意图不仅在于指出"存在本身"与"存在者"之间的"区别"，更在于揭示"存在本身"对于"存在者"的"奠基"意义。也就是说，所谓"存在"，乃是先行于任何存在者且保证任何存在者成为可能的基础，即存在本身为存在者进行"奠基（fundierung）"；从生成②的角度而言，即存在本身生成/给出存在者。

从这个意义上讲，所谓"前主体性"，也就是先行于主体性，亦即先行于任何存在者的存在本身。这种"前"亦即"先行于"并非一种时空意义上的在先、在前，而是一种前时间性的"当下"，亦即主体性所由之而挺立的本源存在状态：主体与客体尚未分别。因此，"前主体性"即意味着：主体性尚未生成，尚未被给予③。而且正是在这样的前主体性状态中，亦即随着本源存在状态的打破，主体性存在者与对象性存在者成为可能，而我们所习以为常的"主—客"思维架构也由此得以形成。

在此意义上，对于考察赋诗活动中之"主体性何以可能"，即作为主体的"赋诗者/听诗者"何以可能的问题来说，关键就在于揭示出区别于其自身且为之奠基的"存在本身"，亦即前主体性的存在状态。当然，就赋诗活动而

---

① 海德格尔著，陈嘉映、王庆节合译，熊伟校、陈嘉映修订：《存在与时间》（修订译本），生活·读书·新知三联书店 2014 年版，第 44 页。

② 黄玉顺：《爱与思——生活儒学的观念》（增补本），四川人民出版社 2017 年版，第 168 页。

③ 黄玉顺：《爱与思——生活儒学的观念》（增补本），四川人民出版社 2017 年版，第 43 页。

言，这样的"存在本身"并非海德格尔现象学意义上的"此在的生存领会"，而是作为春秋时期特定之生活方式的礼乐文化。根据《左传》的记载，就赋诗来看，这种生活方式具体表现为"享""饩""宴""聘"等特定的生活情境，而"赋诗"本身作为一种"活动"即具有了前主体性的意义。[①]

就此而言，皮锡瑞提出的观点值得我们进一步阐发。皮锡瑞认为，在春秋时期，赋诗断章现象之所以盛行，原因在于作为春秋时期人们之生存经验或生活方式的礼乐文化以及六艺之教。

> 朱子曰："古人之诗，如今之歌曲，虽闾里童稚，皆习闻之而知其说。"盖古以诗书礼乐造士，人人皆能诵习，诗与乐相比附，人人皆能弦歌。宾客宴享，赋诗明志，不自陈说，但取讽谕，此为春秋最文明之事，亦在诗义大明之日，诗人本旨无不了然于心，故赋诗断章无不暗解其意，而引诗以证义者，无不如自己出。[②]

皮氏所言，值得注意之处在于"诗书礼乐造士，人人皆能诵习"与"诗义大明""诗人本旨无不了然于心"等。就前者而言，虽然"士"属于春秋时期之社会阶层之一，但在哲学层面上其本身仍属于形而下存在者的范畴，亦即属于一种主体性存在者的观念；"造"本身固然表示一种造成、造就之意，但更为重要的在于传达出"诗书礼乐"与"士"之间的"生成"关系。如下所示：

生成关系：诗书礼乐→士

↓

存在本身→存在者

从"生活—存在"的视域来看，这种关系表明"诗书礼乐"生成了"士"这一主体性，而"士"本身之存在基础在于作为春秋时期之生活方式的"诗书礼乐"，《论语》所谓之"兴于诗，立于礼"（《论语·泰伯》）即在表达这

---

① 黄玉顺：《面向生活本身的儒学——黄玉顺"生活儒学"自选集》，四川大学出版社2006年版，第36页。

② 皮锡瑞：《经学通论·诗经》，中华书局1954年版，第3页。

种关系。因此，所谓"诗书礼乐造士"实则意味着主体性的挺立，即新主体性——"士"的生成。那么，在此意义上，对于作为存在者的"士"而言，作为春秋时期之生活方式的"诗书礼乐"即具有了存在论意义上的作为前主体性状态的存在本身的意义：作为生存经验的"诗书礼乐"给出了"士"这一主体性。

根据《左传》记载，既有的"士"并非现成且既定的"赋诗者"与"听诗者"，而其之所以能够获得"赋诗者"与"听诗者"的主体性，亦即成为赋诗主体与听诗主体，则是由当下发生之"赋诗"所给予的，而"赋诗"本身则是在特定的"享"中发生的。就"享"而言，其本身乃是春秋时期诸侯国之间处理政治外交事务的场合，亦即当时一种特定的生活情境；而在此情境下，"赋诗言志"的活动发生了。如果说"诗书礼乐"本身作为春秋时期之生活方式生成了"士"这一主体性存在者的话，那么赋诗活动本身在一定意义上也与"诗书礼乐"具有同样的意义，亦即为主体性进行奠基：赋诗活动生成了"赋诗主体"与"听诗主体"。

由此来看，赋诗活动本身就不是一个既定的赋诗者对于既定的诗文本进行理解与解释，相反则是"享"的展开而"赋诗"的发生才使得主体获得了"赋诗者"的主体性，而"诗"则被赋予对象性，即成为与主体相对立的"文本"（生成诠释主体与被诠释文本）。在此意义上，"赋诗"本身即具有了作为前存在者的存在本身的意义。就"享"而言，其本身作为一种生活情境，乃是一种"共在"境域，"赋诗断章"的发生使得"士"在此境域中得以分别而生成为"赋诗主体"与"听诗主体"，而了然于心之"诗义"（孔子所言之"不学《诗》，无以言"即表明，在其所生活的春秋时代，"诗"本身构成为其生存方式，所以"诗义"了然于心，能够信口拈来）随即成为对象化的"诗文本"：赋诗使得"诗义"客观化为文本对象，亦即被赋予客观对象性。比如在《左传·襄公二十八年》与《左传·昭公十六年》中皆出现的"请皆赋"一语，其本身并未交代所赋之"对象"，这也就表明，"诗"本身成为"对象"则是由"赋"所给出的，"赋"给予"文本"以对象性。就此而言，相对于"赋诗者"与"诗文本"而言，"享"与"赋诗"即具有了存在本身的意义，亦即作为存在情境的"享"以及"赋诗"，而非既定主体的活动方式。当然，

"享"本身作为春秋时期一种特殊的生活方式只不过是本源生活之显现样式。①

需要注意的是，皮锡瑞所言之"诗义大明"本身涉及当代诠释学之"前理解"观念——任何理解与解释都依赖于理解者与解释者的前理解。伽达默尔发展了海德格尔之"理解前结构（vorstruktur）"观念，进而提出"一切诠释学条件中最首要的条件总是前理解，这种前理解来自于与同一事情相关联的存在"②。反观皮锡瑞的观点，此"诗义大明""诗人本旨无不了然于心"等皆构成赋诗者与听诗者能够进行"断章"的"前理解"结构；但此所谓之作为"前见"的"诗义"在一定意义上并不属于主体性存在者的某种认识，而毋宁说是主体性存在者自身处于这样的传统中，即作为存在者的"士"本身处于春秋时期之诗书礼乐、六艺之教的生活境域中。因此，这种"处于"并非一种对象化的行为，而是已经构成赋诗者"自己的东西，一种对自身的重新认识"③，此即所谓"诗人本旨无不了然于心""引诗以证义者，无不如自己出"之意。总而言之，正是在这种赋诗活动中，新的主体性（赋诗者）与新的对象性（诗义）生成了。

（三）赋诗活动的呈现结构

在描述赋诗活动之呈现情形之前，需要先行分析《左传》对此活动的记述。见于《左传》的赋诗活动最早始于鲁僖公二十三年晋国重耳赋《河水》，终于鲁定公四年秦哀公赋《无衣》，共计三十二次；《左传》对这些赋诗活动之发生过程的记述大同小异，有其一般呈现结构，但是并非卢蒲癸所言之"余取所求"的简化单向形式，而是由"赋诗前因""赋诗断章""赋诗效果"三个部分组成。此呈现结构以鲁襄公、昭公时期表现最为典型，今举之为例，以观见赋诗活动，尤其是断章取义本身之内在意蕴。

一是襄公二十七年之"郑国七子赋诗"。《左传》记载如下：

> 郑伯享赵孟于垂陇，子展、伯有、子西、子产、子大叔、二子石从。赵孟曰："七子从君，以宠武也。请以赋，以卒君贶，武亦以观七子之志。"（赋诗

---

① 黄玉顺：《爱与思——生活儒学的观念》（增补本），四川人民出版社 2017 年版，第 276 页。

② 伽达默尔著，洪汉鼎译：《诠释学 I：真理与方法》，商务印书馆 2010 年版，第 417 页。

③ 伽达默尔著，洪汉鼎译：《诠释学 I：真理与方法》，商务印书馆 2010 年版，第 399 页。

前因）子展赋《草虫》。赵孟曰："善哉，民之主也！抑武也，不足以当之。"
伯有赋《鹑之贲贲》。赵孟曰："床第之言不踰阈，况在野乎？非使人之所得
闻也。"子西赋《黍苗》之四章。赵孟曰："寡君在，武何能焉？"子产赋《隰
桑》。赵孟曰："武请受其卒章。"子大叔赋《野有蔓草》。赵孟曰："吾子之惠
也。"印段赋《蟋蟀》。赵孟曰："善哉，保家之主也！吾有望矣。"公孙段赋
《桑扈》。赵孟曰："'匪交匪敖'福将焉往？若保是言也，欲辞福禄，得乎？"
（赋诗断章，断章取义，赋诗言志）卒享，文子告叔向曰："伯有将为戮矣。
诗以言志，志诬其上而公怨之，以为宾荣，其能久乎？幸而后亡。"叔向曰：
"然，已侈，所谓不及五稔者，夫子之谓矣。"文子曰："其余皆数世之主也。
子展其后亡者也，在上不忘降。印氏其次也，乐而不荒。乐以安民，不淫以使
之，后亡，不亦可乎！"（赋诗效果）①

二是昭公二年之"昭公享韩宣子"。《左传》记载如下：

二年春，晋侯使韩宣子来聘，且告为政，而来见，礼也。观书于大史氏，
见《易·象》与鲁《春秋》，曰："周礼尽在鲁矣，吾乃今知周公之德与周之
所以王也。"（赋诗前因）公享之，季武子赋《绵》之卒章。韩子赋《角弓》。
季武子拜，曰："敢拜子之弥缝敝邑，寡君有望矣。"武子赋《节》之卒章。
既享，宴于季氏。有嘉树焉，宣子誉之。武子曰："宿敢不封殖此树，以无忘
角弓。"遂赋《甘棠》。宣子曰："起不堪也，无以及召公。"（赋诗断章）②

三是昭公十六年之"郑国六卿赋诗"。《左传》记载如下：

夏四月，郑六卿饯宣子于郊。宣子曰："二三君子请皆赋，起亦以知郑
志。"（赋诗前因）子齹赋《野有蔓草》。宣子曰："孺子善哉！吾有望矣。"
子产赋郑之《羔裘》。宣子曰："起不堪也。"子大叔赋《褰裳》。宣子曰：
"起在此，敢勤子至于他人乎？"子大叔拜。宣子曰："善哉，子之言是！不有

---

① 李学勤主编：《春秋左传正义》，北京大学出版社 1999 年版，第 106 页。
② 李学勤主编：《春秋左传正义》，北京大学出版社 1999 年版，第 1172 页。

是事，其能终乎？"子游赋《风雨》。子旗赋《有女同车》。子柳赋《蘀兮》。宣子喜曰："郑其庶乎！二三君子以君命贶起，赋不出郑志，皆昵燕好也。二三君子，数世之主也，可以无惧矣。"宣子皆献马焉，而赋《我将》。子产拜，使五卿皆拜，曰："吾子靖乱，敢不拜德？"（赋诗断章）①

在此，先指出传文中值得注意之处，留待下文解读。一是"郑伯享赵孟于垂陇""公享之""郑六卿饯宣子于郊"，重点在"享""宴""饯"的意义，对此上文已有分析；二是"武亦以观七子之志"与"起亦以知郑志"，重点在"观志"与"知志"的区分及其各自的意义；三是"子西赋《黍苗》之四章""武请受其（《隰桑》）卒章""季武子赋《緜》之卒章""武子赋《节》之卒章"，此为传文中明确记载之"断章"现象，赋诗者与听诗者皆在"断章"；四是"卒享""既享"，此语表明赋诗活动之结束与完成；最后是"诗以言志"与"赋不出郑志"，重点在"诗以言志"之"志"与"郑志"的区分。

首先，赋诗前因。这既是对赋诗之缘由的描述，又是对赋诗之发生结构的勾勒。赵孟所言之"请以赋，以卒君贶，武亦以观七子之志"与宣子所言之"二三君子请皆赋，起亦以知郑志"，表明赋诗之现实目的在于"观志"与"知志"，其完整结构包含"赋诗言志"与"听诗观志/知志"两个环节，作为赋诗主体的"七子"与"六卿"通过赋诗来表达自身志向；作为听诗主体的"赵孟"与"宣子"通过听其赋诗来领会并回应"七子"与"六卿"之志。

此所谓"赋诗前因"实际奠定了此活动本身之诠释学性质，即作为诠释活动的合理性。在此活动中，赋诗主体和听诗主体与诗文本之间构成理解与解释的关系：在"赋诗言志"中，赋诗者（"七子""六卿"）作为诠释主体理解诗文本，而这种理解对于听诗者而言则是一种解释活动；在"听诗观志/知志"中，听诗者（赵孟、宣子）作为诠释主体理解赋诗者之"志"（此"志"实则构成新的文本对象）。表面上看，此二环节之基本架构是相同的，即主体对于文本的理解与解释，这构成赋诗活动的主要内容，在此活动中，"断章取义"发生了。就此而言，卢蒲癸所言之"赋诗断章"对于赋诗活动之结构的把握有其合理性所在，赋诗确实包含着"主体性诠释"的事情，此即后世之

---

① 李学勤主编：《春秋左传正义》，北京大学出版社 1999 年版，第 1353 页。

"断章取义"的由来。当然，此"主体性"却是在此"享""赋诗"活动中生成或挺立。

其次，赋诗断章。此所谓"赋诗断章"并非卢蒲癸所言之"赋诗断章"观念，而是赋诗活动本身之核心结构：赋诗者作为主体在赋诗过程中通过"断章取义"而言志；与此同时，听诗者作为主体在听诗过程中通过"断章取义"而观志/知志；因此，杨注曰"赋者与听者各取所求"。在上引两例赋诗中，赋诗主体（"七子""六卿"）轮流"言志"，而听诗主体（赵孟、宣子）分别"听诗观志"，双方经由"赋诗"而形成"对话"关系："断章取义"作为共时性行为而发生，双方就所取之"义"寻求一致，即"言志"与"观志"的一致性。当然，这是由赋诗活动本身之实情所决定的。此为"断章取义"活动之展现。

最后，赋诗效果。就赋诗的整个发生过程来看，此为赋诗活动之后续部分；根据《左传》之描述，此所谓"效果"是赋诗活动所引发之效应（一般以"预言"方式呈现）。上引赋诗中所谓的"卒享"，既表明"享"本身的结束，又意味着赋诗活动本身的完成（在一定意义上，则是存在情境的打破）。赵孟就所观之"志"与叔向进行交流，通过分别评论"七子"所言之"志"而预测其命运。而在昭公二年、昭公十六年之赋诗活动中，这种"效果"可从双方之"对话"中得见。

在此，结合上文对"享"的存在论分析，我们可将赋诗活动本身之真切情形勾勒并还原如下：

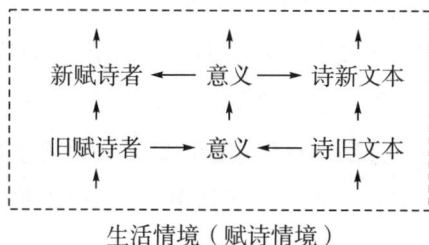

```
┌─────────────────────────────────────┐
│      ↑        ↑        ↑             │
│  新赋诗者 ←── 意义 ──→ 诗新文本      │
│                                      │
│  旧赋诗者 ──→ 意义 ←── 诗旧文本      │
│      ↑        ↑        ↑             │
└─────────────────────────────────────┘
          生活情境（赋诗情境）
```

虚框之内的五层文字、符号之间的关系，自下而上可描述如下：

第一层（两个向上的箭头）：赋诗者（主体）和诗文本（客体）都是"赋诗情境"中的存在者，即是由赋诗活动本身所生成的。诸侯国之行人并非天然的赋诗主体，只有在当下宴饮飨会发生之时，其作为赋诗者的主体性才能被给予；而《诗》本身也并非相对立的具有超越性的客观对象，其客观性则是由当下之赋诗情境所赋予的。因此，赋诗主体与文本对象都是由当下的宴飨情境所给出的，亦即赋诗者的主体性与《诗》的对象性是在当下赋诗情境中生成的。

第二层：就赋诗之"见意言志"的指向来看，赋诗者之"志"即"意义"，乃是"取义"的结果，也就是说，赋诗者之"志"即"意义"，并不仅仅是《诗》自身的客观意义（《左传》有"知志"之说，此"志"指诗义），而是诠释主体（赋诗者/听诗者）对《诗》之意义有所"取舍"的产物（《左传》有"观志"之说，此"志"即是如此），亦即作为客观对象的《诗》与作为主体的赋诗者（听诗者）的一种融合；而这种融合之所以能够发生，即在于其当下的赋诗情境。此即是文本意义的生成与显示过程，亦即"断章取义"的过程。

第三层（两边两个向上的箭头）—第四层：此时，新的赋诗者（新的主体性）生成了，这是意义（志）与旧赋诗者的一种融合；新的诗文本（新的对象性）生成了，这是意义（志）与旧诗文本的一种融合。也就是说，随着赋诗活动的发生与展现，意义（志）的生成与显示意味着"存在者"的新生：作为新主体性的"新赋诗者"与作为新客体性的"新诗文本"的生成，这就说明赋诗本身作为诠释活动具有存在论意义。从历史实情来看，每次赋诗的完成都使得《诗》文本获得了新的意义规定性，日益生成为"经典"。

第五层（三个向上的箭头）：这种诠释活动、主体与对象的"去存在"、意义的不断生成，一切都是永远敞开的，也就是"生活—存在"本身的开放性。此即是说，在"赋诗断章"这种诠释活动中，主体、文本及其意义并非固定且现成化的，而是不断生成的；而且就赋诗活动本身来说，其作为生活本身的显现样式也不是固定不变的，而是持续发生的。而这一切都是由"在存在且去存在"的本源存在结构所决定的。

最后，从总体上看，外围的虚框表示赋诗活动之发生情境，而赋诗活动本身实则是一种特定的当下发生的"生活情境"，这意味着赋诗者、诗文本及其意义都是在此"生活情境"中生成的，此由上文对"享"的分析中可以观见。在此本源情境中，赋诗者作为主体性被此赋诗情境所给予，而诗文本的对象性也在"赋"的过程中被给予。也就是说，作为主体的赋诗者、作为对象的诗文本及其意义都是为此赋诗情境所涵摄的。因此，赋诗活动本身就不仅仅是传统之训诂诠释学的问题，更是一般存在论的事情，即关涉到主体（赋诗者）

与对象（诗文本）及其意义在"生活—存在"中如何生成的问题。

二、诗的新义的生成

鉴于主体性诠释模式本身的困境，上文在存在论的思想观念下对赋诗活动做出新的理解。作为一种诠释活动，春秋时期用诗风尚之发生情境本身决定了赋诗之目的首先指向为"见意言志"，即"诗义"与"人意"之间的转换，亦即文本意义的理解与解释问题。根据上文对赋诗活动之结构的梳理可知，这种意义转换的机制即是"断章取义"，在此意义上，赋诗活动实则是"断章取义"活动。虽然后世所谓之"断章取义"本身是一种主体性活动，但此所谓"断章取义"却有其存在论意义：在此过程中，"诗"本身不仅获得了对象性，而且被赋诗者赋予新义，这种"新义"乃是"志"与旧诗文本之间融合而形成的，此也就意味着"诗"本身获得了新的对象性。

（一）赋"诗"以言"志"

既然"断章取义"的发生意味着"诗"获得了新的对象性，那么在赋诗活动发生之"前"，《诗》本身的存在呈现出怎样的状态呢？在赋诗过程中，《诗》本身发生了哪些变化？这些变化对于原诗文本而言意味着什么？考察《左传》可知，在春秋时期之用诗风尚中，用诗者自身并没有明确的"文本"意识。尽管如此，赋诗活动本身所包含的"诗""章""志"等观念在一定意义上已经充当着"文本"的角色，发挥着"文本"的作用，但却并非对象化的现成文本，因为其对象性是在此赋诗过程中被给予的。因此，在讨论"断章取义"问题之前，需先行考察这些概念的具体所指。

首先是"诗"。上文曾提到，《左传》所载赋诗活动包含"造篇"与"诵古"两种形式，而后者即所谓的"赋《诗》"。按照保罗·利科（Paul Ricoeur）的观点，所谓"文本"，指的是"由书写而确定了的话语"，而"由书写而确定化就是文本自身的构成"①。就此而论，"赋《诗》"本身在春秋时

---

① 保罗·利科（Paul Ricoeur）著，J. B. 汤普森（John B. Thompson）编译，孔明安、张剑、李西祥译：《诠释学与人文科学——语言、行为、解释文集》，中国人民大学出版社 2012 年版，第 107 页。

期之普遍流行已经表明，经由书写而确定了的作为"文本"的"《诗》"已经诞生且广泛流传，《诗》在"当时已经成为具有固定体系、具有稳定权威的文字文本"①；当然，在春秋时期尚未诞生明确的"文本"观念。就"造篇"与"诵古"来看，所谓"造""诵"本身皆是对于作为潜在文本的"《诗》"的一种"书写"方式，这种方式实则是赋予"诗"以对象性，即显现为对象化的文本；而所谓"篇""古"本身作为一种"话语"，构成为《诗》本身的"确定化"形式。此外，根据《诗》本身之结集与流传的历史事实②可知，春秋时期流传的《诗》本身已经成为一种相对固定而完整的"文本"，而且是一种具有客观性的"作品"。正因如此，在春秋时期的用诗活动中，"断章"现象得以普遍发生。

其次是"章"。根据许慎《说文解字》："乐竟为一章。从音从十；十，数之终也。"③ 以及段玉裁《说文解字注》："章，乐竟为一章，歌所止曰章。"④可知，"章"之本义，是指乐曲演奏中一个单元的结束。然而，在此需注意的是，《左传》所载"断章"之"章"并非是指乐曲之单元，而是特指"诗章"，即所称引"诗篇"的部分章节，比如《左传·文公七年》："弗听，为赋《板》之三章"；《左传·文公十三年》："子家赋《载驰》之四章，文子赋《采薇》之四章"。在此意义上，可以说，所断之"章"同样具有"文本"的意义，即属于"确定化"了的《诗》的构成部分。"断"本身意味着将"诗章"从作为整体的原诗文本中截取出来，故所断之"章"即获得了独立地位而成为具有相对完整之意义规定性的新文本对象，这也就为"言志"提供了

---

① 陈来：《古代思想文化的世界——春秋时代的宗教、伦理与社会思想》，生活·读书·新知三联书店 2002 年版，第 186 页。

② 《诗经》的结集与流传与其作品的增减有关，而此增减在春秋时期最为明显。有学者指出：《诗经》作品有三个逐次递增的层次：一是《周颂》"正雅"及"二南"，此属典礼用诗，见于《左传》《国语》及"三礼"的记载；二是《周颂》及"二雅""二南""三卫"，此为春秋交际场合引诗赋诗的主要范围，见于《左传》记载；三是"二雅""三颂""十五国风"，此为传世本《诗经》的内容。这三个递增的层次，说明《诗经》结集不可能是一次性完成的。《诗经》在形成过程中，最少有过三个发展历程，即进行过三次重大的编辑整理工作。参见刘毓庆、郭万金：《〈诗经〉结集历程之研究》，《文艺研究》2005 年第 5 期。

③ 许慎撰，徐铉校定：《说文解字》，中华书局 1998 年版，第 58 页。

④ 段玉裁：《说文解字注》，续修四库全书编纂委员会：《续修四库全书》（第 204 册），上海古籍出版社 2002 年版，第 787 页。

前提。然而，就赋诗活动本身来看，所赋之"诗"并非与赋诗者相对立的现成化"作品"（在此意义上，赋诗者与读者有所区别），而是"诗"本身之意义（诗义），亦即《左传》所谓之"志"。就此而言，"诗义"之所以显现为对象化的文本，正是由赋诗活动之"赋"所给予的（此"赋"不仅赋予诗以对象性，也使主体成为赋诗者，详下）。

最后是"志"。根据许慎《说文解字》："志，意也，从心之声。"① 可知，"志"之本义，是指"意"或"心意"。《左传》之"志"分为"观志"与"知志"两种：前者见于襄公二十七年之"请皆赋，以卒君贶，武亦以观七子之志"，表示赋诗者所言之"志"，即"人意"；后者见于昭公十六年之"二三君子请皆赋，起亦以知郑志"，表示作为文本的《诗·郑风》所载之"志"，即"诗义"本身。此所谓"知"与"观"意味着赋诗者与听诗者与"文本"（志）形成主客二分的关系架构，而此架构之所以可能，也是由作为存在情境的"赋诗/享"所给出的；而"观"与"知"使得"诗义"与"人意"相融合而生成"新文本"。然而，无论是所知之"诗义"还是所言之"人意"，"志"作为赋诗活动之核心元素，皆是由其本身之目的指向所决定的，即所谓的"赋诗以言志"②；而且在赋诗活动发生之时，"志"本身构成为具有对象性的客观文本（对于听诗者而言，所听之"志"构成客观"文本"）。而"赋诗"之所以能够"言志"，是因为"诗"本身的本质规定在于"言志"，即所谓"诗言志"③；因此，《毛诗大序》提出："诗者，志之所之也，在心为志，发言为诗。"④ 此即是说，"诗"本身作为一种"言说"（"表达"expression），传达的是作诗者自身之内在心意，即"志"；换言之，作诗者之"志"经由语言而转换为"诗"。与此相仿，在赋诗过程中，这种"意义转换"同样发生：赋诗者通过"赋诗"而实现"诗义"向"人意"的转换，此即"赋诗以言志"之真实情形。

从赋诗活动本身来看，"诗""章"以及"志"三者呈现出一种"意义转

① 许慎撰，徐铉校定：《说文解字》，中华书局 1998 年版，第 217 页。
② "诗以言志"出自《左传·襄公二十七年》；与此类似的说法，还有《庄子·天下》之"《诗》以道志"、《荀子·儒效》之"《诗》言是其志也"。
③ 李学勤主编：《尚书正义》，北京大学出版社 1999 年版，第 79 页。
④ 李学勤主编：《毛诗正义》，北京大学出版社 1999 年版，第 6 页。

换"的关系，即："诗义"向"人志"的"转换"；此"转换"机制即所谓的"断章取义"。表面上看，此"断章取义"是指"人志"的显现与表达，但如果从《诗》的角度来看，此"转换"本身则意味着所赋之"诗"自身获得了新的意义，而此"获得"实则是由赋诗者所言之"志"与旧诗文本之融合所形成的。在此意义上，赋诗活动本身实为"赋诗断章言志"。

（二）"志"的生成机制

根据上文，虽然《左传》所载之"志"兼含"诗义"与"人意"两种内涵，但"志"本身首先指的是"人志"，即赋诗者自身之志向，所谓"在心为志"也。而此"志"本身既非《诗》本身之客观意义，亦非赋诗者自身的直接意图，而是"诗义"与"人意"相融合的产物，其生成机制即为"断章取义"。以往注疏对此多有解读，但却未能澄清"断章取义"本身在赋诗活动中的真相，即未能有效解释"断章取义本身何以可能"的问题。

就此而言，清人皮锡瑞在《经学通论》中对于"诗义"问题的分析，颇有可取之处。尽管皮锡瑞的观点并非针对"断章取义"本身而发，但其中已然涉及"志"的生成机制问题。他提出：

> 是以经证经虽最古，而其孰为作诗之义？孰为引诗之义？已莫能定。以为诗人之意如是，亦莫能明。朱子曰："古人之诗，如今之歌曲，虽闾里童稚，皆习闻之而知其说。"盖古以诗书礼乐造士，人人皆能诵习，诗与乐相比附，人人皆能弦歌。宾客宴享，赋《诗》明志，不自陈说，但取讽谕，此为春秋最文明之事，亦在诗义大明之日，诗人本旨无不了然于心，故赋《诗》断章无不暗解其意，而引《诗》以证义者，无不如自己出。其为正义，为旁义，无有淆混而岐误也。

> 古义既亡，其仅存于今者，又未必皆《诗》之本义，说诗者虽以意逆志，亦苦无征不信，安能起时人于千载之上，而自言其义乎？[①]

皮锡瑞的分析主要针对"诗义"问题而展开，而此所谓"志"的生成机制问题与此"诗义"问题关涉重大。在此主要讨论以下两个方面：

---

① 皮锡瑞：《经学通论·诗经》，中华书局 1954 年版，第 3 页。

其一是对"义"的区分，此"义"本身涉及上文所指出之"志"的性质问题。在此，可将皮锡瑞所提出的六种"义"，即"作诗之义""引诗之义""诗人之意""诗义（文本义）""诗人本旨""诗之本义"，分为三类：一是诗之本义，即诗文本之义；二是诗人之意，即作诗者之义；三是引诗者之义，即用诗者之意。值得注意的是"引诗之义"的问题，此即皮锡瑞所言之"赋诗明志"和"引诗以证义者"中的"志"和"义"；此所谓之"志""义"，即指赋诗者所言之"志意"。

由上文对赋诗之发生结构的梳理可知，对于作为主体的赋诗者和听诗者来说，赋诗与听诗都是以"志"为核心而展开的，所谓"观志"与"知志"皆依此而言。而皮锡瑞所言之"志"与"义"实则是一致的，皆指作为主体之赋诗者与听诗者所要表达之意，其所言之"赋诗""引诗"的目的即为"证义"，即"借诗义以证人意"。在此过程中，"诗义"作为一种媒介用以传达（转达）赋诗者之意，即主体之"志"，而"证"则表明"人意"与"诗义"之间的相互融通，此即意味着赋诗者与《诗》文本进行着潜在的意义转换（诗义转换为人志）。

其二是"言志"的实现方式，即"志"本身之生成与显现的机制问题。对此问题的解释，皮锡瑞借助孟子之"以意逆志"的观念来说明，这是其有别于以往注疏的地方。皮氏引入"以意逆志"的说法，实则是为"断章取义"之"断取"提供一种正当性解释。《孟子》曰："故说诗者，不以文害辞，不以辞害志。以意逆志，是为得之。"① 就"以意逆志"而言，其本身首先涉及文本诠释的问题，即如何理解并获得《诗》之本义。在孟子看来，此问题的关键在于"逆"。按许慎《说文解字》的解释："逆，迎也。从辵，屰声。关东曰逆，关西曰迎"②，"逆"的本义是指"迎取"。故朱熹《集注》曰："言说诗之法，不可以一字而害一句之义，不可以一句而害设辞之志，当以己意迎取作者之志，乃可得之。"③ 在此，笔者倾向于将"逆"理解为"融合"，即"人志"与"诗义"的融合。

① 李学勤主编：《孟子注疏》，北京大学出版社 1999 年版，第 253 页。
② 许慎撰，徐铉校定：《说文解字》，中华书局 2013 年版，第 34 页。
③ 朱熹：《四书章句集注》，中华书局 2012 年版，第 312 页。

表面上看，皮锡瑞引孟子"以意逆志"暗含贬义，但实际上却是对"见意言志"本身之展现方式——"断章取义"的说明，即赋诗主体以己意"迎取"文本对象之义，也就是说，所谓"言志""观志"乃是作为主体的赋者/听者以其意与文本展开互逆而融合的过程。由此而言，赋诗活动本身所包含之"志"并非是指《诗》文本之客观意义，而是主体依其意对《诗》文本之义有所"取舍"的产物，而"断章"本身即意味着此"取舍"活动的开展。因此，无论是赋诗者所言之"志"还是听诗者所观/知之"志"，都是在赋诗主体与文本对象之融合中生成并显现的：作为被诠释对象的《诗》文本与作为诠释主体的赋诗者、听诗者的一种融合。也就是说，无论是"赋诗言志"还是"听诗观志"，这种"互逆取舍"都在进行，即"断章取义"都在发生。此即意义（"志"）的生成机制，亦即所谓的"赋诗断章"。当然，这里所说的"断章取义"，亦即"融合"的过程，则源于赋诗情境本身。

在此，需指出的是，这种取义上的"融合"可能会让我们联想到伽达默尔所提出的"视域融合"观点，但在笔者看来，二者有所区别。伽达默尔"视域融合"的观点是在海德格尔"事实性诠释学"即此在诠释学（Hermeneutics of Dasein）（此在的生存论建构）的基础上提出的，旨在回答"理解何以可能"，即"理解得以可能的条件"问题。为了说明二者之间的区别，在此有必要对伽达默尔的哲学诠释学进行简要评析。

毫无疑问，伽达默尔的哲学诠释学代表着20世纪以来诠释学哲学的最新进展。在《真理与方法》一书的"导论"中，伽达默尔已经明确地表达了一种诉求：挣脱科学方法论对于人文学科主宰的局面，从而试图寻求一种新的"方法"，一种区别于科学认识论的方法，去获得人文科学、精神科学领域内的"真理"。基于此诉求，伽达默尔通过引入柏拉图的"对话"、黑格尔的"辩证法"，以及海德格尔的"前理解结构"而建构出一套哲学诠释学理论。《真理与方法》一书围绕着诠释学的核心观念"理解"与"解释"，着重探讨了"理解何以可能"，即"理解实现的一般条件"以及"理解的完成方式"两大问题。

伽达默尔以一种康德式的问题切入了诠释学的核心论域，即"理解怎样得以可能"，展开对"理解"之本体论基础的考察。在此意义上，伽达默尔将以施莱尔马赫和狄尔泰为代表的"认识论诠释学"，即寻求如何达到理解与解释的一般原则和方法的诠释学模式，推进到诠释学的"本体论"层面，促使诠释学成为一门"探究人类一切理解活动得以可能的基本条件，试图通过研究和分析一切理解现象的基本条件找出人的世界经验，在人类有限的历史性的存在方式中发现人类与世界的根本关系"① 的学问。

然而，不能否认的是，由于思想背景的复杂与矛盾，伽达默尔的哲学诠释学依然属于一种主体性诠释模式。现从以下两个方面进行简要分析：

首先，伽达默尔借助海德格尔之此在诠释学的思想资源，一再强调这样一种观念，即"理解"并非主体性的行为方式，而是此在本身的存在方式。

借用康德的话来说，我们是在探究：理解怎样得以可能？这是一个先于主体性的一切理解行为的问题，也是一个先于理解科学的方法论及其规范和规则的问题。我认为海德格尔对人类此在（Dasein）的时间分析已经令人信服地表明：理解不属于主体的行为方式，而是此在本身的存在方式。本书中的"诠释学"概念正是在这个意义上使用的。②

就这段话来看，伽达默尔认为，"理解"是此在本身的存在方式。然而，此观点却有其自相矛盾之处：既然"理解"不属于主体的行为方式，即主体性活动，那么其本身又何以能够成为"此在本身"的存在方式呢？因为，"此在"本身在海德格尔现象学的意义上仍然属于一种"主体性存在者"观念。在《存在与时间》一书中，海德格尔明确提出：

如果我们确实应该突出地提出存在问题，并且充分透视这个问题，那么……要想解决这个问题，就要求把审视存在的方式解说清楚，要求把领会意义、从概念上把捉意义的方式解说清楚，要求把正确选择一种存在者作为范本的可能性准备好，把通达这种存在者的天然方式清理出来。审视、领会与形成概念、选择、通达，这些活动都是发问的构成方式，所以它们本身就是某种特定的存在者的存在样式。……彻底解答存在问题就等于说：就某种存在者——

---

① 伽达默尔著，洪汉鼎译：《诠释学Ⅰ：真理与方法》，北京：商务印书馆2010年版，第iii页。
② 伽达默尔著，洪汉鼎译：《诠释学Ⅱ：真理与方法》，北京：商务印书馆2010年版，第554页。

即发问的存在者——的存在，使这种存在者透视可见。这种存在者，就是我们自己向来所是的存在者，就是除了其他可能的存在方式以外还能够对存在发问的存在者。我们用此在［Dasein］这个术语来称呼这种存在者。①

尽管海德格尔赋予"此在"以通达"存在本身"的优先性，但与"存在本身"相比，作为所谓正确范本的"此在"依然属于一种"存在者"观念，而且是"特定的存在者"观念，亦即属于主体性观念。而且"此在"的存在即"生存"亦非"存在本身"，而只是帮助"发问者"通达和领会"存在本身"的道路。也就是说，在海德格尔那里，"此在"作为主体性存在者的观念依然是先行设定的。

基于此而反观伽达默尔的观点，不难发现，作为此在本身之存在方式的"理解"依然属于主体的行为方式，这显然与其前设即"理解不属于主体的行为方式"相矛盾。由此可知，伽达默尔的哲学诠释学在根本上依然属于一种主体性诠释模式，其所提出之"理解"观念或者说"诠释"观念依然属于"主体性诠释观念"。尽管在哲学立场上伽达默尔超越了以往的方法论诠释学，但其并非真正摆脱此前之诠释学的观念架构；虽然在发问方式上"理解何以可能"取代了"怎样实现理解"，但是这种主体性先行的基本思路却并未发生扭转，反而愈加根深蒂固。

此外，这种主体性诠释观念也表现在伽达默尔为"理解何以可能"所寻求的答案中，其中最明显的即是所谓的"视域融合"观念。伽达默尔提出：

> 只要我们不断检验我们的所有前见，那么，现在视域就是不断形成的过程中被把握的。这种检验的一个重要部分就是与过去的照面（Begegnung），以及对我们由之而来的那种传统的理解。所以如果没有过去，现在视域就根本不能现成。正如没有一种我们误认为有的历史视域一样，也根本没有一种自为的（fur sich）现在视域。理解其实总是这样一些被误认为是独自存在的视域的融合过程。我们首先是从远古的时代和它们对自身及其起源的素朴态度中认识到

---

① 海德格尔著，陈嘉映、王庆节合译，熊伟校、陈嘉映修订：《存在与时间》（修订译本），生活·读书·新知三联书店 2014 年版，第 9 页。

这种融合力量的。在传统的支配下，这样的一种融合过程是经常出现的，因为旧的东西和新的东西在这里总是不断地结合成某种更富生气的有效的东西，而一般来说这两者彼此之间无需有明确的突出关系。①

在伽达默尔看来，"理解"本身乃是一种"视域融合"的过程；而"视域"本身总是不断形成的，而且这种形成乃是通过"我们"检验（与传统照面）"我们自己"的"前见"而实现的。在此意义上，"理解"就是我们的"视域"与传统或者过去（此在的生存）的"历史视域"之间的融合。在伽达默尔看来，作为一种处境概念，"视域"是由"我们的前见"不断扩展而形成的，因此"视域"对于活动的人而言总是变化的②。显然，"视域融合"依然是主体性前行而展开的过程，因为"视域"本身乃是基于"我们"的"前见"。

关于"前见"，海德格尔提出：

把某某东西作为某某东西加以解释，这在本质上是通过先行具有、先行视见与先行掌握来起作用的。解释从来不是对先行给定的东西所作的无前提的把握。准确的经典注疏可以拿来当作解释的一种特殊的具体化，它固然喜欢援引"有典可稽"的东西，然而最先的"有典可稽"的东西，原不过是解释者不言而喻、无可争议的先入之见。任何解释工作之初都必然有这种先入之见，它作为随着解释就已经"设定了的"东西是先行给定的，这就是说，是在先行具有、先行视见和先行掌握中先行给定的。③

海德格尔在此所强调的是，"解释"总是奠基于一种先行把握中，而这种先行把握其实就是"前见"或"前理解"。"前理解"作为一种先行给定的"东西"，乃是此在之生存论架构的必然组成部分，随着解释工作的进行而不断形成，构成此在筹划其可能性的意义整体。然而，问题在于，这种"前理解"是何以可能的？也就是说，此所谓"前见"总是附属于"此在"这一特

① 伽达默尔著，洪汉鼎译：《诠释学 I：真理与方法》，商务印书馆 2010 年版，第 433 页。
② 伽达默尔著，洪汉鼎译：《诠释学 I：真理与方法》，商务印书馆 2010 年版，第 430 页。
③ 海德格尔著，陈嘉映、王庆节合译，熊伟校、陈嘉映修订：《存在与时间》（修订译本），生活·读书·新知三联书店 2014 年版，第 176 页。

定的存在者本身，换言之，作为主体性的"此在"总是先行于"前理解"。

其实，在伽达默尔将"前理解"作为一切诠释学条件中最首要的条件之时，已经将此"主体性"之"此在"置于诠释活动得以展开的首要地位，因为所谓"前理解"总是意味着属于某种存在者、某种主体性的"前理解"，而非独立存在的某种外在实在；而由"我们的前见"所构成的"视域"本身作为一种处境"其实就是我们活动于其中并且与我们一起活动的东西"①。而"视域融合"作为历史意识对于外在客观文本的理解达成则是一种"自身置入"行为，即将自身之"视域"置入传统的历史视域中，从而实现一种更高层次的普遍性的提升。然而，问题在于这种"自身置入"是如何实现的？换言之，这种"视域"之间的"融合"是何以可能的？总之，海德格尔意义上的"此在诠释学"在伽达默尔哲学诠释学的发展中，"此在"作为主体性存在者（在一定意义上具有绝对主体性的意味）总是先行的。然而，问题在于，"此在"作为主体性存在者是何以可能的。一味强调"此在"的优先性，无疑将导致主体性诠释观念之困局积重难返，其表现便是伽达默尔所提出的"理解"观念："理解不属于主体的行为方式，而是此在本身的存在方式"，从而陷入自相矛盾的境地。

经由上述，可以看出，赋诗断章活动本身之"断章取义"所呈现出的"融合"与伽达默尔所提之"视域融合"并不相同："断章取义"本身之"融合"并非"视域融合"，亦即并非诠释主体之"现在视域"与传统之"历史视域"之间的融合，而是诠释主体自身与被诠释文本（诗义、章义）在诠释活动之中的融合，这种融合的结果首先表现为诗文本之新的对象性的生成，而此诠释活动本身则终究归属于存在本身、生活本身。

（三）诗获得新的对象性

从"诗以言志"的角度而言，作为"志"之生成机制的"断章取义"贯穿在赋诗活动的整个发生过程，即"赋诗言志"与"听诗观志"两个层面；而且在此不同的情形（赋/听）中，作为对象的"文本"有着不同的显现状态，即"诗""章""志"。然而，从作为文本对象的《诗》的角度而言，"志"的生成与显现过程实则是重新赋予《诗》以新的客观意义的过程，此新

---

① 伽达默尔著，洪汉鼎译：《诠释学Ⅰ：真理与方法》，商务印书馆 2010 年版，第 430 页。

意义的赋予即意味着"文本"自身获得了新的存在方式。当然，此"文本"在赋诗活动中具有不同的呈现状态：在"赋诗言志"中，表面看来，作为对象的"文本"是《诗》，但实际上则是"诗义"，此时其对象性尚未显现出来，而其对象性是由"赋"所给予的；在"听诗观志"中，作为对象的"文本"则是"赋诗者之志"（此"志"即由"断章取义"之融合而生成），其对象性则是由"听赋"所给予的。

1. 赋诗言志：赋诗者→诗文本（诗义）

赋诗活动的发生首先意味着"志"即意义的生成与显现，其生成机制即上述所言之"断章取义"，即赋诗主体与《诗》文本（诗义）之间互逆而融合的产物。在"言志"环节，赋诗者通过"断章"方式而诵读"诗"，通过取舍诗义而完成自身"志向"的表达。在此意义上，相对于原诗文本而言，所断之"章"被赋诗者从原诗文本中"抽取"出来而成为新的文本对象，获得相对独立的客观意义。因此，"赋诗言志"即表现为赋诗者之意与所断之"章义"进行融合的过程；而此"融合"亦即"志"的生成，表明原诗文本发生了变化，即新的意义的增加与扩充，实则是"志"与旧诗文本之间的融合；也就是说，原诗文本被赋予新的意义规定性，而成为新的文本对象。

对此，下文分别从"赋全诗篇名"与"赋某诗某章"两种情况进行说明。

（1）赋全诗篇名（全称诗篇名者）

杜注曰："古者礼会，因古诗以见意，故言赋诗断章也。其全称诗篇名者，多取首章之义，他皆放此。"上文对此已有讨论，依此指明《左传》所载赋诗皆为"断章赋诗"，但对于具体"取何章"的问题未做分析。在此姑且以杜注之"取首章之义"为出发点对上引赋诗案例进行分析，进而揭示原诗文本之意义所发生的变化。在此，以襄公二十七年之"郑国七子赋诗"为例展开分析：

> 子展赋《草虫》。赵孟曰："善哉！民之主也！抑武也，不足以当之。"

《草虫》出自《诗·国风·召南》。关于此诗之旨，《毛诗小序》（下称《小序》）曰："《草虫》，大夫妻能以礼自防也。"[①] 朱熹《诗集传》（下称

---

① 李学勤主编：《毛诗正义》，北京大学出版社1999年版，第69页。

《集传》）曰："南国被文王之化，诸侯大夫行役在外，其妻独居，感时物之变，而思其君子如此。"① 显然，此二者皆认为《草虫》表达的是妻子对丈夫的思念之情。就子展赋《草虫》而言，由杜注："曰：'未见君子，忧心忡忡。亦既见止，亦既觏止，我心则降。'以赵孟为君子"可知，子展赋《草虫》，将赵孟比为"君"（故赵孟表示推辞），取其首章之"思君"之义，以表达对赵孟的感激与欢迎。就此而论，"子展赋《草虫》"无疑意味着《草虫》本身之意义的变化，即：妻思夫变为臣（子展为郑国大夫）思君（赵孟为晋国正卿）。因此，清代方玉润《诗经原始》②（下称"《原始》"）在批驳毛诗与朱子之说的基础上，将《草虫》之旨断为"思君念切也"，即"臣之思君"，指出"此盖诗人托男女情以写君臣念耳"③。

伯有赋《鹑之贲贲》。赵孟曰："床笫之言不踰阈，况在野乎？非使人之所得闻也。"

《鹑之奔奔》出自《诗·国风·鄘风》。关于此诗之旨，争议颇多。《小序》曰："《鹑之奔奔》，刺卫宣姜也。卫人以为，宣姜，鹑鹊之不如也。"④《集传》曰："卫人刺宣姜与顽非匹耦而相从也，故为惠公之言以刺之曰：人之无良，鹑鹊之不若，而我反以为兄，何哉？"⑤ 据此可知，《鹑之奔奔》表面上是借卫惠公之口表示对宣姜的不满，实则是对卫宣公的不满。就伯有赋《鹑之奔奔》来看，由杜注："卫人刺其君淫乱，鹑鹊之不若。义取'人之无良，我以为兄，我以为君'也。"就此而言，伯有赋《鹑之奔奔》，取其"刺君"之义，表达对郑伯的不满（故赵孟听此，略有不悦）。

印段赋《蟋蟀》。赵孟曰："善哉，保家之主也！吾有望矣。"

---

① 朱熹著，赵长征点校：《诗集传》，中华书局 2017 年版，第 14 页。
② 方玉润《诗经原始》志于"直探古人作诗本旨"，批驳前人之说，有所发明，故在此采其说以明诗旨。
③ "夫臣子思君，未可显言，故每假思妇情以寓其忠君爱国意，使读者自得其意于言外。"方玉润：《诗经原始》（上），中华书局 1986 年版，第 98、99 页。
④ 李学勤主编：《毛诗正义》，北京大学出版社 1999 年版，第 193 页。
⑤ 朱熹著，赵长征点校：《诗集传》，中华书局 2017 年版，第 47 页。

《蟋蟀》出自《诗·国风·唐风》。关于此诗之旨，《小序》曰："《蟋蟀》，刺晋僖公也。俭不中礼，故作此诗以闵之，欲其及时以礼自虞乐也。此晋也，而谓之唐，本其风俗，忧深思远，俭而用礼，乃有尧之遗风焉。"①《集传》曰："今言蟋蟀在堂，而岁忽已晚矣。当此之时而不为乐，则日月将舍我而去矣。然其忧深而思远也，故方燕乐而又遽相戒曰：今虽不可以为乐，然不已过于乐乎？盖亦顾念其职之所居者，使其虽好乐而无荒，若彼良士之长虑却顾焉，则可以不至于危亡也。"② 据此可知，《蟋蟀》本为岁暮述怀之诗，意在劝人勤勉、惜时节制。就印段赋《蟋蟀》来看，由杜注："曰：'无已大康，职思其居；好乐无荒，良士瞿瞿。'言瞿瞿然顾礼仪"可知，印段赋《蟋蟀》，取首章中"勤勉"之义，以示尊君保家之志（故赵孟对之颇加赞赏）。

公孙段赋《桑扈》。赵孟曰："'匪交匪敖'，福将焉往？若保是言也，欲辞福禄，得乎？"

《桑扈》出自《诗·小雅》。关于此诗之旨，《小序》曰："《桑扈》，刺幽王也。君臣上下，动无礼文焉。"③《集传》曰："此亦天子燕诸侯之诗。言交交桑扈，则有莺其羽也。君子乐胥，则受天之祜矣。""言其能为小国之藩卫。盖任方伯连帅之职者也。""交际之间无所傲慢，则我无事于求福，而福反来求我矣。"④ 据此而言，《桑扈》本为歌颂诸侯之德行，而受天之福禄之义。就公孙段赋《桑扈》来看，由杜注"义取君子有礼文，故能受天子之祜"可知，公孙段赋《桑扈》，取其首章中"君子修德而得天之福"之义，以表达自身之恭敬与谦和（赵孟以末章之"匪交匪敖"作为回应，以示勉励）。

（2）赋《诗》断章

历代注疏皆将此解释为"断章取义"，上文已有分析。在此需指出的是，"断章"本身意味着"文本"之新对象性的生成："断"作为主体性行为方式乃是由赋诗者发动的，这种行为的发生表明所断之"章"本身脱离了作为整

---

① 李学勤主编：《毛诗正义》，北京大学出版社 1999 年版，第 377 页。
② 朱熹著，赵长征点校：《诗集传》，中华书局 2017 年版，第 103 页。
③ 李学勤主编：《毛诗正义》，北京大学出版社 1999 年版，第 862 页。
④ 朱熹著，赵长征点校：《诗集传》，中华书局 2017 年版，第 247－248 页。

体的原诗篇，亦即赋诗者所赋之"诗"即作为诠释主体的赋诗者所面对的"对象"不再是原诗文本，而是原诗文本的部分章节（章义），即所断之"章"。此时赋诗者之"志"不再是赋诗者之意与原诗文本之义的融合，而是赋诗者之意与所断之"章义"的融合，亦即赋诗者对原诗文本之义有所取舍的产物。同时，对于原诗文本以及所断之"章"即新文本对象而言，赋诗者之"志"的显现是对其意义的增加，即在经过"断"与"取"两个环节之后，原诗文本获得了新的意义，成为新的诗文本。上引赋诗案例中，此所谓之"赋诗断章"共计三次，分析如下：

子西赋《黍苗》之四章。赵孟曰："寡君在，武何能焉？"

《黍苗》出自《诗·小雅》。关于此诗之旨，《小序》曰："《黍苗》，刺幽王也。不能膏润天下，卿士不能行召伯之职焉。"[1]《集传》曰："宣王封申伯于谢，命召穆公往营城邑，故将徒役南行，而行者作此。言芃芃黍苗，则唯阴雨能膏之。悠悠南行，则唯召伯能劳之也。"[2] 据此而言，《黍苗》意在赞美召伯之功。就子西赋《黍苗》来看，由杜注："四章曰：'肃肃谢功，召伯营之。列列征师，召伯成之。'比赵孟于召伯。"可知，子西赋《黍苗》之四章，取其"赞美"之义，以示对赵孟的感激与称赞（故赵孟表示推辞）。

公享之，季武子赋《緜》之卒章。韩子赋《角弓》。季武子拜，曰："敢拜子之弥缝敝邑，寡君有望矣。"武子赋《节》之卒章。

《緜》出自《诗·大雅》。关于此诗之旨，《小序》曰："《緜》，文王之兴，本由大王也。"[3]《集传》曰："此亦周公诫成王之诗。追述大王始迁岐周，以开王业，而文王因之，以受天命也。"卒章则曰："言昆夷既服，而虞芮来质其讼之成，于是诸侯归周者众，而文王由此动其兴起之势。是虽其德之盛，

---

① 李学勤主编：《毛诗正义》，北京大学出版社1999年版，第921页。
② 朱熹著，赵长征点校：《诗集传》，中华书局2017年版，第263页。
③ 李学勤主编：《毛诗正义》，北京大学出版社1999年版，第979页。

然亦由此四臣之助然，故各以'予曰'起之。其词繁而不杀者，所以深叹其得人之盛也。"① 此诗追述周室之兴盛始于大王，以赞其臣之功。由杜注："卒章取文王有四臣，故能以绵绵致兴盛。以晋侯比文王，以韩子比四辅"可知，季武子赋《緜》之卒章，比晋侯为文王而韩起为四臣，以赞韩起之功（从"寡君有望"亦可得见）。

《节》又称《节南山》，出自《诗·小雅》。关于此诗之旨，《小序》曰："《节南山》，家父刺幽王也。"② 《集传》曰："此诗家父所作，刺王用尹氏以致乱。"谓卒章则曰："家父自言作为此诵，以穷究王政混乱之由。冀其改心易虑，以畜养万邦也。"③ 此诗意在表达对幽王的不满，希望其改变心意以安定邦国。由杜注"卒章取'式讹尔心，以畜万邦'，以言晋德可以畜万邦"可知，季武子赋《节》之卒章，以请求借助晋国之力量而安定家国，言其爱君之心。因此，方玉润《原始》提出："诗以直刺尹氏为主，言王因之不宁，乃是臣子爱君之心。"④

2. 听诗观志：听诗者→赋诗者之"志"

在结构上，"赋诗言志"与"听诗观志"具有一致性，即都是"主体→文本"的形式，且"听诗观志"本身也呈现出"全诗篇名"与"诗某章"之分别。但与"赋诗言志"相比，在"听诗观志"中，听诗者所"听"之对象既不是原诗文本，也不是赋诗者所赋之文本，而是赋诗者所言之"志"，也就是说，在"赋诗言志"过程中，由赋诗者之"意"与所赋之诗文本之义融合所形成的赋诗者之"志"构成为听诗者所听之"文本"对象，而此"志"之对象性则是由听诗者之"听"所给予的。对于听诗者而言，所谓"听诗"并非对"诗义"的理解，而是对赋诗者之"志"的把握与领会。由此而言，听诗者所听之"志"便不再是赋诗者所言之"志"，而是听诗者之"意"与赋诗者所言之"志"二者互逆而融合的产物。由于听诗者在听诗过程中也在进行"断章取义"，因此其所听之"志"实则是由听诗者之"意"、原诗文本之"义"以及赋诗者所言之"志"三者融合而生成的。

---

① 朱熹著，赵长征点校：《诗集传》，中华书局 2017 年版，第 275－277 页。
② 李学勤主编：《毛诗正义》，北京大学出版社 1999 年版，第 696 页。
③ 朱熹著，赵长征点校：《诗集传》，中华书局 2017 年版，第 199－201 页。
④ 方玉润：《诗经原始》（下），中华书局 1986 年版，第 388 页。

其中比较典型的即是上引"七子赋诗"之"子产赋《隰桑》"。

　　子产赋《隰桑》。赵孟曰："武请受其卒章。"

　　《隰桑》出自《诗·小雅》。关于此诗之旨，《小序》曰："《隰桑》，刺幽王也。小人在位，君子在野，思见君子，尽心以事之。"① 《集传》谓卒章曰："言我中心诚爱君子，而既见之，则何不遂以告之？而但中心藏之，将使何日而忘之邪？"② 此诗意在表明诗人思在野之贤君子。由杜注："义取既见君子，尽心以事之。曰：'既见君子，其乐如何？'"可知，子产赋《隰桑》，取首章之"思君子"之义，以示对赵孟之称赞（赵孟本身有所推辞）。

　　值得注意的是，赵孟所言之"武请受其卒章"一句，是为典型的听诗者之"断章取义"案例。此语表明：作为听诗者的赵孟不仅明白原诗文本之义（这是由春秋时期之生活方式决定的），而且知道子产赋此诗之目的所在（子产之"志"）；而"受其卒章"则表明赵孟想要听到之"志"或者想要表达之"意"在于"卒章"。杜注曰："卒章曰：'心乎爱矣，遐不谓矣，中心藏之，何日忘之。'赵武欲子产之见规悔。"由此可知，作为听诗主体，赵孟所听之"志"实则是由原诗文本之义、赋诗者之"志"以及自身之"意"融合而形成的（此由"请受"即可看出）。

　　此外，上述所谓"志"（新的意义）之生成与扩充对于原诗文本而言，是其本身之意义的增加，这意味着原诗文本获得了新的意义规定性。这点可从同一文本中得出，比较典型的即是上引赋诗案例中两次出现的《野有蔓草》：在两次赋诗活动中，赋诗者所言之"志"并不相同，而对于《野有蔓草》本身而言，其意义即发生了变化。

　　子大叔赋《野有蔓草》。赵孟曰："吾子之惠也。"
　　子齹赋《野有蔓草》。宣子曰："孺子善哉！吾有望矣。"

---

① 李学勤主编：《毛诗正义》，北京大学出版社 1999 年版，第 924 页。
② 朱熹著，赵长征点校：《诗集传》，中华书局 2017 年版，第 264 页。

《野有蔓草》出自《诗·国风·郑风》。关于此诗之旨，《小序》曰："《野有蔓草》，思遇时也。君之泽不下流，民穷于兵革，男女失时，思不期而会焉。"①《集传》曰："男女相遇于野田草露之间，故赋其所在以起兴。"② 据此而言，《野有蔓草》本身意在传达男女之不期而遇之情。由杜注："取其'邂逅相遇，适我愿兮'"可知，子大叔赋《野有蔓草》，取首章之"思相遇"之义，表达对赵孟的感激之情；而子齹赋《野有蔓草》，亦取首章之"思相遇"之义，表达见到韩起之欣喜之情；而从赵孟与宣子之回应来看，其所表达的则是对子大叔与子齹的感激之情（实则为谦辞），二者皆表达的是朋友或君子相见而倾心之意。就此而言，两次赋诗皆取"思相遇"之义，但并非男女之思，而是朋友之思。因此，方玉润《诗经原始》在肯定《小序》之"思遇时也"而驳朱子之说的基础上，将《野有蔓草》之诗旨断为"朋友相期会也"③。

综上所述，赋《诗》活动中"诗"文本所发生的变化，如下图所示：

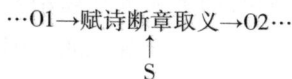

$$\cdots O1 \rightarrow 赋诗断章取义 \rightarrow O2 \cdots$$
$$\uparrow$$
$$S$$

就此图而言，作为对象，"《诗》"可以被应用于不同的情境中，此即表明《诗》本身作为"文本"，其自身之意义系统是开放而非封闭的，而此不同的"应用情境"就意味着作为诠释主体（S）的赋诗者与听诗者赋予旧文本（O1）以新的生命，实现了对自身的超越，从而生成新的文本（O2）。此即表明，作为被诠释的对象，"文本"自身存在着多种多样的诠释可能，亦即永远处于一种有待解释的状态，而任何一种可能性的实现，都意味着文本自身获得新的存在状态；而这样的"实现"与"获得"最终则是由生活本身所给予的，亦即终究归属于生活。

---

① 李学勤主编：《毛诗正义》，北京大学出版社 1999 年版，第 320 页。

② 朱熹著，赵长征点校：《诗集传》，中华书局 2017 年版，第 86 页。

③ 方玉润指出："况其诗（指《野有蔓草》）两见于《左传》，郑享赵孟，而子大叔赋此，赵孟以为'受其惠'；郑伐韩起，而子齹又赋此，宣子以为'孺子善哉，吾有望矣'。一见于《韩诗外传》，孔子遭程本子于郑，倾盖而语，顾子路束帛以赠，子路对曰：'士不中道相见。'孔子乃咏此诗以晓之。是皆取士君子邂逅相遇为义。"方玉润：《诗经原始》（上），中华书局 1986 年版，第 224 - 225 页。

三、赋诗者的新主体性的生成

从哲学史的演进来看，"主体性问题"本身不仅是既往形而上学研究的核心，更是 20 世纪以来各种哲学思潮讨论的前沿课题，比如海德格尔即明确指出：哲学研究的事情就是"意识的主体性"①。在一定意义上讲，赋诗活动本身所涉及的核心问题乃是主体性的生成与显现问题；因此，对于"赋诗断章"现象的考察，重点在于分析其所涉及的主体性问题。"赋诗断章"活动中，"志"的生成与显示，即"断章取义"的发生，不仅意味着诗文本获得了新的意义规定性，而且意味着赋诗者获得了新的主体性。对此新主体性的生成，可从两个方面进行分析：一是"诗"之特殊功能，二是"赋"的原初意义结构。

（一）"诗可以兴"与"兴于诗"

从《左传》所载襄公二十七年与昭公十六年同时出现的"请皆赋"一语可知，赋诗活动能够成为春秋时期士大夫在政治外交场合中"言志"的主要方式，除了当时之礼制规定以外，更为重要的原因还在于"诗"之特殊功能以及"赋"之特性。表面上看，"赋诗以言志"是出于"诗"之"言志"功能，但从根本上讲，"诗"本身所具有的"兴发力"② 才是"请皆赋（诗）"的真正原因。而且正是"赋"之特性使得"诗"本身之"兴发"真正呈现，而作为主体的赋诗者与听诗者正是在此"呈现"中得以超越自身，而获得新的主体性。当然，在赋诗活动中，这种"超越"与"生成"则是通过"断章取义"而实现的。

作为一个影响深远的诗学观念，"诗可以兴"出自《论语·阳货》。然而，对于"诗"本身之"兴"的记载，《周礼·大师》中已经出现：

教六《诗》：曰风，曰赋，曰比，曰兴，曰雅，曰颂。③

---

① 海德格尔著，陈小文、孙周兴译：《面向思的事情》，商务印书馆 1999 年版，第 76 页。
② 张祥龙：《孔子的现象学阐释九讲——礼乐人生与哲理》，华东师范大学出版社 2009 年版，第 91 页。
③ 李学勤主编：《周礼注疏》，北京大学出版社 1999 年版，第 610 页。

此六者被后世称为《诗》之"六艺"。《毛诗大序》曰：

故《诗》有六艺焉：一曰风，二曰赋，三曰比，四曰兴，五曰雅，六
曰颂。①

在此，"兴"本身与"赋""比"一同被视为《诗》的一种表现手法。对
于"兴"的解释，东汉郑众提出："兴者，托事于物。"其后郑玄提出：
"'兴'者，兴起志意赞扬之辞。"孔疏引郑众之解释："兴者，托事于物则兴
者起也。取譬连类，起发己心，诗文举诸草木鸟兽以见意者，皆兴辞也。"②
据此而言，"兴"的意思主要是指"兴起"，而其"所兴起者"乃是"己心"
之"志意"。然而，如何才能"兴起"呢？郑众认为是通过"取譬连类"而
"托事于物"的方式。也就是说，通过对相譬连之"物"的描述而寄托自身之
"事"，即通过言说"他者"而引发内心之"志意"，正因如此，朱熹释"兴"
为"先言他物，以引起所咏之词也"③。

就此"兴起"而论，"作诗者"通过描绘外物而传达自身之情意，经由外
物的激发，诗人之"志"由潜在状态变为显现状态，此即所谓"感物而动"
"发言为诗"。在此意义上，"兴"本身便是指一种"显现"过程，而且是一种
"情意"的"显现"，即"情意"由"隐"变"显"、由"伏"而"起"的过
程。而且，正是在此"显现"中，"诗人"自身之主体性得以彰显。就春秋之
用诗风尚而言，《诗》本身确实具有此所谓之"外物"的意义，当然此"外
物"之为对象化的"外物"则是在赋诗活动中生成的，即其对象性是被"赋"
予的。

此"兴"之意在孔子思想中也有所体现，即其教人学《诗》时所言之
"诗可以兴"与"兴于诗"。《论语·阳货》载：

子曰："小子何莫学夫《诗》？《诗》，可以兴，可以观，可以群，可以怨。

---

① 李学勤主编：《毛诗正义》，北京大学出版社1999年版，第11页。
② 李学勤主编：《毛诗正义》，北京大学出版社1999年版，第12页。
③ 朱熹著，赵长征点校：《诗集传》，中华书局2017年版，第2页。

迩之事父，远之事君，多识于鸟兽草木之名。"①

此为孔子"诗教"之论。至于其教人学《诗》的原因，首先是春秋时期之生活方式的要求，即所谓"不学《诗》，无以言"（《论语·季氏》），此从《左传》所载春秋用诗风尚即可得见；其次则是"诗"本身之所具有的"教化"功能，即此所谓"兴观群怨"。孔子将"兴"置于首位，足见其对于"诗"本身所具有之"兴"的重视。对此，邢昺疏云："孔子呼门人曰：何不学夫《诗》也。'《诗》可以兴'者，又为说其学《诗》有益之理。若能学《诗》，《诗》可以令人能引譬连类以为比兴也。"② 由此"引譬连类以为比兴"来看，此处之"兴"的意思与上文相似，亦表示"兴起"，即"情意"的兴发与显现。

然而，为什么孔子会认定《诗》"可以"兴，且格外强调"兴"呢？这是因为，在孔子的思想观念中，"诗"本身并非一种对象化的言说方式，所谓"《诗》三百，一言以蔽之，曰'思无邪'"（《论语·为政》），"思无"即"无所指"已经表明"诗"本身作为"非对象化言说"的特性；而是一种"情感性的言说"，此即陆机所总结的"诗缘情"。而"兴"本身作为"情意"的兴发，其显现的过程即是"学诗者"之主体性挺立而对象性被给予的过程，亦即"无中生有"的过程：作为"有"的主体与对象从"无所指"的"诗"中显现出来。在此意义上，孔子才提出"兴于诗"（《论语·泰伯》）的命题，即在"诗"中挺立自身的主体性。③

如果说"兴于诗"意味着"用诗者"通过"用诗"而挺立自身之主体性的话，那么反过来讲，"诗可以兴"则意味着"用诗者"通过"用诗"可以实现对自身既有主体性的超越而重新"兴起"，亦即获得新的主体性而进入新的存在状态。这就是说，无论是"诗可以兴"还是"兴于诗"，"诗"本身所开启的世界都是一个充满无限可能性的开放过程，而"用诗者"自身在"诗"中则处于一种有待生成的敞开状态。就历史实情来看，春秋时期用诗活动之所

---

① 李学勤主编：《论语注疏》，北京大学出版社 1999 年版，第 237 页。
② 李学勤主编：《论语注疏》，北京大学出版社 1999 年版，第 237 页。
③ 这种说法参考了黄玉顺教授的相关论述，但与之理解有所不同。参见黄玉顺：《爱与思——生活儒学的观念》（增补本），四川人民出版社 2017 年版，第 162、207 页。

以流行，正是因为当时的人们领会到了"诗可以兴"的这种深刻意蕴。而"赋诗断章"能够成为春秋时期政治外交活动的主要内容，也正是由于"诗可以兴"本身首先契合了当下即时性之"见意言志"的政治诉求①；而赋诗活动中赋诗者之重新"起兴"，在一定意义上讲则是由"赋"这一独特的活动方式所开启的。

（二）"赋"的原初意义结构

由《左传》所载赋诗之形式（即"某人赋某诗"）可知，"赋诗"之"赋"本身指的是一种特殊的言说方式。《汉书·艺文志》所载之："不歌而诵谓之赋"②，即是对此言说方式的说明。显然，这是将"赋"作为"诵"的一种特殊形式，亦即无须配乐歌唱的形式。然而，从春秋时期之用诗风尚来看，"赋诗"本身与"诵诗"并不相同③。根据有关学者的考证，"赋"本身的发展经历了从"口诵赋"到"书面赋"两个阶段，而"口诵赋"则是一种口头创作的文学形式，《左传》所载之"赋诗"即是其基本形式之一。④ 据此而言，"不歌而诵"之"赋"指的是一种口头表达，亦即"口诵"。而后世孔颖达释"赋"为"直陈其事"⑤，以及朱熹释"赋"为"敷陈其事而直言之者也"⑥，其实皆与此"口诵"相关。然而，就赋诗活动本身而言，"口诵"也只是一种外在的表现方式，因为"赋诗"得以"言志"的内在基础在于"赋"本身之原初意义结构。

上引《周礼·大师》言"诗"时已出现"赋"的观念，但此"赋"并非"口诵赋"，而是被认为"诗"本身的表现手法之一，即孔颖达所提之"赋、

---

① 赋诗者"用诗"之准确与否直接关系到外交活动的成败。比如《左传·襄公二十七年》记载：齐庆封来聘，其车美。孟孙谓叔孙曰："庆季之车，不亦美乎？"叔孙曰："豹闻之：'服美不称，必以恶终。'美车何为？"叔孙与庆封食，不敬。为赋《相鼠》，亦不知也。《左传·襄公二十七年》记载：叔孙穆子食庆封，庆封汜祭。穆子不说，使工为之诵《茅鸱》，亦不知。

② 班固：《汉书·艺文志》，中华书局1999年版，第1383页。

③ 见于《左传》之"诵诗"共计两次，为"表意"类用诗。具体而言，指的是乐师直接朗诵《诗》，以为饮宴助兴。例如襄公十四年，卫献公设宴招待孙蒯，使乐工师曹为之朗诵《诗·小雅·巧言》；襄公二十八年，鲁国叔孙豹设宴招待齐国庆封，使乐工为之朗诵《茅鸱》。

④ 参见钱志熙：《赋体起源考——关于"升高能赋"、"瞍赋"的具体所指》，《北京大学学报》（哲学社会科学版）2006年第3期。

⑤ 李学勤主编：《毛诗正义》，北京大学出版社1999年版，第12页。

⑥ 朱熹著，赵长征点校：《诗集传》，中华书局2017年版，第4页。

比、兴，是诗之所用"①。然而，"赋"之原初意义既不是一种言说方式，也不与"诗"相关联。《说文解字》释"赋"为："敛也，从贝，武声。"② 据此可知，"赋"本身表示收敛、敛聚之义，与税收活动相关，故有"赋税"的说法。见于《尚书·禹贡》之"厥赋惟上上错"中的"赋"即指赋税。对此，孔安国传曰：

赋谓土地所生，以供天子。③

蔡沉《书集传》曰：

赋，田所出谷米兵车之类。④

综合二者可知，作为一种生活场景，"赋"本身指的是赋税活动，即交赋者将土地所生之"谷米兵车"供应给天子。对于"交赋者"来说，"赋"首先意味着"收取"，由于其本身并没有直接可供于天子之"物"，因此需要从土地中收获这种"物"，从而完成"供给"的事情；而"供给"本身对于"天子"来说其实也是一种"敛"，亦即"受取"。因此，从"赋税"之"收敛"过程，我们即可以析出"赋"本身所蕴含的意义结构，即"获取—给予"（"赋予"一词即是此意）。在《左传》所载史实中，"赋"本身之"获取"义亦有所体现⑤。

如果以"赋"本身之"获取—给予"的意义结构来反观赋诗活动，那么可以看出，赋诗活动本身并非普通的"诵诗"或者"读诗"，而是一种"以诗

---

① 李学勤主编：《毛诗正义》，北京大学出版社 1999 年版，第 13 页。
② 许慎撰，徐铉校定：《说文解字》，中华书局 2013 年版，第 131 页。
③ 李学勤主编：《尚书正义》，北京大学出版社 1999 年版，第 135 页。
④ 蔡沉著，钱宗武、钱忠弼整理：《书集传》，凤凰出版社 2010 年版，第 42 页。
⑤ 《左传·僖公二十七年》"赵衰曰：郤縠可。臣亟闻其言矣，说礼、乐而敦《诗》、《书》。《诗》、《书》，义之府也；礼、乐，德之则也；德、义，利之本也。《夏书》曰：'赋纳以言，明试以功，车服以庸。'君其试之。"赵衰所引用的《尚书·虞夏书》中"赋纳以言"的"赋"，杜注、孔疏皆释为"取"。

126

予人"或"取诗于人"的活动①。作为一种言说方式,"赋"本身所包含之"获取"向度意味着赋诗者对于"诗义"的"占有",而"给予"则意味着赋诗者将此"占有物"赋予(传达)听诗者;此所谓"占有物"即是赋诗者所言之"志",其本身是由赋诗者与诗义相融合而生成的,而"赋予"的过程则是此"志"被听诗者占有的过程,亦即听诗者与赋诗者所言之"志"的融合。

结合上文对"诗可以兴"观念的分析,在此可以说,"赋"本身之"获取—给予"的发生过程即是赋诗者与听诗者"起兴"的过程:"获取"意味着赋诗者通过赋诗而"起兴",即赋诗者内心之"志意"被唤起,从而"见意言志";而"给予"则意味着听诗者通过听诗而"起兴",即听诗者内心之"志意"被唤起。而这样的"被唤起"(诗之召唤)对于赋诗者与听诗者来说,则意味着其自身已经发生了某种改变。当然,就赋诗活动本身之呈现过程来看,这种"改变"的"发生"则是由"赋诗断章"所给予的。

(三)赋诗者获得新的主体性

从"诗可以兴"的角度而言,赋诗活动实则呈现为一种"起兴"的状态。在此状态中,赋诗者与听诗者通过"断章"的方式而感受"诗"本身之力量的召唤,经由此"召唤",赋诗者之"志"得以显现,并被听诗者所领会。就赋诗活动本身而言,这种"显现"与"领会"即呈现为一种"断章取义"的过程。对于赋诗者而言,"志"的显现表明其自身经历了某种变化;而对于听诗者来说,"志"的领会则意味着其自身被赋予某种新的东西,也发生了某种改变。这就表明,赋诗主体(S1)(赋诗者/听诗者)在经过"断章取义"活动之后,都获得了某种新的主体性,亦即生成为新的主体(S2)。如下所示:

---

① 有学者指出"赋"本身具有制度性的意义,由此而认为"赋诗断章"之"赋",并非郑玄所指出的"造篇"或"诵古",也不是简单的"敛取"或"献纳",而是以"赋者、量也"这一包含着制度性规定的古义为基础的政治性、仪式性考量。"赋政"之官"必以信"的赋政要求衍生出了"赋"所特有的"直陈其事"言说方式,经过"瞍赋矇诵"阶段的发展,直陈之"赋"与"赋纳以言"的察人观志制度相结合而衍生出了春秋时代风行于诸侯国间的"赋诗言志"活动。外交场合的"赋诗言志",从制度性与直陈性两个向度,规定了"赋"由具有典型制度性意义的言语表达方式转化为一种文体的特殊内涵。可参见马银琴:《从赋税之"赋"到登高能"赋"——追寻赋体发生的制度性本原》,《清华大学学报》(哲学社会科学版)2016年第2期。

$$\cdots S_1 \rightarrow 赋诗断章 \rightarrow S_2 \cdots$$
$$O$$

这种"新主体性的生成"首先表现为赋诗活动中主体性的"转换",即"赋诗主体"与"听诗主体"的转换。具体说来,在赋诗活动发生之前,作为外交官的行人既是潜在的"赋诗者",也是潜在的"听诗者";而随着"赋诗断章"的次第发生,行人自身分别被赋予不同的主体性,或"赋诗者",或"听诗者",亦即主体性本身在不同的赋诗环节中历时性地发生着改变,而此"改变"对于行人本身而言,即意味着新主体性的获得。

比如《左传·昭公二年》:

> 公享之,季武子赋《縣》之卒章。韩子赋《角弓》。季武子拜,曰:"敢拜子之弥缝敝邑,寡君有望矣。"武子赋《节》之卒章。既享,宴于季氏。有嘉树焉,宣子誉之。武子曰:"宿敢不封殖此树,以无忘《角弓》。"遂赋《甘棠》。宣子曰:"起不堪也,无以及召公。"

昭公二年,晋侯派遣大夫韩起出使鲁国,行聘问之事,鲁昭公设宴招待韩起,鲁国正卿季武子作陪。季武子先赋《縣》之卒章而成为"赋诗主体",以称韩起之才能,此为季武子之"志"的显现;此时韩起听诗观志而成为"听诗主体",此为韩起领会季武子之"志"。待季武子赋诗完毕,此前作为"听诗主体"的韩起转而赋《角弓》作为回应,而成为"赋诗主体",此为韩起之"志"的显现;而此前作为"赋诗主体"的季武子听诗观志转而成为"听诗主体",此为季武子领会韩起之"志"。由传文可知,这种"转换"发生在"赋诗言志"的过程中。

以季武子为例,随着赋诗之"言志"与"观志"的呈现,季武子自身之主体性经历了从"赋诗者"向"听诗者"的转换,通过自身之"志"的"显现"以及对韩起之"志"的领会,其自身被赋予某种新的东西。此即表明,"赋诗主体"与"听诗主体"本身在赋诗活动中并非固定的,而是有待生成的,亦即随着赋诗情境的转变(由赋《诗》活动本身之"赋诗—答赋"的架构所决定①）而发生转换，这种"转换"对于主体（比如季武子）而言并非角色或身份的转换，而是自身之主体性的新生，因为在此转换中，主体（比如季武子）既"显现"了自身之"志"，又"领会"了对方之"志"，而处于一种随时"起兴"（即兴）的状态。

上文在考察赋诗活动之结构时曾提到"赋诗效果"的问题，其实，此"新主体性的生成"即在此"赋诗效果"中呈现。在赋诗完成亦即"起兴"状态结束之后，主体所显现出的主体性才可以被称作"新主体性的生成"。这种"生成"不再是上文所言之"转换"，而是同一主体（比如季武子）在经过"赋诗言志"之后而实现的对自身之既有主体性的超越，而这种"超越"即意味着主体自身获得了新的主体性，而成为新的主体。

比如《左传·襄公二十七年》：

卒享。文子告叔向曰："伯有将为戮矣。诗以言志，志诬其上而公怨之，以为宾荣，其能久乎？幸而后亡。"叔向曰："然，已侈，所谓不及五稔者，夫子之谓矣。"文子曰："其馀皆数世之主也。子展其后亡者也，在上不忘降。印氏其次也，乐而不荒。乐以安民，不淫以使之，后亡，不亦可乎！"

襄公二十七年，晋国正卿赵孟出使郑国，郑伯于垂陇设宴招待他，郑国卿大夫"七子"作陪，并分别赋诗以助兴；宴会结束后（"卒享"），赵孟与晋国大夫叔向对话，分别评论"七子"之志。在此"对话"中，赵孟提出了"诗以言志"的命题，并对"七子"之命运做出预言（"预测"本身也是一种"起兴"）：伯有所赋《鹑之奔奔》显露出对郑伯的不满，即臣下对国君的不满，故赵孟略有不悦而认为"伯有将为戮矣"；子展所赋《草虫》表达对赵孟的感念之意，居上而不忘降，故赵孟认为"其后亡者也"；印段所赋《蟋蟀》以示勤勉之意，故赵孟认为其"后亡"；其余"四子"所赋《黍苗》《隰桑》《野有蔓草》《桑扈》皆示恭敬谦和之意，故"皆数世之主也"。

---

① 按照赋诗之礼仪规定，某行人赋诗完毕之后，听诗者应当就其所赋之"诗"，即其所言之"志"进行回应，而这种"回应"通常是对赋诗者之"志"的点评，或听诗者另外赋诗一首以作"答赋"。

由上文可知，此"预言"本身乃是"七子"之"志"与所赋之诗义以及赵孟之意相融合而生成的，因此赵孟提出了"诗以言志"的命题。对于作为赋诗主体的"七子"来说，这种"预言"无疑意味着其自身之未来命运的变化，尽管这些"预言"并未获得证实。对于此"预言"之发出者即赵孟来说，这种"预言"本身所反映的正是赵孟本人在赋诗过程中作为听诗主体对于"七子"之"志"的领会，因而在一定意义上，此"预言"实则是在听诗过程中被"七子"所赋予的。就此而言，无论是作为赋诗主体的"七子"还是作为听诗主体的赵孟，都发生了或者将要发生某些变化，而这些指向未来的变化都经由此"预言"而得以显现；而这样的"显现"无疑意味着赋诗者对于自身之旧主体性的超越，而此"超越"则是"志"本身与旧赋诗者之重新融合而实现的。

　　总而言之，在赋诗之发生过程中，随着"志"的生成与显现，作为存在者的主体与对象（诗文本）本身都拥有了"去存在"的可能。也就是说，在"见意言志"即"断章取义"完成之后，无论是作为主体的赋诗者/听诗者还是作为对象的诗文本都进入了一种新的自由状态，因为"理解"本身即意味着能存在和可能性①，而赋诗活动本身无疑传达着"理解"本身（赋诗活动中的"断章取义"与"以意逆志"在一定意义上即是"理解"本身的事情）的奥秘。这也就表明，赋诗活动本身具有了前主体性、前存在者的意义：无论是作为主体的赋诗者（诠释主体）还是作为对象的"诗"以及"志"（被诠释文本），都不是"在者状态上的"（ontisch）"现成事物"②，而是由赋诗活动亦即"断章取义"活动所生成的。从赋诗活动在春秋时期的流行来看，赋诗乃是当时人们的一种生活方式，因此，这种活动本身即具有生活——作为存在的生活——的意义③，而这一点从上述对"享"的分析中亦可得见，因为赋诗活动亦即断章取义本身所发生的一切"事情"皆为此当下之作为存在情境的"享"所涵摄。

---

① 伽达默尔著，洪汉鼎译：《诠释学Ⅰ：真理与方法》，商务印书馆 2010 年版，第 367 页。
② 伽达默尔著，洪汉鼎译：《诠释学Ⅰ：真理与方法》，商务印书馆 2010 年版，第 373 页。
③ 黄玉顺：《时代与思想——儒学与哲学诸问题》，山东人民出版社 2017 年版，第 308 页。

结语

对于如何建构并发展"中国诠释学",汤一介先生曾指出:"真正的'中国解释学理论'应是在充分了解西方解释学,并运用西方解释学理论与方法对中国历史上注释经典的问题作系统的研究,又对中国注释经典的历史(丰富的注释经典的资源)进行系统梳理之后,发现与西方解释学理论与方法有重大的甚至是根本性的不同,并自觉地把中国解释问题作为研究对象,这样也许才有可能成为一门有中国特点的解释学理论。"① 与此相应,虽然不少学者对于"中国诠释学"的提法仍存疑虑,但对于"中国经典诠释学"的发展却颇为关注,比如洪汉鼎先生就曾指出:"我国的经典诠释,从总的方面来说,它没有达到海德格尔那种源始的诠释学。所以,要发展中国的经典诠释,就要强调从方法论到本体论这个转向,强调理解的本质不是我主观的行为,而是我被事情本身所吸引而参与到里面。即使这样我还是认为,我国哲学的经典诠释传统既可以为西方诠释学提供漫长的历史线索和深厚的土壤,也可以对西方诠释学加以补充,所以我们研究解释学一定不要忘了中国哲学。"② 尽管上述观点存在差异以及进一步讨论的空间,但其共同之处则是表达了重视并挖掘中国古典诠释传统的诉求,并承认这一传统对于建构并发展中国经典诠释学的意义与价值。

然而,在笔者看来,发展中国经典诠释学或者由此而建立一种区别于西方诠释学的"中国诠释学"的关键在于:整理和总结中国古典诠释传统(独特的诠释学现象或诠释学实践)中所蕴含的诠释观念。本文对于《左传》所载"赋诗断章"现象的考察与分析即是在此方面的初步尝试,因此,这里的结论并不意味着这项工作的完成,而只是传达一种态度:面向诠释学的事情本身。

本文的主要内容是通过对《左传》所载赋诗活动的考察与存在论分析,进而阐发"断章取义"本身之诠释学意义:将赋诗活动本身置于春秋用诗风

---

① 汤一介:《论创建中国解释学问题》,《学术界》2001 年第 4 期。
② 洪汉鼎:《诠释学与中国经典诠释问题及未来》,《武汉大学学报》(人文科学版)2012年第 41 期。

尚的传统中予以理解，考察了以往注疏对此现象之解释模式，即主体性诠释模式的困境；进而将"赋诗断章"现象之完整呈现情形置于存在论下重新分析。就此活动本身而言，其核心问题在于，意义（"志"）的生成与显现，具体呈现为"断章取义"的过程，而"断章取义"实为此意义的生成与显现机制。

在此基础上，本文认为，作为春秋时期之特殊生活方式的赋诗活动，其本身并非只是诠释学的问题，在一定意义上更是一般存在论的事情：赋诗活动的发生，使得作为存在者的"赋诗者"与"诗文本"获得了"去存在"（即自我更新）的可能：作为主体的赋诗者超越自身之旧主体性而生成新的主体性，而作为被诠释文本的诗章在既有对象性的基础上被赋予新的对象性；而此"生成"与"赋予"则是在意义（志）的生成与显现过程中表现的。尽管此结论是从对赋诗活动的分析中得出的，但这种意蕴本身却是整个春秋时期之用诗风尚所共有的，此即用诗风尚本身之特质所在；虽然用诗活动本身属于春秋时期特有之生活方式，但就其本身而言乃是"生活—存在"本身的显现。当然，这种"特质"在不同的用诗形式中会呈现出不同的问题框架；对我们而言，这些框架的不同则意味着春秋时期之用诗活动的深层意蕴和整体面貌仍然有待考察与分析；而由此风尚所开启的"解释诗学"① 在中国古典诗学发展史上的重要地位也需要被重新认识。

通过分析作为诠释活动的赋诗及其所蕴含之"断章取义"观念，我们在此可以给出一个新的诠释观念，即"前主体性诠释观念"（pre-subjective interpretation）。此即是说，所谓"诠释"，并非一种主体性活动（或者说并不只是一种主体性活动），亦即并非诠释者对于被诠释文本的理解与解释（这属于主体性诠释活动，认识论诠释学即属于这种诠释学模式），而是具有前主体性意义的活动：这种活动本身既生成了新的诠释者，即赋予主体以新的主体性，也生成了新的被诠释文本，即赋予文本以新的对象性。因此，诠释活动本身获得了先行于任何存在者之存在的意义，亦即作为存在的诠释（the interpretation as Being）。就赋诗作为存在情境而言，诠释活动不过是存在本身的显现样式。因此，此诠释观念本身既不同于方法论诠释学所宣扬的追求

---

① 钱志熙：《从王官诗学、行人诗学到诸子诗学——先秦时期诗学及其发展进程的再认识》，《北京大学学报》（哲学社会科学版）2017 年第 1 期。

"如何诠释"的观念，也不同于伽达默尔等人所代表之哲学诠释学所主张的"理解是此在的存在方式"的观念。

最后，需要指出的是，作为春秋时期用诗风尚的典型形式，"赋诗断章"活动本身属于中国"引经据典"的文化传统，或者说其本身乃是此传统在春秋时期的特殊表现形式。事实上，这种颇为常见的"引经据典"文化也是一种诠释活动，其实质乃是"以经证经"①。比如《孟子·梁惠王上》之"老吾老，以及人之老；幼吾幼，以及人之幼。天下可运于掌。《诗》云：'刑于寡妻，至于兄弟，以御于家邦。'言举斯心加诸彼而已。故推恩足以保四海，不推恩无以保妻子"。孟子在此引诗以表其意。再比如《荀子·修身》之"故人无礼则不生，事无礼则不成，国家无礼则不宁。《诗》曰：'礼仪卒度，笑语卒获。'此之谓也"。荀子在此也是引诗以证其理。然而，无论是证理还是表意，作为一种特殊的诠释传统，"引经据典"本身所蕴含的诠释学观念值得我们深入考察，而这种考察对于建构并发展中国经典诠释学而言，有着更为重要而深远的意义。

---

① 皮锡瑞：《经学通论·诗经》，中华书局1954年版，第3页。

当代儒家
文献研究

《蒙培元全集》编辑出版工作启动

郭萍

（山东大学儒家文明省部共建协同创新中心，济南　250100）

经过长期准备工作，《蒙培元全集》编辑出版工作已于 2020 年正式启动。

蒙培元先生是中国当代著名的哲学家、中国哲学史家，其主要哲学思想被学界称为"情感儒学"。他的哲学思想是通过对中国哲学史的研究、叙述与诠释而呈现出来的，凝聚于"主体""心灵""超越""境界""自然"等关键词，并由"情感"观念贯通起来，由此呈现出独树一帜的"情感儒学"哲学体系（他自己称之为"情感哲学"）。蒙培元先生的情感儒学可谓两千年来儒家主流哲学之大翻转，即颠覆了以宋明儒学为代表的"性本情末""性体情用"的观念架构，回归孔孟的情感本源观念。蒙培元先生的"情感儒学"与他的导师冯友兰先生的"新理学"和后辈的"生活儒学"及"自由儒学"等一起，构成了当代中国哲学的"情理学派"，在我国具有重要影响，并在韩国及日本等具有国际影响。

《蒙培元全集》为四川省哲学社会科学重点研究基地"四川思想家研究中心"的重大项目，收录了迄今所能搜集到的蒙培元先生的全部著述，包括专著、论文，以及其他文章、文字，如散文、诗歌等（未收书信），共 18 卷：

第一卷：文章（1980—1988）

第二卷：专著《理学的演变——从朱熹到王夫之戴震》（1984）

第三卷：专著《理学范畴系统》（1989）

第四卷：专著《中国心性论》（1990）

第五卷：文章（1989—1992）

第六卷：专著《中国哲学主体思维》（1993）

第七卷：文章（1993—1997）

第八卷：专著《心灵超越与境界》（1998）

第九卷：文章（1998—2001）

第十卷：专著《儒学举要》（2002）

第十一卷：专著《情感与理性》（2002）

第十二卷：文章（2002—2004）

第十三卷：专著《人与自然——中国哲学生态观》（2004）

第十四卷：文章（2005—2007）

第十五卷：专著《蒙培元讲孔子》（2005）《蒙培元讲孟子》（2006）

第十六卷：文章（2008—2009）

第十七卷：专著《朱熹哲学十论》（2010）

第十八卷：文章（2010—2017）

为《蒙培元全集》的编辑出版，成立了三个委员会：

学术委员会：

主任：陈来、郭齐勇；委员（姓氏笔画为序）：丁为祥、干春松、王中江、王庆节、王钧林、朱汉民、乔清举、刘丰、李存山、李晨阳、李景林、杨永明、杨国荣、余治平、张志强、林安梧、周可真、倪培民、郭沂、涂可国、黄玉顺、梁枢、彭永捷、董平、董金裕、景海峰、程志华、舒大刚、蔡方鹿、颜炳罡。

编辑委员会：

主编：黄玉顺、杨永明、任文利；委员（姓氏笔画为序）：王定宇、史甄陶、朱雪芳、任文利、刘震、余治平、宋大琦、黄立新、谢寒枫、谭明冉。

编务委员会：

主任：崔罡、郭萍；委员（姓氏笔画为序）：乐晓旭、刘宏、孙铁骑、李海超、李慧子、杨生照、杨虎、何刚刚、何晓、张小星、张应平、郑志峰、赵立庆、胡骄键、郭萍、崔发展、崔罡、蒋孝军。

预计《蒙培元全集》将于2021年底全部出齐，向海内外出版发行。

生活儒学的文学性诠释

——评黄玉顺教授的《儒家文学史纲》

袁方明*

（四川省广播电视局，成都　610017）

【摘要】《儒家文学史纲》是黄玉顺在"哲学（儒学）转向"之前的文学研究总结之作，试图以"儒家文学"的形式对"生活儒学"进行文学性的阐释。通过"情→性→情"的架构来表现生活儒学"生活存在→形而上存在者→形而下存在者"的存在论架构和"生活感悟→形而上学→形而下学"的观念论架构。一方面，以情达理，通过生活之情和生活之爱来表达本源之思和本源之理；另一方面，以理融情，通过本源之思和本源之理来融合生活之情和生活之爱，最终达到情理相生，两者统一于"诗言志""诗缘情"的儒家传统文学观念中。由此，儒家文学和生活儒学达到了存在论层级上的统一。

【关键词】《儒家文学史纲》；生活儒学；文学性诠释；以情达理；以理融情

黄玉顺先生是当代著名的儒家学者。在进行哲学（儒学）研究之前，黄先生一直致力于中国古典文学和文献学的教学科研，自师从著名学者蒙培元先生攻读中国哲学专业博士学位（1997—2000 年）以来，逐渐开始了"哲学

　＊ 作者简介：袁方明，哲学博士，自由学者，现任职于四川省广播电视局，研究方向：中国哲学。

　　笔者于 2005 年至 2008 年在四川大学攻读中国哲学专业硕士研究生时，曾有幸聆听黄先生的生活儒学（包括易学）课程，在此深表谢恩！虽然在博士研究生阶段（2016 年至 2020 年）转向了宗教学（道教）研究，然而中国哲学（包括黄先生的生活儒学研究）对末学的影响诚不可谓不深也。

（儒学）转向"。在当代儒学复兴的背景下①，黄先生于 2004 年 5 月正式提出"生活儒学"②的概念，以之作为起点进行理论建构并不断完善。在"儒家没有新的，儒学是常新的"③理念下，他试图建立"生活儒学"的宏大理论体系，旨在"回归生活，重建儒学"，即"在复归'生活本源'的基础上，重构一种新的现代性的儒家形而上学（即本体论）与形而下学（包括知识论与伦理学）"④，并认为这是"生活儒学的使命"⑤。经过十多年的致思耕耘，事实证明，"生活儒学"确乎取得了较大的理论成就并逐渐获得学界的广泛关注和总体认可。⑥

---

① 从历时维度而言，当代国学热及儒学的复兴是与 20 世纪中后期（尤其是改革开放后）的文学热（包括伤痕文学、反思文学、寻根文学、先锋文学等）、美学热、哲学热接续发展的。一般而言，社会转型期必然带来不同程度的思想大碰撞，尤其是改革开放以后，随着西学的不断涌入而带来中西文化文明（包括思维方式和行为方式）的交流碰撞，这更加推动了社会文化思潮的发展。可以说，整个 20 世纪尤其是"五四"新文化运动和世纪末的文化热，构成了两大文化盛景，影响至今。

② 黄教授"生活儒学"概念的正式提出是从 2004 年 5 月学者们对其《"文化保守主义"评议——回复陈明的一封电子邮件》的网上讨论开始的。从其思想理论体系而言，"生活儒学"大体可归为"理性主义儒学"一派。此外，当代儒学各家纷起，各立己说。概言之，主要有保守主义儒学（如蒋庆、康晓光、盛洪、张祥龙、陈明、杜维明）、马克思主义儒学（如张岱年、张岂之、肖萐父、方克立、李维武、黎红雷等）、自由主义儒学（袁伟时、刘军宁、徐友渔、刘泽华等）、理性主义儒学（如汤一介、蒙培元、张立文、郭齐勇、陈来、李存山等）"儒学四大流派"以及原教旨主义儒学等（参阅李春贵：《试析当代儒学流派的基本格局及其走向》，《天津社会科学》2012 年第 4 期；《当代儒学的五种形态》，《天津社会科学》2008 年第 6 期；崔罡等：《新世纪大陆新儒家研究》，安徽人民出版社 2012 年版）；细言之，主要有蒋庆的"政治儒学"、黄玉顺的"生活儒学"、陈明的"宗教儒学"、姚中秋的"宪政儒学"、吴光的"民主仁学"、赵法生的"乡村儒学"、韩星的"社会儒学"、李景林的"教化儒学"等。

③ 黄玉顺：《儒学与生活——"生活儒学"论稿》，四川大学出版社 2009 年版，第 9 页。

④ 杨生照：《评"生活儒学"及其"中国正义论"建构》，《当代儒学（第 14 辑）》，四川人民出版社 2018 年版，第 223－224 页。

⑤ 黄玉顺：《爱与思——生活儒学的观念》，四川大学出版社 2006 年版，第 2 页。

⑥ 迄今为止围绕黄玉顺的"生活儒学"理论已经召开了五次研讨会：（1）2004 年 12 月 11 日由中国人民大学哲学系牵头、北京部分青年学者组成的"青年儒学论坛"对其论文《生活儒学导论》的专题研讨；（2）2016 年 8 月 20 日至 21 日由山东省社会科学院等机构在济南联合举办的第一届"黄玉顺生活儒学全国学术讨论会"；（3）2017 年 9 月 25 日由董平等六位知名学者在华东师范大学对专著《爱与思——生活儒学的观念》的研讨会；（4）2019 年 4 月 20 日在苏州大学举办的"第二届'生活儒学'全国学术研讨会"；（5）2019 年 12 月 21 日在济南举办的"第三届'生活儒学'全国学术研讨会"（"首届'生活儒学'青年论坛"）。此外，还有不少学者专文对"生活儒学"做了评述。虽然其间不乏批评，但这都充分表明了"生活儒学"已经产生了较大的且颇具持续性的影响力。

《儒家文学史纲》是黄先生的新著。① 其实，与其说是"新著"，毋宁说是"旧著"更为准确，因为该书写于 2001 年，是蒙培元主编的丛书《儒学与中国文化》中的一本专著，原题为《儒学与中国文学》，出版之时，"书中叙述的内容未做任何改动，以保存我当时认识水平的原貌"②。《儒家文学史纲》共分为正文五章以及绪论和导论部分。与学术界对中国文学史的传统分期不同，黄先生按照儒学历史的"三时九期"③，以"史纲"形式将儒家文学史分为先秦时代的儒家文学、经学时代的儒家文学、玄学佛学时代的儒家文学、理学时代的儒家文学、近代以来的儒学五个部分（时期）。在导论部分，该书分述了今天对儒学所应持的态度、儒学的本质、儒学的要义、儒学与中国文学的界定、儒学与中国文学的关系；在绪论部分，简要阐述了儒学的审美德性论、审美活动论、审美教化论。根据黄先生思想的发展历程，可以说，本书是他在"哲学（儒学）转向"之前对中国文学（儒家文学）研究的阶段性总结。

结合黄先生的致思进路、思想发展历程和生活儒学理论体系，本文从"儒家文学"的界说，情—理（以情达理，以理融情）几个方面进行释读。

一、关于"儒家文学"的界说

黄先生认为"'儒家文学'是'儒学'的一个方面，而且显然是非常重要的一个方面"④。这是何以可能的?

众所周知，中国传统学术研究是文史哲不分家，主体是经史子集，后衍为儒道释。"中国学术自魏、晋以下，向分经、史、子、集四部……又自魏晋以下，儒、释、道三家之相争。"⑤ "经"主要是指以儒家"十三经"（四书五经）为代表的经典著作，"史"是指历史著作（如二十四史），"子"是指诸子的思想学说（如先秦诸子），"集"主要是指文学作品。传统的士人士大夫

---

① 黄玉顺：《儒家文学史纲》，海天出版社 2020 年版。
② 黄玉顺：《儒家文学史纲》，海天出版社 2020 年版。
③ "三时"是先秦的宗法封建时代，自秦至清的君主专制时代，近代以来；"九期"是将"三时"各分为三个时期，比如近代以来的儒学三期是维新派的儒学、现代新儒家的儒学、当前以及未来的儒学。（黄玉顺：《儒家文学史纲》，海天出版社 2020 年版，第 10 页。）
④ 黄玉顺：《儒家文学史纲》，海天出版社 2020 年版。
⑤ 钱穆：《中国学术通义》，九州出版社 2012 年版，第 5 页。

身兼数职，按照现在的学科分类方式，他们同时是文学家、历史学家（历史学者），也是现代学科意义上的哲学家（哲学学者）。① 经学的主体是儒学。儒学（尤其是西汉汉武帝"罢黜百家，独尊儒术"之后皇权时代的帝国儒学②）是中国传统文化的主体，是官方的主流意识形态，与道家（道教）、佛教一起构成了中华文化的三大支柱。儒道释影响了传统中国人的认知方式和思维方式并总体塑造了传统中国人的行为方式和内心世界乃至国民性，影响至今。

　　黄先生认为中国的儒学肇始于原创时代的西周儒学（"五经"原典）、春秋儒学（孔子思想）和战国儒学（曾思孟荀），经过转进时代的前宋明儒学（经学与玄学）、宋明新儒学（理学与心学）、后宋明儒学（朴学或汉学），进入再创时代的近代儒学（洋务与维新）、现代儒学（现代新儒学）和当代儒学（儒学新开创）③，儒学通过对"天、性、道"的探赜精研（由天而性、由性而道、由道而天），涉及了哲学的本体论、人性论、人生论和认识论，贯穿了整个中国学术史。要之，儒学是中华民族最基本的情感形式、意志形式、认知形式和意识形式，"中国文化、儒家文化不仅渗透在民风民俗中，而且渗透在大量的通俗文学甚至高雅文学的作品中"④。

　　在中国传统文化语境里，文学（尤其是诗歌）是国人抒情言志的主要方式

---

① 在中国古代，受儒家"学而优则仕"（《论语·子张》）观念的影响，读书做官被认为是正途和首选（如"北宋五子"，朱熹、陆九渊、王阳明等），学术研究和诗词创作只是仕有余力的副业（即张鸣所说的"公务之余的消遣"）或人生兴趣（改朝换代之际的个别学者和前朝遗老遗少除外，如明清之际的黄宗羲、顾炎武、王夫之等。在他们那里，学术研究和诗词创作则是安身立命的主业）。除了部分官学教师、私塾塾师、朝廷幕僚和江湖隐者，学术研究的主体是受过传统教育并通过科举考试的广大士子官员。但近现代以来，随着社会分工和学科分类的进一步细化以及由社会转型变革和中西文化交流碰撞带来的价值观的变化，教育（包括教学岗、科研岗）成为一种独立的职业，学术研究更多地由仕者官员转移到了从事职业研究的科研人员身上。（个别"学者型官员"除外。而所谓的"学者型官员"大多数是先在学术研究领域里取得了一定成就后再步入仕途的人员，他们的身份主要是官员而不是学者。他们的学术研究本质上仍然是"公务之余的消遣"或曰"仕而优则学"，因为在当今社会身兼数职或百科全书式的人物变得几无可能，也无甚必要。此外，由"学优"而致仕的学者在身份转化后能否继续潜心科研也是一个值得思考的问题）（参见张鸣：《大实话：历史与现在》，山西人民出版社 2009 年版；魏录《"学而优则仕"还是"仕而优则学"——官员博士问题探析》，《领导科学》2012 年第 16 期。）

② 黄玉顺：《论儒学的现代性》，《社会科学研究》2016 年第 6 期，第 128－129 页。

③ 黄玉顺：《回望"生活儒学"》，《孔学堂》2018 年第 1 期，第 15 页。

④ 黄玉顺：《儒家文学史纲》，海天出版社 2020 年版，第 341 页。

和载体，所谓"诗言志"①"诗以言志"② 是也。如前所述，中华传统文化除了以儒家经典为代表的"经"，也有"史""子""集"（如《四部丛刊》），其中的"集"主要就是士人文人的文学作品。"文，错画也。象交文。"③ "文"有天文、地文、人文之分。④ "敎，觉悟也。"⑤ 国学大家章太炎（1869—1936）认为"文学者，以有文字著于竹帛，故谓之文。论其法式，谓之文学"⑥。"文学"的原意是"文"的"法式"，即包括文章的构成、形式、创作、鉴赏在内的整个文学理论体系。南朝梁刘勰（约466—521）的《文心雕龙》就是章氏所言的文章"法式"的集大成之作。

中国自古是诗的国度。诗歌是文学的一种形式，是中国传统文学里流传最广、受众最多、影响最大、最受欢迎的体裁形式。儒家尤其重视诗歌诗教。中国重视诗歌的传统，一方面是源于儒家对诗歌的重视，文人雅士也将写诗赠诗作为抒发性情、交游酬唱乃至干谒自荐的方式，历史上的文集诗集汗牛充栋；另一方面是因为科举将诗赋列为考试的必考内容之一。"中国传统思想中，偏重人文精神的儒家，大体都带有文学性，即都带有诗的情调。"⑦ 孔子整理《诗经》并认为"《诗》可以兴，可以观，可以群，可以怨。迩之事父，远之事君，多识于鸟兽草木之名"⑧。在他看来，诗歌不仅具有认知（"多识于鸟兽草木之名"）和审美价值（"兴""观"），还具有人伦（"群""怨"）和政治教化功能（"事父""事君"），所谓"正得失，动天地，感鬼神，莫近于诗。先王以是经夫妇，成孝敬，厚人伦，美教化，移风俗"⑨，"兴于诗，立于礼，成于乐"⑩。正如黄先生所言"诗与乐是中国文学艺术的最高形式，儒家尤重

---

① 阮元校刻：《十三经注疏·尚书正义》，上海古籍出版社1997年版，第131页。

② 阮元校刻：《十三经注疏·春秋左传正义》，上海古籍出版社1997年版，第1997页。

③ 许慎撰，徐铉校定：《说文解字》，中华书局2013年版，第182页。

④ 所谓"天文""人文"，即《易传》所言"小利有攸往，天文也；文明以止，人文也。观乎天文，以察时变；观乎人文，以化成天下"（《十三经注疏·周易正义》，阮元校刻：上海古籍出版社1997年版，第37页。）所谓"地文"，是指大地上的纹路纹理纹脉等，如江河在大地流淌形成的纹路，风行水上形成的波纹，山岳河海丘陵平原的起伏纹形。

⑤ 许慎撰，徐铉校定：《说文解字》，中华书局2013年版，第64页。

⑥ 章太炎：《国学概论 国故论衡》，中华书局2015年版，第194页。

⑦ 钱穆：《中国学术通义》，九州出版社2012年版，第48页。

⑧ 阮元校刻：《十三经注疏·论语注疏》，上海古籍出版社1997年版，第2525页。

⑨ 阮元校刻：《十三经注疏·毛诗正义》，上海古籍出版社1997年版，第270页。

⑩ 阮元校刻：《十三经注疏·论语注疏》，上海古籍出版社1997年版，第2487页。

赋诗作乐、兴诗成乐、诗教乐化"①。

然何为"儒家文学"？黄先生认为"儒学，它本身并不是一种内容单一的学术，而是包含了哲学、伦理学、政治学、美学、文艺理论、文艺创作、民俗学、教育学等在内的一种丰富完备的文化系统"②。"儒家文学"的成立正是在于儒学所包含的"美学、文艺理论、文艺创作"与文学创作、文学批评、文学理论、文艺美学的契合相通，两者具有互摄互融的关系。因此，简而言之，"儒家文学"就是以文学的形式表达儒家哲学义理伦理（如仁义礼智信，忠孝节悌廉耻）的文学形态（或文学样式）。以儒家思想的"仁"为例，"仁的最高境界乃是审美情感"③。此处的"审美境界"不仅是儒家的思想境界和仁者情怀，因为审美活动在"本质上是仁心之感触"④，落实到具体的文学作品中，也是一种艺术的审美境界；广而言之，儒家文学之所以成立，主要是基于中国传统文化"文史哲不分家"的文化特质，也与传统士大夫出道释入儒的人生态度有关。

在中国，不仅有儒家文学（如《先秦儒家文学思想研究》⑤《君子儒与诗教——先秦儒家文学思想考论》⑥《宋明理学与中国文学》⑦），也有道家（道教）文学（如《道教文学史》⑧《道教美学思想史研究》⑨《想象的世界——道教与中国古典文学》⑩《想象与理性——中国道教文学及其思想史研究》⑪，包括道教题材影视⑫）、佛教文学（如《佛教与中国文学》⑬《禅宗与中国文

---

① 黄玉顺：《儒家文学史纲》，海天出版社 2020 年版，第 10 页。
② 黄玉顺：《儒家文学史纲》，海天出版社 2020 年版，第 11 页。
③ 黄玉顺：《儒家文学史纲》，海天出版社 2020 年版，第 22 页。
④ 黄玉顺：《儒家文学史纲》，海天出版社 2020 年版，第 22 页。
⑤ 周卫东：《先秦儒家文学思想研究》，中央编译出版社 2005 年版。
⑥ 俞志慧：《君子儒与诗教——先秦儒家文学思想考论》，生活·读书·新知三联书店 2005 年版。
⑦ 许总：《宋明理学与中国文学》，百花洲文艺出版社 1999 年版。
⑧ 詹石窗：《道教文学史》，上海文艺出版社 1992 年版。
⑨ 潘显一、李裴、申喜萍等：《道教美学思想史研究》，商务印书馆 2010 年版。
⑩ 葛兆光：《想象的世界——道教与中国古典文学》，《文学遗产》1987 年第 4 期。
⑪ 蒋振华：《想象与理性——中国道教文学及其思想史研究》，中华书局 2020 年版。
⑫ 袁方明：《〈哪吒之魔童降世〉的"天人合一"思想探微》，《宜宾学院学报》2020 年第 7 期。
⑬ 张中行：《佛教与中国文学》，北方文艺出版社 2011 年版；孙昌武：《佛教与中国文学》，中华书局 2019 年版。

学》①）之分，还有纯文学与俗文学、正统文学与民间文学之别。以唐朝文学为例，总体偏向于道家（道教）的"诗仙"李白，属于儒家的"诗圣"杜甫，"文起八代之衰，而道济天下之溺"②的韩愈以及倾向于佛教的"诗佛"王维、柳宗元正是代表了唐代文学的巅峰。儒道释对中国文学都有影响，然而"作为文学之内在骨干，或称为文学主要内容的，却是儒、道两家"③。总体而言，与佛教文学相比，中国文学主要与儒道两家关系密切，尤其是与儒家有着千丝万缕的"剪不断，理还乱"④的关系。所以，黄先生认为"整个中国文学，或多或少，或近或远，或直接或间接，都与儒学有关"⑤。应该说，这是符合中国文学实际的中肯之论。

二、以情达理

"言情说"与"载道说"是中国传统文学（诗学）的两大主流，"言情说"（包括"诗缘情"⑥）重在表情抒情，"载道说"重在达意说理。在儒家文论史上，"北宋五子"之一的理学家周敦颐（1017—1073）继承了孔子"文质彬彬，然后君子"⑦的观念，首次提出"文以载道"之说，认为"文所以载道也……文所以载道，犹车所以载物……文辞，艺也；道德，实也。笃其实，而艺者书之，美则爱，爱则传焉"⑧。心学家陆九渊（1139—1193）也主张"文所以明道，辞达足矣"⑨。所谓"文以载道"的意思是说"文辞""词章"是表达传达"道理""道义""道德"内容的工具和津筏，也就是说文章（文学）的形式要为内容服务，思想内容是文章（文学）的重点和内核。"在儒家

---

① 谢思炜：《禅宗与中国文学》，中国社会科学出版社 1993 年版。

② 张志烈、马德富、周裕锴主编：《苏轼全集校注·潮州韩文公庙碑》（第 12 册），河北人民出版社，第 1864 页。

③ 钱穆：《中国学术通义》，九州出版社 2012 年版，第 49 页。

④ 唐圭璋、钟振振主编：《宋词鉴赏辞典》，商务印书馆 2019 年版，第 140 页。

⑤ 黄玉顺：《儒家文学史纲》，海天出版社 2020 年版，第 12 页。

⑥ "诗缘情而绮靡，赋体物而浏亮。"（郭绍虞主编：《中国历代文论选》（第一册），上海古籍出版社 2001 年版，第 171 页。）

⑦ 阮元校刻：《十三经注疏·论语注疏》，上海古籍出版社 1997 年版，第 2479 页。

⑧ 周敦颐著，陈克明点校：《周敦颐集·通书》，中华书局 2009 年版，第 35－36 页。

⑨ 陆九渊著，钟哲点校：《陆九渊集·语录上》，中华书局 1980 年版，第 424 页。

观念中，'文'和'史'都是'载道'的。"① 文章（文学）的功能在于载道传道，弘道扬道。这与儒家崇尚名利事功（"君子疾没世而名不称焉"②）和追求"三不朽"（"太上有立德，其次有立功，其次有立言。虽久不废，此之谓不朽"③）的积极入世观念是一致的。落实到文章（文学）方面，就是要去虚务实，重在表意达理。

在儒家看来，"诗言志"与"文以载道"其实是统一的。"诗"所言之"志"与"文"所载之"道"是一致的："诗"所言之"志"除了是一己的内在情感，扩言之，也是人的志向乃至思想学说（比如孔子的仁学思想），情与理是融合在一起的。这亦如黄先生所言："诗的根本，则在情志。"④ 所谓"情志"，一方面是指内在的"情"（情感、情绪、感悟、感触、感情……），另一方面是指"志"（志向、志气、理想、思想、观念……），要之，"情"与"志"都内在于"诗"之中。

关于"诗言志"，黄先生认为：

（志）就是仁心的情感之维，由感触而外发。仁可以外发为道德感、正义感等等；但是，在儒家看来，情感之维乃是其最原初、最本真的东西。因此，在儒家看来，真正的"诗言志"就应该是仁爱之情被感动而发为歌咏。这种仁爱之心，发之于爱父母之情，发之于爱子女之情，发之于爱君之情，发之于爱夫爱妻之情，发之于爱天地大自然之情，卒而发为咏叹，而发为歌唱，这就是"诗言志"了。⑤

生活儒学认为"生活即是存在，而首先显现为情感"⑥，情感是"观念的

---

① 黄玉顺：《儒家文学史纲》，海天出版社 2020 年版，第 131 页。
② 阮元校刻：《十三经注疏·论语注疏》，上海古籍出版社 1997 年版，第 2518 页。
③ 阮元校刻：《十三经注疏·春秋左传正义》，上海古籍出版社 1997 年版，第 1979 页。
④ 黄玉顺：《儒家文学史纲》，海天出版社 2020 年版，第 28 页。
⑤ 黄玉顺：《儒家文学史纲》，海天出版社 2020 年版，第 25 页。
⑥ 黄玉顺：《存在·情感·境界——对蒙培元思想的解读》，《泉州师范学院学报》（社会科学）2008 年第 1 期，第 11 页。

最初的显现"①，而"诗是情感之思"②，亦即"诗歌这样的言说方式，是情感性的言说方式，实际上所表现的就是情感之思"③。"情感之思"是基于"情感"之上的"思"考领悟，在原典儒家的视域里，就是基于"仁者爱人"④（包括源于血缘宗法情感的个体性个人性的"差等之爱"和人间博爱的群体性超越性的"一体之仁"）的"情感"而生发出仁学（包括仁政之学）；在生活儒学的视域里，就是基于"生活本身"（存在本身）的"生活情感、生活领悟"而生发出生活儒学，因为"生活总显示为生活感悟——生活情感、生活领悟"⑤，而"生活感悟""包含本真的生活情感和原初的生活领悟，这些都是先于理性、先于科学、先于伦理、先于哲学的事情"⑥。所以"爱"作为生活儒学的情感显现，正如黄先生所言"儒家哲学实质上是一种情感哲学，是一种'爱的哲学'"⑦，儒家的仁学就是一种"爱的哲学"。而"真正的'诗言志'"就是"仁爱之情被感动而发为歌咏"。在这里，传统儒家文论的"诗言志"与生活儒学的"情感之思"是一致的，可以说是"志＝情感"，两者都是从生活本身衍发生长出来，两者的区别仅仅在于"志"是以文学的形式进行言说，而"情感"（正如儒学视域里的本源性的情感）更多的是以哲学的形式进行论证建构（当然，文学无疑也有表达情感的功能，但在生活儒学的视域里，这显然不是最重要或者最优先的）。另外，"'仁'作为一种感情，最高的境界是'美'，亦即审美情感"⑧。可见，"文以载道""情感之思"与"诗歌的根本功能并不在于认识，而是在于表达感情"⑨是不矛盾的。

以汉大赋为例。汉赋与《诗经》、先秦诸子散文、楚辞、唐诗、宋词、元

① 黄玉顺：《爱与思——生活儒学的观念》，四川大学出版社 2006 年版，第 67 页。

② 黄玉顺：《爱与思——生活儒学的观念》，四川大学出版社 2006 年版，第 116 页。

③ 黄玉顺：《爱与思——生活儒学的观念》，四川大学出版社 2006 年版，第 105 页。

④ 阮元校刻：《十三经注疏·孟子注疏》，上海古籍出版社 1997 年版，第 2730 页。

⑤ 黄玉顺：《面向生活本身的儒学——黄玉顺"生活儒学"自选集》，四川大学出版社 2006 年版，第 60 页。

⑥ 黄玉顺：《易经古歌考释》，上海古籍出版社 2014 年版，第 442 页。

⑦ 黄玉顺：《面向生活本身的儒学——黄玉顺"生活儒学"自选集》，四川大学出版社 2006 年版，第 60 页。

⑧ 黄玉顺：《儒家文学史纲》，海天出版社 2020 年版，第 38 页。

⑨ 黄玉顺：《儒家文学史纲》，海天出版社 2020 年版，第 25 页。

曲、明清小说共同构成了中国文学发展的时代样式。① 司马相如的《子虚赋》不仅具有汉赋华彩藻饰、"铺采摛文"② 的文学形式，也具有"体物写志"③的现实所指，其"志"正是对现实的讽喻，即"竭力铺陈了楚王游猎云梦的盛况、汉天子校猎上林苑的壮观；而最后归结为提倡节俭，以此讽谏"④，以"情"摄"理"，亦即通过"丽词雅义"的形式表现了"文虽杂而有质，色虽糅而有本"的"立赋之大体"⑤，通过文学形式体现了儒家的节俭观念⑥，而节俭观念本质上是仁爱情感（"民胞物与"⑦ "仁民爱物"⑧）的体现。

黄先生在冯友兰（新理学）⑨、蒙培元（情感儒学）⑩ 儒家情感理论的基础上"接着说"，进一步发展了儒家的"性—情"观念。⑪ 他认为"在儒家的真正的本源性观念中，'情'乃是存在本身，而不是存在者的事情；'情'乃是先行于任何存在者的'事之情'"⑫。通过对儒家传统形而上学"性→情"架构的扬弃，他提出了"情→性→情"的架构⑬，认为后一个"情"是形下之情（即作为形而下存在者的人的情感情欲），前一个"情"是本源之情，亦即本源的生活情感（即仁爱情感、存在、生活）。在生活儒学的理论架构中，"情—性—情"分别对应"存在—形而上者—形而下者"，而"存在"就是生活本身和仁爱情感。结合"情→性→情"的理论架构，大致可知《子虚赋》

---

① "凡一代有一代之文学，楚之骚、汉之赋、六代之骈语、唐之诗、宋之词、元之曲，皆所谓一代之文学，而后世莫能继焉者也。"（王国维：《王国维文学论著三种·宋元戏曲考》，商务印书馆 2010 年版，第 46 页。）

② 刘勰著，祖保泉解说：《文心雕龙解说·诠赋》，安徽教育出版社 1993 年版，第 141 页。

③ 刘勰著，祖保泉解说：《文心雕龙解说·诠赋》，安徽教育出版社 1993 年版，第 141 页。

④ 黄玉顺：《儒家文学史纲》，海天出版社 2020 年版，第 144 页。

⑤ 刘勰著，祖保泉解说：《文心雕龙解说·诠赋》，安徽教育出版社 1993 年版，第 149 页。

⑥ 孟凯：《儒家节俭思想的现代诠释》，《井冈山大学学报》（社会科学版）2017 年第 5 期。

⑦ "民吾同胞，物吾与也。"（张载著，章锡琛点校：《张载集·正蒙》，中华书局 1978 年版，第 62 页。）

⑧ "君子之于物也，爱之而弗仁；于民也，仁之而弗亲。亲亲而仁民，仁民而爱物。"（阮元校刻：《十三经注疏·孟子注疏》，上海古籍出版社 1997 年版，第 2771 页。）

⑨ 冯友兰：《贞元六书·新理学》，中华书局 2014 年版。

⑩ 蒙培元：《情感与理性》，中国人民大学出版社 2009 年版。

⑪ 胡骄键：《儒学现代转型的情理进路》，《学习与实践》2019 年第 4 期。

⑫ 黄玉顺：《爱与思——生活儒学的观念》，四川大学出版社 2006 年版，第 58 页。

⑬ 黄玉顺：《面向生活本身的儒学——黄玉顺"生活儒学"自选集》，四川大学出版社 2006 年版，第 61 页。

的游猎盛况（即"想象—形象"的"情感性的言说"①方式，亦即文学性的言说方式）是源于楚王好大喜功的"性"在其形下的"情"的体现，游猎盛况（即形下之"情"）和节俭主张（即形上之"性"，因为仁爱情感必然产生节俭的观念）正是生活本身（存在，即本源之"情"，仁爱情感）——当时楚国的生活本身（存在本身）的形下显现。

三、以理融情

除了上述"以情达理"，儒家文学和生活儒学的内在统一也体现在"以理融情"方面。

黄先生根据海德格尔（Martin Heidegger，1889—1976）的"存在论区分"（将整个世界划分为存在与存在者），提出了"生活论区分"，认为"存在与存在者的区分就是生活与生活者的区分"②，并由此提出了生活儒学的三级观念架构：

存在论：生活存在→形而上存在者→形而下存在者。
观念论：生活感悟→形而上学→形而下学。③

三级观念架构和"情→性→情"架构构成了生活儒学的本体论和性情论。在生活儒学看来，存在＝生活，存在者＝生活者，"生活存在"就是"无"、存在和生活本身，"形而上存在者"就是包括儒学等在内的一切"理"论学说，"形而下存在者"就是世间万事万物、万形万象，包括生老病死和日用行常，形而上存在者、形而下存在者同属于由"无"（即生活、存在）生发出来的"有"（即生活者、存在者）。这与道家老子"天下万物生于有，有生于无"④的宇宙生成论（万物→有→无）相一致（两者只是顺逆的不同）。

---

① 黄玉顺：《爱与思——生活儒学的观念》，四川大学出版社2006年版，第107页。
② 黄玉顺：《面向生活本身的儒学——黄玉顺"生活儒学"自选集》，四川大学出版社2006年版，第86页。
③ 黄玉顺：《回望"生活儒学"》，《孔学堂》2018年第1期，第6页。
④ 王弼注，楼宇烈校释：《老子道德经注校释》，中华书局2008年版，第110页。

儒学诚然是一种哲学形态，也是一种文化形态，而"文化本质上是一种价值姿态。这种姿态有理性认知的成分，但更重要的是情感上的认同"①。"理性认知"和"情感认同"构成了"价值姿态"。生活儒学的"价值姿态"不仅体现在以"情"达"理"，也体现在以"理"融"情"，因为不仅"中国人的诗情与哲理，是常相会通的"②，而且任何一种基于现实生活的理论学说也是"情"与"理"的交融汇通，世界上没有无"情"之"理"，也没有无"理"之"情"，"情"与"理"总是内在的、先天的统一。在生活儒学看来，所谓的"理"就是基于本源性的生活感悟而产生的儒家形而上学之思想"理"论，因为"生活总显示为生活感悟——生活情感、生活领悟"③；这"理"也是在"生活情感、生活领悟"基础上的"思"，因为"一切都渊源于本源之思——首先是情感之思，然后是领悟之思"④。换言之，即通过"情感之思"而转化为"领悟之思"，继而上升为"哲学之思"——儒家的形而上学和形而下学。要之，生活儒学认为"思源于爱；思不是爱；思确证爱"⑤。"思"源于"爱"，"理"出于"情"，而"思""爱""情""理"都是来源于存在、存在本身，亦即生活本身，因为"在儒家真正的本源性观念中，'情'乃是存在本身，而不是存在者的事情；'情'乃是先行于任何存在者的'事之情'"⑥。质而言之，存在（存在本身）、生活、仁爱情感（生活领悟，包括"爱"与"思"、"情"与"理"）三位一体，三者在本质上是一致的。因此，可以以"思"融"爱"，以"思"证"爱"，通过"本源之思"和本源之"理"来融合融通生活的"情"感。

一个学者的思想并不是横空出世的，必然有其前后的连贯性。2018 年，黄先生在《回望"生活儒学"》⑦一文中对其生活儒学思想作了总结性的阐述。

---

① 罗成琰、阎真：《儒家文化与二十世纪中国文学》，《文学评论》2000 年第 1 期，第 65 页。
② 钱穆：《中国学术通义》，九州出版社 2012 年版，第 48 页。
③ 黄玉顺：《面向生活本身的儒学——黄玉顺"生活儒学"自选集》，四川大学出版社 2006 年版，第 60 页。
④ 黄玉顺：《爱与思——生活儒学的观念》，四川大学出版社 2006 年版，第 101 页。
⑤ 黄玉顺：《爱与思——生活儒学的观念》，四川大学出版社 2006 年版，第 101 页。
⑥ 黄玉顺：《爱与思——生活儒学的观念》，四川大学出版社 2006 年版，第 58 页。
⑦ 黄玉顺：《回望"生活儒学"》，《孔学堂》2018 年第 1 期。

这里也可以用《儒家文学史纲》来剖析印证其提出生活儒学概念和生活儒学思想体系。他指出：

> 杜甫的主要思想倾向属于儒家，这跟李白形成一种鲜明的对照。他在《进雕赋表》中说："自先君恕、预以降，奉儒守官，未坠素业。"他的个人理想是："自谓颇挺出，立登要路津，致君尧舜上，再使风俗淳。"五律《春望》，可以说概括了他的基本情感：
>
> 国破山河在，城春草木深。感时花溅泪，恨别鸟惊心！
> 烽火连三月，家书抵万金。白头搔更短，浑欲不胜簪！①

站在生活儒学的角度，可以对杜甫的《春望》予以生活儒学视域的诠释。作者面对家国的破碎而心生感触，这种感触源于当时的生活（即生活儒学存在论观念架构中的"生活存在"），由此引发出"生活情感、生活领悟"，由"感"而"花溅泪"，由"恨"而"鸟惊心"，由"烽火连三月"而感到"家书抵万金"，由"感""恨"而搔"白头"，继而发论"短"而"不胜簪"。

"为人生而艺术"是"中国艺术的正统"，儒家也不例外。而"儒家所开出的艺术精神，常须在仁义道德根源之地，有某种意味的转换"②。这"转换"正在于儒家文学不仅"为人生而艺术"，也最终落实在"仁义道德根源之地"，即儒家仁义道德的终极指向不仅为自我之人生，也为众生之现实（在思想方面是仁学，落实到政治伦理方面则是仁政）。思想离不开情感的呈现，也需要艺术的表达。生活儒学认为"诗是情感之思"③。"诗歌这样的言说方式，是情感性的言说方式，实际上所表现的就是情感之思。"④ 这种感触和"情感"（即"生活情感、生活领悟"）是由当时的生活本身而本源性地生发出来的，不假于任何外在的因素，是作者杜甫（作为存在者）情感的自然流露，表达的是忧国忧民的情感（即生活儒学存在论观念架构中的"形而上存在者"），亦即

---

① 黄玉顺：《儒家文学史纲》，海天出版社2020年版，第218页。
② 徐复观：《中国艺术精神》，商务印书馆2010年版，第136页。
③ 黄玉顺：《爱与思——生活儒学的观念》，四川大学出版社2006年版，第116页。
④ 黄玉顺：《爱与思——生活儒学的观念》，四川大学出版社2006年版，第105页。

儒家的仁学仁政思想①，而其现实指向是破碎的家国、幽深的"草木"、搔而更短的"白头"和"不胜"的发簪（即生活儒学存在论观念架构中的"形而下存在者"）。作为形而下存在者的作者通过"情感性的言说"方式和"本源性的言说"方式（即诗《春望》这样的言说方式）将本源性的"情感之思"转化为形而上的"领悟之思"，通过诗歌的中介形式直抵存在之究竟，获得存在的澄明。要之，杜甫通过《春望》五律这样的"情感性的言说"方式和"本源性的言说"方式，表达的正是基于生活本身（存在本身）的一种"生活情感、生活领悟"，即仁的情感。这是一种"本源之爱"，因为"诗作为一种本源性的言说，正是这样的本源之爱的一种显现样式"②。诗言志，诗缘情。"诗"（《春望》）正是对存在（存在本身）、生活、仁爱情感（生活领悟）的一种自发自然的流露，将儒学仁政之"理"融入儒家仁爱之"情"中。

进而言之，在生活儒学"情→性→情"的架构中，作为"存在本身"的前一个"情"是显现为存在者的作者的存在本身（不是作为一个个体的肉身存在，而是作为存在者的存在）对当时生活本身的仁爱情感，作为形下之情的后一个"情"是作为形而下存在者的作者的情感情欲（"感时""溅泪""恨别""惊心"），即怜人悯物、感时伤事的家国之情，连接两个"情"之间的"性"正是人的本性（此处是指一种善性）。正是如此，"主要思想倾向属于儒家"的杜甫的"五律《春望》，可以说概括了他的基本情感"，亦即悲天悯人的儒家情怀，而贯穿融合在这种情怀情感之中的正是儒家仁学之理。诗如此，词亦然。这在黄先生对苏轼《水龙吟·似花还似非花》的分析中亦有精彩的体现。③

总之，黄先生的《儒家文学史纲》可以看作生活儒学的文学性诠释。以"诗言志""诗缘情"的"儒家文学"形式对"生活儒学"进行文学性的阐释，通过"情→性→情"的架构来表现生活儒学"生活存在→形而上存在者→形而下存在者"的存在论架构和"生活感悟→形而上学→形而下学"的观念论架构，以情达理，以理融情，最终达到情理相生，情理合一。通过本源之

---

① 袁方明：《天不言而四时行》，《光明日报》2020年11月11日，第15版。
② 黄玉顺：《爱与思——生活儒学的观念》，四川大学出版社2006年版，第113页。
③ 黄玉顺：《爱与思——生活儒学的观念》，四川大学出版社2006年版，第105－106页。

"思"和本源之"理"来融合生活之"情"和生活之"爱"。这种试图打通文学("儒家文学")与哲学("生活儒学")学科壁垒的努力(即将儒家的形而上学和形而下学予以文学化的表现,通过对"儒家文学"的界说来表现"生活儒学")无疑是一种值得肯定的尝试。

生活儒学

专题研究

生活儒学与"超越知识论"建构

赵嘉霖*

（山东大学儒学高等研究院，济南　250100）

近年来，越来越多的学者意识到，超越（transcendence）问题不仅仅存在于西方哲学中，在以儒学为代表的中国哲学中也存在着对该问题深深的关切。牟宗三、余英时等思想家将之概括为"内在超越（immanent transcendence）"并在学界产生了巨大的影响，但却有失准确。诚然，自先秦"轴心突破"以降的古典儒家哲学史就是一部"内在超越"的人本主义（humanism）发展史；但同时也不应该忽略，在前孔子的周公思想和孔子的儒学中，始终贯穿着外在的、神圣的超越者（The Transcendent）。① 有鉴于此，黄玉顺先生在"生活儒学"的最新途径中，提出要重建"超越的本体论（Transcendence Ontology）"，即"在现代性的生活方式之下"重建"神圣的外在超越（Sacred External Transcendence）"②。这既是对儒家传统之回归，也是对当下生活方式之顺应，同时也为笔者在现代生活方式的际遇之中建构"超越知识论（Transcendence Epistemology）"指明了方向。

　＊ 作者简介：赵嘉霖，山东大学儒学高等研究院中国哲学硕士研究生，研究方向：儒家哲学、中西比较哲学。

　① 参见黄玉顺：《中国哲学"内在超越"的两个教条——关于人本主义的反思》，《学术界》2020 年第 2 期。

　② 黄玉顺：《生活儒学的内在转向：神圣外在超越的重建》，《东岳论丛》2020 年第 3 期。

一、儒家哲学的超越传统

（一）周公的外在神圣超越

在前孔子的西周时代，一直有作为外在神圣超越者的"天"或"上帝"存在。这一点在《尚书·周书》等相关文献中有明确的记载：

今惟民不静，未戾厥心，迪屡未同，爽惟天其罚殛我，我其不怨。惟厥罪无在大，亦无在多，矧曰其尚显闻于天。（《尚书·周书·康诰》）

皇天既付中国民越厥疆土于先王，肆王惟德用。（《尚书·周书·梓材》）

皇天上帝，改厥元子兹大国殷之命。（《尚书·周书·召诰》）

上帝引逸，有夏不适逸；则惟帝降格，向于时夏。弗克庸帝，大淫泆有辞。惟时天罔念闻，厥惟废元命，降致罚；乃命尔先祖成汤革夏，俊民甸四方。（《尚书·周书·多士》）

上述直接谈到"天"或"上帝"的文献，都是周公思想的直接呈现，其所谓"天"或"上帝"不仅能决定人间政治，还可以通过"天罚"等手段彰显其意志，乃是不折不扣的外在超越者。正如徐复观所言，周人的确把一切"诉之于最高神的天命"[1]，这是一种"原始宗教的转化"[2]，即是一种不同于"内在超越"的"外在超越（External Transcendence）"。

（二）孔子的外在神圣超越

孔子基本继承了周公对于"天"作为外在的神圣超越者的看法。可以说，孔子之"天"仍然是具有情感、意志、理性、人格的至上神。这一判断可以从孔子的诸多言论中得到支持：

子见南子，子路不说。夫子矢之曰："予所否者，天厌之！天厌之！"（《论语·雍也》）

---

[1] 徐复观：《中国人性论史》，华东师范大学出版社2005年版，第16页。
[2] 徐复观：《中国人性论史》，华东师范大学出版社2005年版，第23页。

孔子曰："天生德于予，桓魋其如予何？"（《论语·述而》）

子曰："天何言哉？四时行焉，百物生焉，天何言哉！"（《论语·阳货》）

子曰："不怨天，不尤人。下学而上达。知我者其天乎！"（《论语·宪问》）

故天可以有"厌"之情，可以有人之"知"，可以"生德"于人，也可以生百物、行四时，掌握世俗界的运行发展。唯一与周公不同的是，孔子"释礼归仁"，在外在神圣超越的基础之上，提出了"内在超越"的可能，这也是所谓"轴心突破"的本质所在。这一点学界已经有了诸多的论述，笔者在此不再赘述。①

总而言之，在早期儒家哲学中，"内在超越"是不存在的；即便是在孔子哲学中，它也仅仅是一种可能性，并不意味着世俗界可以"满街人都是圣人"。

（三）生活儒学的"超越本体论"重建

立足于上述儒家哲学的超越传统，黄玉顺先生提出要实现"生活儒学的内在转向"②，即"神圣外在超越的重建"③，并把这项工作称为"'超越本体论'的重建"。这既是对传统的回归，也是对当下的应对。而想要在生活儒学内部实现如此这般的哲学转向，有两个问题是必须要解决的。

第一个问题是形而上者何以可能的问题。生活儒学创立了三级观念架构，即"生活感悟—形而上者—形而下者"④，这是当代诸多以"造论"为己任的儒学学派中最有突破性的理论建构之一。这个三级架构的目的在于回应"存在者何以可能"的问题，而"形而上者何以可能"当然也是题中应有之义。所以，要在生活儒学内部实现"超越本体论"的重建，就必然要立足于生活儒学的三级架构，将之与"形而上者何以可能"问题的回应联系起来。生活儒学认为，形而上者之所以可能，是因为其作为存在者观念有着深厚的生活渊源为之奠基。

---

① 参见李泽厚《由巫到礼释礼归仁》、黄玉顺《生活儒学的内在转向：神圣外在超越的重建》等著述。

② 黄玉顺：《生活儒学的内在转向：神圣外在超越的重建》，《东岳论丛》2020 年第 3 期。

③ 黄玉顺：《生活儒学的内在转向：神圣外在超越的重建》，《东岳论丛》2020 年第 3 期。

④ 黄玉顺：《爱与思——生活儒学的观念》（增补本），四川人民出版社 2017 年版，第 2 页。

第二个问题是：形而上者为什么一定要是超越（transcendent）呢？换言之，为什么形而上者一定要是外在的，而不能像牟宗三、余英时等先生说的那样是内在的呢？生活儒学的回答是，生活的具体显现样态即生活方式，故当下的生活方式才是决定当下重建形上学方向的指路牌。所以几年前黄玉顺先生曾提出"变易本体论"①，即认为形而上者应当随着生活方式的变易流动，在不同的生活方式下实现自我更新。黄玉顺先生将内在超越带来的人本主义危机总结为政治危机和信仰危机两个方面，后者意味着超越之维的失落使个体生活失去了终极依据，走向了一种个体的虚无，表现为一种信仰的危机。面对当今现代性的生活方式，面对当今社会人本主义带来的种种问题，形而上学可谓变之有理，外在神圣超越者可谓不可不立。

不过，笔者对此还是心存担忧。诚然，人本主义危机的本质在于世俗界的"人"与神圣界的"超越者"关系失衡，前者压倒后者，就出现了人本主义危机。但是，倘若后者压倒了前者，就会出现中世纪式的教会主义。假如面对当下的人本主义危机，重建了超越者、人格神，它既"外在"于世俗界，又具有"神圣性""唯一性"②，自上而下地俯瞰世俗界的芸芸众生，然后我们把自己交给它，那么，我们如何能保证它的"无私性"呢？如何保证它不会把我们带回前现代呢？

所以，在重建"超越本体论"的过程中，如果不能正确处理对超越者"能否知""何以知""知多少""谁来知"等问题，那么，这项工作就可能存在着对所谓"人本主义危机"矫枉过正的问题。笔者对这个问题的思考与回应，都是围绕这个神圣的外在超越者展开的，讨论的主旨也与"超越者之知"密切相关，故可以名之为"超越知识论"的构想。

要注意的是这里所说的"超越"是指"超越的"，而不是先验理性主义哲学所谓"先验的（transcendental）"。这里所说的"超越知识论"也不同于一般意义上的"知识论"。通常所谓"知识论"或"认识论（epistemology）"本

---

① 黄玉顺：《形而上学的黎明——生活儒学视域下的"变易本体论"建构》，《湖北大学学报》2015 年第 4 期。

② 黄玉顺在《生活儒学的内在转向：神圣外在超越的重建》一文中，对现代生活方式下神圣外在超越者的重建，提出了五种要求，即要求超越者同时具备五种特征，分别是"外在性""人格性""神圣性""唯一性""无私性"。

来是以知识为中心的一套理论，其核心问题是"知识何以可能"或"认识何以可能"。但"超越知识论"的不同，在于其关注的问题并不是围绕一般的"知识"展开，而是围绕"关于超越者的知识是否可能"的问题展开。

二、"超越知识论"的儒学传统

"超越知识论"建构的前提，在于承认外在、神圣的超越者存在。这就决定了"超越知识论"的建构应当作为"超越本体论"的补充或推进而呈现出来。故与"超越本体论"重建之工作相似，我们也必须首先厘清儒家的"超越知识论"传统。

上文谈到，周公思想中一直存有神圣的外在超越者"天"或"上帝"，那么，在周公看来，此超越者是否可知呢？从《周书》的记载中可见一斑：

> 大诰尔多邦越尔御事。弗吊，天降割于我家，不少延。洪惟我幼冲人，嗣无疆大历服。弗造哲，迪民康，矧曰其有能格知天命。（《尚书·大诰》）
>
> 在昔成汤既受命，时则有若伊尹，格于皇天。在太甲，时则有若保衡。在太戊，时则有若伊陟、臣扈，格于上帝；巫咸乂王家。在祖乙，时则有若巫贤。在武丁，时则有若甘盘。（《尚书·君奭》）

"格，至也"[1]，"格于皇天"与"格于上帝"说明，这些商代有名的贤人都是"知天"者。"命者，天之令也"[2]，也就是说，如果我们承认"天"是超越者，那么"天命"就是超越者的言说和号令。所以，在周公看来，不论是作为神圣的外在超越者"天"或"上帝"，还是其命令、言说的"天命"，都是可知的。

但是，周公认为，只有贤人才能知天，普通人是难以知天的。尽管每个人都必须承认这个超越者的存在，但究竟超越者言说了什么，却只有少部分权力者或"贤人"能知晓。这样带来的后果就是，权力垄断这个外在于世俗界、

---

① 朱熹：《四书章句集注》，中华书局 2011 年版，第 5 页。
② 段玉裁：《说文解字注》，上海古籍出版社 1981 年版，第 225 页。

为世俗权力赋予神圣的"天命"标签。

相较于周公，孔子的突破之处在于"释礼归仁"，在世俗界与神圣界的天平上为人增加了分量。当然，孔子哲学中仍然保留着"天"作为神圣的外在超越者的观念，但它已不再如此神秘。孔子肯定了没有权力的"君子"也有"知天命"的可能性：

> 子曰："吾十有五而志于学，三十而立，四十而不惑，五十而知天命，六十而耳顺，七十而从心所欲，不逾矩。"（《论语·为政》）
>
> 子曰："不知命，无以为君子。"（《论语·尧曰》）

孔子认为自己五十岁时已经能知天命，甚至将"能否知天命"看作君子与小人的区别。孔子说过，"为仁由己"（《论语·颜渊》），人能否成就君子的人格，决定权在自己手上。这实际上就肯认了人能知天命的能力是普遍的，只要满足一定的条件，每个人都可以做到"知天命"。这个条件在孔子看来，要分两种情况去讨论：

> 孔子曰："生而知之者，上也；学而知之者，次也；困而学之，又其次也；困而不学，民斯为下矣。"（《论语·季氏》）

看得出来，尽管受周公影响，孔子哲学中还是承认有一小部分人"生而知之"；但对于普通人而言，"学而知之"才是"知天命"的唯一途径。

后天学习的方式是多种多样的，在一事一物上磨砺也是重要的一部分，正如有学者所言："孔子所谓学，本身即包括实践——行的内容。"[1] 所以孔子在身处绝境时才领悟到"天生德于予"（《论语·述而》）的使命感，在观察四时万物生发时才领悟到"天何言哉"（《论语·阳货》）从而明白本体无处不在又不言不语，在总结自己一生时才会肯认四十岁才"不惑"、五十岁才"知天命"（《论语·为政》），因为对超越者的认识是需要在不断变化的生存境遇中去进行的，这是需要时间去造就的。沿着这个思路，的确人人都有机会知天命。

---

① 匡亚明：《孔子评传》，齐鲁书社 1985 年版，第 245 页。

与此同时，由于每个人的生存境遇不尽相同，"横看成岭侧成峰，远近高低各不同"，每个人对本体的侧写肯定也不尽相同。但可以肯定的是，我们同为超越者所统摄，在相似的生存境遇中同感受、共领悟，我们对超越者的侧写总会走向某种程度上的共识，这些共识也逐渐变成我们所谓的"生活常识"。随着认知主体和生存境遇的不断变化，我们的生活常识也逐渐地发生着变化，但只要我们承认人类社会发展的连续性，就不得不承认种种变化还是万变不离其宗，我们对超越者的把握只会越来越清晰，越来越走向共识。正是对这种共识的达成充满信心，孔子才会说"德不孤，必有邻"（《论语·里仁》）；也正是因为这种共识的存在，君子才能做到在共识中坚持自己个体化的生活体验，做到"和而不同"（《论语·子路》）、"群而不党"（《论语·卫灵公》）。

但是，孔子以后，经过思孟学派特别是宋明儒学的先验形上学，孔子"知天命"哲学的超越理路发生了"内在超越"的逆转：一方面，固然每个人都可以通过自己的努力"尽心""知性"而后"知天"；但另一方面，完全地获得超越者的知识变成了如此简单的一件事，乃至以为"古今学者，晓得去做圣人，而不晓得圣人即是自己"①，走向了个体的神圣化，超越之维逐渐被消解掉了。

三、"超越知识论"的当代重建

至此，我们大致梳理了儒家哲学的"超越知识论"传统，可以用下表表示出来，这是我们进行当代"超越知识论"重建的重要思想资源。

	能否知	何以知	谁来知
周公	可"格于皇天"	听从圣贤号令	少数圣贤
孔子	可"知天命"，难以"知天"	"生而知之"与"学而知之"	人人皆可
孟子以后	可"知天"	"尽心""知性""知天"	人人皆可

再进一步，我们可以尝试在现代性的价值诉求之下，提出重建"超越知识论"的原则。为便于表述，首先将上文论述过的"神圣的外在超越者"之

---

① 黄宗羲著，沈芝盈点校：《明儒学案》，中华书局1985年版，第778页。

地位与主体认知超越者的程度两者的关系，通过一张简单的关系图表示出来。

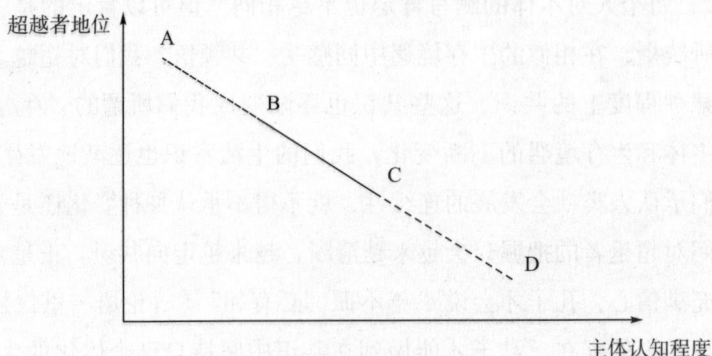

超越者地位

A

B

C

D

主体认知程度

如图所示，纵轴代表神圣的外在超越者之地位，也代表了"超越本体论"之效力；横轴代表主体认知超越者的程度；箭头方向表示由低到高；直线 AD 代表不同的生活方式下，超越者地位的不同与主体认知程度的不同。

倘若仅仅建构一个"神圣的外在超越者"而不顾及主体认知超越者的程度，带来的未必是现代性价值下的美好生活。主体认知程度越接近无限大，个体神圣化的程度就越来越深，超越者的地位就越来越低，人本主义危机就越来越严重，如图中线段 CD 所示。而主体认知水平过低，仅仅去强调超越者的地位，带来的后果就是前现代的教会主义，人的尊严就会被无限压缩，如图中线段 AB 所示。只有将横轴、纵轴的发达程度控制在一定范围内，我们才会获得现代性价值下的美好生活，如图中线段 BC 所示。由此可以得到现代生活方式下重建"超越知识论"的三个重要原则：

第一，"人人可知"。存在着两个极端："人人可知"；"人人不知"。"人人不知"显然是反现代性的，因为世俗化是现代性的核心诉求，这一点从坐标轴也可以看出。现代性的重要诉求之一是人人平等。倘若只有一部分精英才可知超越者，这同样是反现代性的。因此，"人人可知"必定是重建"超越知识论"的第一大原则。

第二，"知者受限"。若任"人人可知"发展，最后还是避免不了人本主义危机的祸患。故知者必定要受限，人人可知，但不可能人人全知，这种"知"必然要限定在一定的范围之内，这对于我们才是安全的。

第三，"超越者一"。人人可知又人人受限，那么，这种"超越之知"何以达成共识呢？现代生活方式下的群体生活何以可能呢？我们依赖的所谓

"共识"的达成，依赖唯一的超越者来保证。只要"超越者一"，其言说就必定会反映其诸多侧面，"超越之知"最终总会达成某种共识，这是毋庸置疑的。倘若"超越者众"，结果必定就是"异口异声"，这是另一种危机。

在这三大原则的基础之上实现"超越知识论"具体内容的重建，才能保证其既紧贴时代脉搏，又不离儒家传统；既服务于现代生活，又复归于先贤道统，实现儒学真正的当代复兴。

总而言之，面对当今的生活方式和时代问题，一方面需要找回早期儒家的"超越知识论"传统，另一方面更要主动与时代对话，在现代性的生活方式之下重建"超越知识论"，在现代性的价值选择之下复归儒学传统。这是儒学复兴的必然要求，也是当代学人的时代任务。

生活儒学与"转型伦理学"建构

王培坤*

（山东大学儒学高等研究院，济南 250100）

从社会转型（transformation of society）中的社会正义问题角度来看，黄玉顺先生由"生活儒学"（Life Confucianism）发展而来的作为"基础伦理学"（fundamental ethics）的"中国正义论"（Chinese Theory of Justice），可以引申出"转型伦理学"（transitional ethics）。

一、"转型"中的行为冲突

在社会转型的过程中，旧的制度规范（norm-institution）[1] 尚未完全消失，新的制度规范尚未完全建立，于是各方依据一套不同甚至完全相反的制度规范去行事，从而导致社会冲突。在转型伦理学看来，这种冲突问题的解决，不能仅仅停留在这些行为本身，而应该深入这些行为背后所依据的制度规范之中。这就是转型伦理学的目标：寻找转型之中的"行为正义"（behavior justice）的"制度正义"（institution justice）基础。[2]

---

* 作者简介：王培坤，山东大学儒学高等研究院中国哲学硕士研究生，研究方向：儒家哲学、中西比较哲学。

① 黄玉顺：《中国正义论的形成——周孔孟荀的制度伦理学传统》，东方出版社 2015 年版，第 8 页。

② 黄玉顺：《中国正义论的形成——周孔孟荀的制度伦理学传统》，东方出版社 2015 年版，第 20 页。

黄玉顺先生将中国迄今为止的社会历史划分为三种社会形态及其间的两次社会大转型，即"王权列国时代（夏商西周）→第一次社会大转型（春秋战国）→皇权帝国时代（自秦至清）→第二次社会大转型（近现当代）→民权国族时代"①。这种分期对于本文的主题具有相当程度的启发。回顾中国历史上的两次社会大转型，可以发现，无论是政治制度、经济制度，还是道德规范，各种制度规范都在经历着全面的重建，即都面临着转型正义问题。

转型的过程不是一帆风顺、风平浪静的。中国历史上的第一次社会大转型时期（即春秋战国时期）一方面伴随着连年战乱，一方面出现"百家争鸣"，这都是各方势力不断冲突的结果。近代以来的第二次社会大转型也是这样，从鸦片战争以来，也经历了长时间的战乱；思想领域之中也是交锋不断，一直到新文化运动时期逐渐形成了自由主义、现代新儒家和唯物史观派"三足鼎立"的局面并延续至今。而其中最为突出的就是新、旧势力之间的冲突，即要求建立新的制度规范的人和拥护传统制度规范的人之间的冲突。

在上述第二次社会大转型中，自由主义、现代新儒家和唯物史观派都要求在社会上建立新的制度规范，他们对传统制度规范无不持激烈的批评态度。

陈独秀写道："儒者三纲之说，为一切道德政治之大原。……率天下之男女，为臣，为子，为妻，而不见有一独立自主之人者，三纲之说为之也，缘此而生金科玉律之道德名词，曰忠，曰孝，曰节，皆非推己及人之主人道德，而为以己属人之奴隶道德也。"②

胡适写道："我们必须承认我们自己百事不如人，不但物质上不如人，不但机械上不如人，并且政治社会道德都不如人。何以百事不如人呢？……何以我们跌倒了便爬不起来呢？因为我们从不曾悔祸，从不曾彻底痛责自己，从不曾彻底认错。……十余年来，也还有一些人肯攻击中国的旧文学，旧思想，旧道德宗教，——肯承认西洋的精神文明远胜于我们自己。但现在这一点点悔悟的风气都消灭了。"③

梁漱溟写道："前年北京大学学生出版一种《新潮》，一种《国故》，仿佛

---

① 黄玉顺：《国民政治儒学——儒家政治哲学的现代转型》，《东岳论丛》2015 年第 11 期。
② 陈独秀：《一九一六年》，《陈独秀文章选编》（上），生活·读书·新知三联书店 1984 年版，第 103 页。
③ 胡适：《请大家来照照镜子》，《胡适文集》（4），北京大学出版社 1998 年版，第 27 页。

代表新旧两派；那《新潮》却能表出一种西方精神，而那《国故》只堆积一些陈旧骨董而已。其实真的国故便是中国故化的那一种精神——故人生态度？那些死板板烂货也配和人家对垒吗？"①

毫无疑问，这些各自从不同角度对传统制度规范的批评，尽管在建立什么样的新制度规范的问题上存在分歧，但作为建立新制度规范的必要步骤，他们对旧制度规范的批评这种行为本身无疑是正义的。这也是这些学派能延续至今的根本原因。

但是这种正义在本质上属于"行为正义"的范围，或者说"规范伦理学"（normative ethics）的范围。这种伦理学的突出特点就是寻找一套制度规范去判定一个行为的正义与否：凡是符合这一套制度规范的行为就是正义的行为，反之则是不正义的行为。但问题是：这个制度规范本身是不是正义的呢？这是一个很重要的问题，因为只有正义的制度规范所要求的行为才能说是正义的行为。因此可以看到，行为正义本身需要被制度正义"奠基"（foundation-laying），因为其自身的合理性不能由其自身给出。这就进入到了"制度正义"的范畴。

二、从"行为正义"到"制度正义"

在探讨"制度正义"之前，首先需要明确两个概念的区分，即"制度"（institution）和"规范"（norm）。所谓"制度"是指"社会规范的制度化，或者说是制度化的社会规范"②；"社会存在着各种各样的规范，诸如道德规范、政治规范、经济规范、法律规范、家庭规范、行业规范等广义的伦理规范，其中有一些规范是可以制度化的，但有一些规范却是无法制度化的。例如并不存在所谓'道德制度'，因为道德规范并不具有强制性，因而并没有什么实体化、刚性化的制度设置"③。所以，实际上"规范"所涉及的范围比"制度"要大，它

---

① 梁漱溟：《东西文化及其哲学》，《梁漱溟全集》（第一卷），山东人民出版社 1989 年版，第 532 页。
② 黄玉顺：《中国正义论的形成——周孔孟荀的制度伦理学传统》，东方出版社 2015 年版，第 9 页。
③ 黄玉顺：《中国正义论的形成——周孔孟荀的制度伦理学传统》，东方出版社 2015 年版，第 9 页。

包含一切"制度"，同时再加上那些不能被制度化的软性约束。于是，凡是制度必然是一种规范，但一种规范却不一定是制度。正因为这样，只要"解决了规范的正义问题，制度的正义问题也就迎刃而解了"①。从这里也可以看到，本文所说的"制度规范"其实是在偏重于"规范"的意义上使用。

"规范"和"制度"的区分是非常重要的，一种"实体化、刚性化"制度的核心部分必然是"自洽的"（self-consistent），因而也是"排他的"（exclusive），所以制度转型必然不能在一个制度之内实现。因此，制度转型在实质上乃是新规范不断制度化进而替代原有制度的过程。

在社会转型的过程中，新的制度规范必然否定旧的制度规范。但是一个新的制度规范不能仅仅表现为"破"的方面，还要体现"立"的一面，即建立起一个正义的制度规范来代替旧有的不正义的制度规范，这才是制度转型的本质要求。因此，制度转型的核心要求乃是寻找一种正义的制度，亦即"制度正义"的问题。

制度转型的起点是新规范的出现。但是显而易见，一个规范是新出现的并不代表它就是正义的。因此，针对制度转型，比制度规范的新旧更为根本的问题乃是：为什么旧的制度规范不再正义，而新的制度规范如何才是正义的？这就进入了"正义论"（theory of justice）的范畴。

三、从"生活儒学"到"转型伦理学"

所谓"正义论"是指关于社会正义的理论。社会正义无非包含两个方面：首先是人们在社会中的行为是否正义，即"行为正义"；其次是对人们的行为进行约束和指导的制度规范是否正义，即"制度正义"。所以，"正义论的主题乃是制度规范的建构所依据的基本原则，即群体生活的秩序安排或组织形式的价值根据"②，因为只要一种制度规范是正义的，那么这种制度规范所规定的行为自然也就是正义的。黄玉顺先生所建构的"中国正义论"可以为"转

---

① 黄玉顺：《中国正义论的形成——周孔孟荀的制度伦理学传统》，东方出版社 2015 年版，第 9 页。

② 黄玉顺：《中国正义论纲要》，《四川大学学报》2009 年第 5 期。

型伦理学"的建构提供重要启发;而"中国正义论"是"'生活儒学'当中的形而下学观念层级之中的一个方面的展开"①,所以在根本上,本文乃是从"生活儒学"② 出发,针对转型之中的社会正义问题,建构"转型伦理学"。

"所谓'中国正义论'(Chinese Theory of Justice)即关于社会正义问题的中国理论"③,作为一种"基础伦理学",它的核心课题是要寻找一种能解释、评判古今中外一切制度规范的正义原则(principles of justice)。在中国正义论看来,制度规范即是"礼";而"礼"的根据是"义",即正义原则;但正义原则也不是"无源之水","'义'的本源是'仁':一方面,'仁'本来所指的是一种生活情感,这种自然情感之中的那种'推己及人''一体之仁'的方面,导出了正义原则(义)中的正当性原则;而另一方面,这种生活情感乃渊源于生活,而对于生活方式的差异或变动实情的尊重,导出了正义原则(义)中的适宜性原则"④。从这里可以看出,一方面,中国正义论是在生活儒学揭示出来的"本源"观念上建立起来的;另一方面,其基本结构是"仁→义→礼"的理论结构,其中正义原则有两条,即"正当性"和"适宜性"。

所谓"正当性原则"指的是"这种制度规范的建构必须是由仁爱出发而超越差等之爱、追求一体之仁的结果"⑤。"差等之爱"是生活实情,即每一个人必然以对自己的爱为起点,然后才能爱别人,而对别人的爱也会分别亲疏。但是涉及关乎社会正义的制度规范的建构,就一定要超越(即"推扩""推己及人")这种差等之爱,否则,这种制度规范必然是不正义的;其更为具体的含义乃是"公正"(impartiality,即对群体公利的尊重)和"公平"(fairness,

① 黄玉顺:《中国正义论的形成——周孔孟荀的制度伦理学传统》,东方出版社 2015 年版,第 23 页。

② 参见黄玉顺:《面向生活本身的儒学——黄玉顺"生活儒学"自选集》,四川大学出版社 2006 年版;《爱与思——生活儒学的观念》(增补本),四川人民出版社 2017 年版。

③ 黄玉顺:《中国正义论的形成——周孔孟荀的制度伦理学传统》,东方出版社 2015 年版,第 6 页。

④ 黄玉顺:《中国正义论的形成——周孔孟荀的制度伦理学传统》,东方出版社 2015 年版,第 23 页。

⑤ 黄玉顺:《中国正义论的形成——周孔孟荀的制度伦理学传统》,东方出版社 2015 年版,第 26 页。

即对他者私利的尊重）①。

所谓"适宜性原则"指的是"一体之仁的具体实现方式的时空条件"②，即"时宜性"和"地宜性"（时间和空间上的适宜）③，这其实就是生活方式的问题。"生活方式"是生活儒学之中非常重要的概念，即"仁爱情感作为生活情感乃是生活的原初显现，生活方式则是生活的次生显现样式"④。这种"次生显现样式"是"生活本身的显示样式：生活便是显示，而显示总是显示为显示样式；这种显示样式被我们存在者化地、对象化地、客观化地打量之际，它就被把握为所谓'生活方式'。生活方式的变动，不过是对生活本身的流行的形而上学把握"⑤，"于是，生活与生活方式便成为一对'范畴'，生活本身是一，是无限的本质；生活方式是多，是有限的现象"⑥。因此，生活方式必然会不断变化，而生活方式作为生活本源的显现样式，是一切事物都不能避免的，这也就是说，我们必然会处于一定的生活方式之中。所以，判断制度规范是否正义的正义原则必然需要考虑我们所处的一定的生活方式。比如封建时代的井田制或许实现了"一体之仁"的正当性要求，但在现代性的生活方式之下，井田制也完全是不正义的，这不在于井田制究竟是不是正当的，而在于其在今天完全是不适宜的。

所以，两条正义原则缺一不可，它们共同构成解释、评判制度规范是否正义的标准。这也是"转型伦理学"和"中国正义论"在理论上的交点，因为转型在本质上就是新制度规范的建立，这种制度规范的交替意味着旧的制度规范不再正义，新的制度规范才是正义的。而在此意义上，转型伦理学可以算作

---

① 黄玉顺：《中国正义论的形成——周孔孟荀的制度伦理学传统》，东方出版社 2015 年版，第 257 页。

② 黄玉顺：《中国正义论的形成——周孔孟荀的制度伦理学传统》，东方出版社 2015 年版，第 26 页。

③ 黄玉顺：《中国正义论的形成——周孔孟荀的制度伦理学传统》，东方出版社 2015 年版，第 268 页。

④ 黄玉顺：《中国正义论的重建——儒家制度伦理学的当代阐释》，安徽人民出版社 2013 年版，第 199 页。

⑤ 黄玉顺：《面向生活本身的儒学——黄玉顺"生活儒学"自选集》，四川大学出版社 2006 年版，第 84 页。

⑥ 黄玉顺：《爱与思——生活儒学的观念》（增补本），四川人民出版社 2017 年版，第 274 页。

中国正义论在"社会转型"这一具体领域中的实际应用。

综上所述，社会转型过程的起点首先是生活方式的变化，而新的生活方式必然导致旧的制度规范不再适宜，因此就需要建立新的制度规范；伴随着以某些新规范为核心的一整套规范不断制度化，就逐渐完成了社会转型的过程。此时，那些在旧制度规范下做出的某些正当行为，现在根据新制度规范来看却往往是不正义的，甚至是一种犯罪，于是对之进行"审判"①，这就是通常所说的"转型正义"（transitional justice）。这种"审判"行为本身之所以是正义的，是因为其所依据的制度规范是新的，也就是正义的制度规范。

---

① 这里所说的"审判"不仅仅指设立一个审判法庭，按照控辩双方的架构去进行的审判行为，它泛指一切"依法"对采取违法行为阻碍"社会转型"的人实施的"清算"或"惩罚"行为（这里所说的"依法""违法"自然是指正义的"制度规范"下的"法律"）。

"奠基"与"立极"

——"生活儒学"视域下的中西哲学比较

陈春桂*

（山东大学儒学高等研究院，济南　250100）

【摘要】用绝对唯一的"形而上者"来说明众多相对的"形而下者"是何以可能的，这在西方哲学中叫作"奠基"，在中国哲学中叫作"立极"。"奠基"观念是由康德率先提出的，但事实上，从笛卡儿开始就已经在处理奠基问题了。胡塞尔第一次明确给"奠基"下了一个形式化的定义，海德尔格深化了胡塞尔的思想进而提出了双重奠基的思想。在中国哲学中，"立极"的经典理论主要有《尚书·洪范》的"立皇极"、《周易·大传》的"立太极"和周敦颐《太极图说》的"立人极"。为形而上学奠基，首先是为主体性奠基，即追问"主体性本身何以可能"。然而，中西的传统哲学都没有揭示出这一问题，真正解决这一问题的是"生活儒学"："生活本身"给出了主体性。那么，在现代性生活方式下，又当立什么极呢？本文在"生活儒学"的视域下做出一种尝试：复归于"无"——立"无"极。生活儒学有一个基本的命题：生活即存在，存在即生活。而存在即无，生活即无，即无物、即浑沌。所以，立"无"极的"无"即是存在、生活，或称之为存在本身、生活本身。因此，复归于"无"即生活儒学所言复归于生活，立"无"极即以"无"为极——以"生活本身"为极，也即回到作为大本大源的生活本身，以生活为源头活水。

【关键词】奠基；立极；皇极；太极；人极；无极；生活儒学

　＊ 作者简介：陈春桂，山东大学儒学高等研究院中国哲学硕士研究生，研究方向：儒家哲学、中西比较哲学。

康德说："自明性乃是哲学家的事业。"

西方哲学，从笛卡儿开始面临的任务就是重建哲学的基础。笛卡儿找到了"我思"，树立起"我思故我在"的第一哲学原理，将"自我意识"（思维着的"我"）确立为哲学的绝对起点；康德提出了"奠基"观念，主张"人为自然立法"；胡塞尔终身所追求的哲学目标是在纯粹先验意识中为哲学提供绝对明证的基础。

人类文明发展到轴心时代，一批先哲开始思考"世界本原"的问题，开始探讨宇宙万物的终极根据，开始追问：宇宙万物是从哪里来的？是怎么生成的？我们今天称之为"存在者是何以可能的"？对于世界的本原是什么，不同的哲学家有不同的答案，泰勒斯说是"水"，阿那克西曼德说是"无定形者"，阿那克西美尼说是"气"，毕达哥拉斯说是"数"，赫拉克利特说是"火—逻各斯"，巴门尼德说是"存在"，德谟克利特说是"原子"，柏拉图说是"理念"，等等。

在西方哲学中这也被称为"拯救现象运动"——寻求众多现象背后的本质、众多形而下者背后的唯一形而上者、"多"后面的"一"，并试图用这个"一"来说明"多"或用绝对唯一的"形而上者"来说明众多相对的"形而下者"是何以可能的。

这在西方哲学中叫作"奠基"，在中国哲学中叫作"立极"。在中国哲学中"立极"的经典理论主要有三个：《尚书·洪范》的"立皇极"，《周易·大传》的"立太极"，周敦颐《太极图说》的"立人极"。那么，在现代性生活方式下，又当立个什么极呢？

一、西方哲学的"奠基"观念

"奠基"观念是由康德率先明确提出的，事实上，从笛卡儿开始就已经在处理奠基问题了。[①] 胡塞尔第一次明确给"奠基"下了一个形式化的定义，海德尔格发展了老师胡塞尔的思想，提出了双重奠基的思想。

---

① 黄玉顺：《主体性的重建与心灵问题——当代中国哲学的形而上学重建问题》，《山东大学学报》2013年第1期。

（一）"奠基"观念的提出与发展

在《谈谈方法》中，笛卡儿对自己此前所学的各种知识，神学、哲学、逻辑学等，都表示了怀疑。笛卡儿"发现自己陷于疑惑和谬误的重重包围，觉得努力求学并没有得到别的好处，只不过越来越发现自己无知"[1]。于是他提出了普遍怀疑的方法原则，明确表示应将这些陈旧的知识从心里彻底清除，抑或用理性来对其进行重建。在《第一哲学沉思集》开篇笛卡儿写道："由于很久以来我就感觉到我自从幼年时期起就把一大堆错误的见解当作真实的接受了过来，而从那时以后我根据一些非常靠不住的原则建立起来的东西都不能不是十分可疑、十分不可靠的，因此我认为，如果我想要在科学上建立起某种坚定可靠、经久不变的东西的话，我就非在我有生之日认真地把我历来信以为真的一切见解统统清除出去，再从根本上重新开始不可。"[2] 他找到了"我思"，树立起"我思故我在"的第一哲学原理，并以此为根基建构起了自己的形而上学体系。

康德在《任何一种能够作为科学出现的未来形而上学导论》中则是这样提出奠基问题的："当人们看到一门科学经过长期努力之后得到长足发展而惊叹不已时，有人竟提出这样的一门科学究竟是不是可能的以及是怎样可能的这样的问题，这本来是不足为奇的，因为人类理性非常爱好建设，不止一次地把一座塔建成了以后又拆掉，以便看一下地基情况如何。"[3] 这里以建塔来比喻一门科学的建设：建塔需要奠基，一门科学也需要奠基；塔建好之后不止一次地又拆掉查看地基情况如何（其实也即解构—还原—重建），也即一门科学需要不断追问其自身是如何可能的。康德的三大问题——纯粹数学何以可能、纯粹自然科学何以可能、形而上学作为科学何以可能，前两个是为科学奠基的问题，后一个是为形而上学奠基的问题。

胡塞尔在《逻辑研究》第二卷中给"奠基"下了这样一个定义："如果一个 α 本身本质规律性地只能在一个与 μ 相联结的广泛统一之中存在，那么我们就要说：一个 α 本身需要由一个 μ 来奠基。或者也可以说一个 α 本身需要

---

① 笛卡儿著，王太庆译：《谈谈方法》，商务印书馆 2000 年版，第 5 页。

② 笛卡儿著，庞景仁译：《第一哲学沉思集》，商务印书馆 1986 年版，第 14 页。

③ 康德著，庞景仁译：《任何一种能够作为科学出现的未来形而上学导论》，商务印书馆 1978 年版，第 4 页。

由一个 μ 来补充。"① 他认为："形而上学的任务在于，对那些未经考察甚至往往未被注意，然而却至关重要的形而上学前提进行确定和验证，这些前提通常是所有探讨实在现实的科学的基础。"②

海德格尔深化了胡塞尔的这一思想，在《存在与时间》里写道："存在问题的目标不仅在于保障一种使科学成为可能的先天条件（科学对存在者之为如此这般的存在者进行考察，于是科学一向已经活动在某种存在之领会中），而且也在于保障那使先于任何研究存在者的科学且奠定这种科学的基础的存在论本身成为可能的条件。任何存在论，如果它不曾首先充分澄清存在的意义并把澄清存在的意义理解为自己的基本任务，那么，无论它具有多么丰富多么紧凑的范畴体系，归根到底它仍然是盲目的，并背离了它最本己的意图。"③

这里，科学是形而下学的事情，而"使科学成为可能的先天条件"则是形而上学的事情，也就是"存在论本身"的事情，它先于科学并为科学奠基；而"使存在论本身成为可能的条件"则是海德格尔自己的基础存在论的事情。这也就是说，基础存在论是为形而上学存在论奠基的，而形而上学存在论"哲学"又为"科学"奠基。实际提出了双重奠基思想：基础存在论→形而上学→科学。

值得注意的是，在海德格尔看来"哲学即形而上学"，"作为形而上学的哲学之事情……就是意识的主体性"④，主体性就意味着主动性和能动性，它是一个能动者的实质内容。正如海德格尔所言："如果人被看作这样一个存在者，他在建立某种绝对确定的知识时在时间次序上是绝对最先给予和最确定的东西，那么这样设计的哲学大厦就必定会把人的主体性带进自己核心的根基之中。"⑤ 显然，为形而上学奠基，首先是为主体性奠基。

（二）对"奠基"观念的反思

然而唯理论哲学在一开始就是建立在某种理智直观之上的，这种直观往往

---

① 胡塞尔著，倪梁康译：《逻辑研究》（第二卷），上海译文出版社 1998 年版，285 页。

② 胡塞尔著，倪梁康译：《逻辑研究》（第二卷），上海译文出版社 1998 年版，第 7 页。

③ 海德格尔著，陈嘉映、王庆节译：《存在与时间》，商务印书馆 2019 年版，第 15－16 页。

④ 黄玉顺：《主体性的重建与心灵问题——当代中国哲学的形而上学重建问题》，《山东大学学报》2013 年第 1 期。

⑤ 海德格尔著，邓晓芒译：《康德和形而上学问题》，见孙周兴选编：《海德格尔选集》，生活·读书·新知三联书店 1996 年版，第 102 页。

又被看作是一种内在的"经验"。笛卡儿的"我思故我在"这一原理本身就不是逻辑推理的结论，而是建立在内在反省的自我经验之上的一种直觉活动的结果。① 笛卡儿自己也说："我思故我在这个命题也是如此，存在也不是通过三段论法从思维中推出来的。这里只不过通过直觉的活动承认一个简单的给与的事实。"②

虽然笛卡儿起初的出发点是内在经验——思维着的"我"，但他很快就走出了"我"，借助"上帝"这个跳板跳到了形而上学：他先从"我思故我在"这一原理中提取出"清楚明白"这一原则（"凡是我们清除明白地设想到的都是真实的"），进而从"我"所具有的上帝观念中推出上帝存在；推出上帝存在之后，他又反过来通过上帝存在证明了"清楚明白"这一原则的合理性，进而以上帝的权威来作为"天赋观念"的合理性根基；接着以"天赋观念"为前提来演绎他形而上学领域的心物二元论。但是上帝毕竟是从"我思"中推论出来的，使他从怀疑一切中重新开始的那个根本基点——自我意识（思维着的"我"）仍是内在经验。在笛卡儿那里，这个思维着的"我"是预先给定的，也就是说，在他那里没有"主体性本身何以可能"这样的问题意识。

在康德那里亦然，在康德那里依然没有"主体性本身何以可能"这样的问题意识。

"形而上学何以可能？"这本来是康德提出的问题，亦即"形而上学奠基"问题③；所以，海德格尔将康德的《纯粹理性批判》解读为"形而上学的一次奠基"，用海德格尔自己的术语表述就是基础存在论层面的知识为哲学存在论（形而上学）层面的知识奠基，海德格尔指出："形而上学的奠基在整体上就叫存在论的内在可能性的开显"④，那么，为哲学形而上学奠基就应从存在论本身的内在可能性问题入手。于是，海德格尔提出了自己的问题："主体性何以可能。"

---

① 邓晓芒、赵林：《西方哲学史》，高等教育出版社 2014 年版，第 144 页。
② 笛卡儿：《书信集》，转引自路德维希·费尔巴哈著，涂纪亮译：《费尔巴哈哲学史著作选》（第一卷），商务印书馆 1978 年版，第 172 页。
③ 康德著，蓝公武译：《纯粹理性批判》，商务印书馆 1960 年版，第 41－42 页。
④ 海德格尔：《康德与形而上学疑难》，孙周兴、王庆节主编：《海德格尔文集》，商务印书馆 2018 年版，第 20 页。

事实上，当海德格尔把康德的《纯粹理性批判》解释为"形而上学奠基"时，他就肯定了康德已然超越了形而上学领域，不再只是停留于形而上学领域之中了。

　　然而，康德仍然是只停留在形而上学领域内部来解决"形而上学何以可能"的问题，也就是说，康德依然是用主体性来为形而上学奠基。康德哲学集中于对人性的探讨，其主要理论成果表现在其"三大批判"——《纯粹理性批判》《实践理性批判》《判断力批判》中，"批判"即对理性之认识能力——主体性的能力的"分析"，也就是对理性的分析和考察，对形而上学的范围加以界定。康德将目光凝聚在认识主体性上，认为认识活动是对象符合知识的活动，建立了主体性原则，使一切内在化，着力从理性中寻找事物根源，从自我的本质中寻找事物的本质。然而，康德只对主体性的能力进行了分析和考察，而没有对"主体性本身何以可能"进行追问和考察。即康德依然是用主体性来为形而上学奠基，将其归结为"理性"的能力、主体性的能力。

　　海德格尔的问法就是：主体性本身何以可能？在海德格尔之前，人们一直是在形而上学领域内部打转。直到海德格尔，才打开了新的视野，看到的不仅是形而上学领域内部，而且将目光投向了形而上学"外部"，寻求对形而上学的超越——深入形而上学背后去探寻"存在本身"。

　　然而，海德格尔仍然没有揭示出"主体性本身何以可能"这一问题的实质内容。在海德格尔那里，先行的"此在"还是一种类似于笛卡儿那里"是对象之对象性得以成立的先验可能性"① 那样的预先给定的绝对主体性。他把生存理解为"此在"的生存，此在先行于生存，他又把此在理解为一个存在者，即"人本身"，于是某种存在者就成了生存的前提。在海德格尔那里，主体性被设定为"自明的"，而事实上这个主体性仍是"晦暗不明的"。也就是说，先行的"此在"作为一种主体性的存在者仍然是预先给定的，然而，这个主体性本身还是一个尚待奠基的东西。

　　受海德格尔双重奠基思想的启发，黄玉顺建构了"生活儒学"的思想体系。

---

　　① 海德格尔著，陈小文、孙周兴译：《哲学的终结和思的任务》，收入海德格尔：《面向思的事情》，商务印书馆1999年版，第69页。

为形而上学奠基，首先是为主体性奠基，所以"形而上学奠基应该是这样的问题：主体性本身何以可能？或曰：主体性的渊源是什么？"① 然而，中西的传统哲学都没有揭示出这一问题，真正解决这一问题的是"生活儒学"。

黄玉顺在其建构的"生活儒学"中解答了"主体性本身何以可能"的问题：主体性渊源于"生活本身"，即"生活本身"给出了主体性。生活儒学的生活，不是此在的生活，也不是任何存在者的生活。作为大本大源的生活本身，先行于此在，先行于人，先行于任何存在者。没有生活，就没有任何存在者。这种生活作为真正本源的事情，绝不是"谁的生活"，不是任何主体性的人的生活，主体性的"谁"是生活本身"给出"的。

二、中国哲学的"立极"观念

曲阜孔庙大成门有这样一副对联："先觉先知为万古伦常立极，至诚至圣与两间功化同流"，据说此联为清雍正七年（1729 年）世宗皇帝撰题，是对至圣先师孔子的盛德和功业的盛赞。两间，即天地之间；立极，即树立最高准则。

在中国哲学中，"极"是一个古老的概念。《康熙字典》："《说文》：极，栋也。徐曰：极者，屋脊之栋。今人谓高及甚为极，义出于此。"② 《周易·系辞下》曰："上栋下宇。"③ 段玉裁《说文解字注》："栋，极也。极者，谓屋至高之处。《系辞》曰：'上栋下宇'，五架之屋，正中曰栋。释名曰：栋，中也。居屋之中。……极，栋也。……栋为极耳，今俗语皆呼栋为梁也。"④ 所以，"极"的原意为屋顶之栋梁或屋脊；上升到更高的层级，"极"意味着任何最高的东西，如空间之顶点或最高的准则等。

《系辞上》："六爻之动，三极之道也。"高亨注："三极，天、地、人也。

---

① 黄玉顺：《主体性的重建与心灵问题——当代中国哲学的形而上学重建问题》，《山东大学学报》2013 年第 1 期。

② 汉语大词典编纂处整理：《康熙字典》（标点整理本），上海辞书出版社 2008 年版，第 487 页。

③ 高亨：《周易大传今注》，《高亨著作集林》（第二卷），清华大学出版社 2004 年版，第 606 页。

④ 段玉裁：《说文解字注》，中华书局 2013 年版，第 256 页。

《说文》：'极，栋也。'屋上最高之梁称极，引申为至高之义。《广雅·释诂》曰：'极，至也。'又曰：'极，高也。'天、地、人乃宇宙万类之至高者，故曰三极。《易》卦六爻刚柔之变化乃象天道地道人道之变化，故曰：'六爻之动，三极之道也。'"①《系辞下》："上古穴居而野处，后世圣人易之以宫室，上栋下宇，以待风雨。"高亨注："栋，屋梁也。……宇谓屋边也，屋边谓屋之四边墙壁。"②

事实上，"奠基"和"立极"都和建房子有关。奠基原本是指为房子奠基，俗称打地基，对于建房筑屋盖楼宇等建造活动，要先指明这个建筑物要建立在什么基础之上，以及怎么建。西方哲学中，用建筑物的奠基来比喻思想理论的奠基，即形而上为形而下奠基；在中国哲学中，则谓之"立极"。

然而"立极"似乎刚好与"奠基"相反。在中国，"立极"原初即上梁。建房子，中西的结构不同，程序要求也不同，西方楼宇要奠基，中国木架结构的房屋需要上梁，也就是立极。"极"为屋顶之栋梁、最高准则，用我们通常所说的范畴来表述，"极"即最高实体或曰本体；"立极"也即上梁、确立最高标准，即为宇宙万物立最高之极则，也即确立最高实体或本体，并以此来说明宇宙万物是何以可能的。用今天的术语来说就是，用绝对唯一的"形而上者"来说明众多相对的"形而下者"是何以可能的。这也就是本文所说之"立极"之意。

在西方称之为"奠基"，在中国谓之"立极"。在中国哲学中，"立极"作为一种以建造房屋比喻建构哲学理论的隐喻，最初见于《尚书·洪范》的"立皇极"，以"建用皇极""惟皇作极"代表政治哲学意义上的最高价值；自《周易·大传》的"立太极"之后，"立极"具有了宇宙本体的意义；周敦颐通过对"太极"本体的重新阐发，提出了"立人极"。③

（一）《尚书·洪范》的"立皇极"

"皇极"，始见于《尚书·洪范》："次五曰建用皇极"，孔安国传："皇，大；极，中也。凡立事，当用大中之道"④；"五，皇极：皇建其有极，敛时五

---

① 高亨：《周易大传今注》，《高亨著作集林》（第二卷），清华大学出版社2004年版，第546页。
② 高亨：《周易大传今注》，《高亨著作集林》（第二卷），清华大学出版社2004年版，第606页。
③ 参见郭萍《宋代：儒家哲学现代转型的发生》的第一节"本体系于工夫：两宋儒学萌生现代转向的逻辑可能"，见黄玉顺、崔罡主编的《儒学现代化史纲要》第一章。
④ 孔安国传，孔颖达正义，黄怀信整理：《尚书正义》，上海古籍出版社2007年版，第449页。

福，用敷锡厥庶民"。孔安国传："大中之道，大立其有中，谓行九畴之义。"①
在洪范九畴中"皇极"居于第五畴，为九畴的中位。《尚书》将洪范九畴的作
用表述为"彝伦攸叙"，旨在明确治理天下的伦常法度，结合"洪范"之义，
"洪"为"大"，"范"为"法"，因此《洪范》篇历来被认为是一篇确立最高
纲领准则的政治论文。②

"洪范"之义即"大法"③，《洪范》篇的主要内容：武王向箕子请教如何
治理天下和安定百姓的"大法"，箕子陈之以"洪范九畴"。据箕子所言，天
"锡禹洪范九畴"，于是"彝伦攸叙"，反之"不畀洪范九畴"则"彝伦攸
斁"，"彝伦"也就是社会秩序。

《尚书·洪范》："五皇极：皇建其有极"，《尚书正义》注疏："'皇'大
也，'极'中也。施政教治下民，当使大得其中，无有邪僻。故演之云：大中
者，人君为民之主，当大自立其'有中'之道，以施教于民……用此为教，
布与众民，使众民慕而行之。在上能教如此，惟是其众民皆效仿上所为，无不
于汝人君取其中道而行，积久渐以成性，乃更与汝人君以'安中'之道，言
皆化也。"④ 孔颖达疏："传'皇大'至'之道'，'皇，大'，释诂文。'极'
之为'中'，常训也。凡所立事，王者所行皆是无得过与不及，'当用大中之
道'也。"⑤ 皆释"皇极"为"为民立大中之道"之意。

《尚书》中除"皇极"以外，还有"民极"，《尚书·君奭》："前人敷乃
心，乃悉命汝，作汝民极。"《尚书正义》疏："前人文武布其乃心制法度，乃
悉命汝。"⑥ 可见，"民极"与"皇极"一样，皆被释为"为民立中正之道"
之意。有学者认为，"'皇极'和'民极'，是一体之两面。皇极重在皇建其有

---

① 孔安国传，孔颖达正义，黄怀信整理：《尚书正义》，上海古籍出版社 2007 年版，第 449
页。

② 王政：《宋代皇极说研究》，硕士学位论文，见于中国知网。

③ 《尔雅·释诂》云："洪，大也。""范，法也。"王先谦解题："言天地之大法。"（参见
王先谦：《尚书孔传参正》，中华书局 2011 年版，第 541 页。）

④ 孔安国传，孔颖达正义，黄怀信整理：《尚书正义》，上海古籍出版社 2007 年版，第
459－460 页。

⑤ 孔安国传，孔颖达正义，黄怀信整理：《尚书正义》，上海古籍出版社 2007 年版，第 450
页。

⑥ 孔安国传，孔颖达正义，黄怀信整理：《尚书正义》，上海古籍出版社 2007 年版，第 529
页。

极，民极突出此极为民之所遵循"①。

要理解"立皇极"思想，关键在理解"皇极"的意义，"要理解'皇极'的意义，首先是分析皇极章的内容，其次则是联系《洪范》全篇"②。

先看"皇极"章，"五皇极：皇建其有极""皇极"，即至极，"为民立大中之道"以作为治民之最高标准；"皇建其有极"，这里的"皇"是建极的主体——人君、天子；这是说"皇极"这一作为"大中之道"之"极"乃是统治者建立的。

就"皇极"章而言，强调"皇建其有极""惟皇作极"，强调"皇极"这一极则对臣民的规范。"凡厥庶民，无有淫朋，人无有比德，惟皇作极"③，"皇极"作为人间统治秩序的最高准则，规范着庶民、人臣：庶民"无有淫朋"、人臣"无有比德"，同时，臣民要"遵王之义""遵王之道""遵王之路"。如若所有民众都没有"淫过朋党"之行，没有恶相阿比之德，皆以"皇极"为其唯一之极则，那么就可以说天下之民尽得中道了。这个"皇极"又名曰"王道"，应该具有"荡荡""平平""正直"等特点，"无偏无党，王道荡荡；无党无偏，王道平平；无反无侧，王道正直。会其有极，归其有极"④。"会其有极，归其有极"即人间统治秩序一切皆以王道即"皇极"是会是归，其实这也就是前面所言"惟皇作极"。"皇极之敷言，是彝是训，于帝其训，凡厥庶民，极之敷言，是训是行，以近天子之光。"⑤ 天子以"皇极"这一大中之道布陈言教，而众民皆以其"是彝是训""是训是行"，即是说以"皇极"作为言行准则，而众民皆顺其言行。

对于《尚书》，《庄子·天下》篇言："《书》以道事"⑥，"事"主要是政事；《荀子·劝学》篇言："《书》者，政事之纪也"⑦，所谓"政事之纪"，即

---

① 王博：《从皇极到无极》，《北京大学学报》（哲学社会科学版）2018 年第 6 期。

② 王博：《从皇极到无极》，《北京大学学报》（哲学社会科学版）2018 年第 6 期。

③ 孔安国传，孔颖达正义，黄怀信整理：《尚书正义》，上海古籍出版社 2007 年版，第 459 页。

④ 孔安国传，孔颖达正义，黄怀信整理：《尚书正义》，上海古籍出版社 2007 年版，第 464 页。

⑤ 孔安国传，孔颖达正义，黄怀信整理：《尚书正义》，上海古籍出版社 2007 年版，第 464 页。

⑥ 《庄子·天下》。

⑦ 王先谦：《荀子集解》，中华书局 1988 年版，第 13 页。

政事的纲领或法则，而《洪范》是《尚书》中最具代表性的。《洪范》篇将洪范九畴的作用表述为"彝伦攸叙"，旨在明确治理天下的"政事之纪"，"皇极"的意义也应主要放在"政事之纪"的层面上理解，"皇极"乃是"彝伦攸叙"的关键。

就《洪范》全篇来看，其主旨就是政治秩序的建立。"洪范"即"大法"包含九个向度，即"九畴"，九畴之间互相呼应，统一为一个政治体系，而以"皇极"思想贯彻其中，即所谓"行九畴之义是也"。孔颖达疏："'皇极'，居中者，总包上下，故传云：'大中之道'。谓行九畴之义是也。"①

从形式上看，"五"刚好处于从"一"到"九"排位的正中，是诸数的中心，用今天数学的术语来说，也就是中位数或称中值，中位数反映了一组数据的一般情况，"皇极"在"九畴"中的排位正好是九畴的中位数，其"中值"地位显而易见。

从思想内容上看，《洪范》这一政治体系的政治秩序通过"皇极"思想集中体现出来，下至地之"五行"，居天地之间的人之"三德""五事""八政"，上至天之"五纪"，以及天地人"三才"之间的福祸吉凶的感应等，这些都是以"天子"和"王道"即"皇极"为枢纽贯通起来而统一为一个整体的。"禹乃嗣兴，天乃锡禹洪范九畴，彝伦攸叙"，从这句话中我们可以看出：第一，"洪范九畴"来自天命；第二，天将"洪范九畴"赐于"禹"，也就是说，接受这一天命的是"禹"——王、人君。天子或王是天人相通的纽带，天的秩序通过王的受命而下贯于人间，天子从而建立起人间统治秩序。人间统治秩序的建立"惟皇作极"，施政教，治臣民，人君为民之主，当立"皇极"以为极则，以施教于臣民，故曰："天子作民父母，以为天下王。"②

综上所述，"皇极"，乃是王或天子（也即人君）所立，王或天子是立极的主体，"极"就是标准和秩序，也就是《洪范》篇篇首提到的"彝伦"。"皇极"作为人间统治秩序之最高准则，是用以"施政教，治臣民"的"大中之道"，统而言之"立皇极"也即立"大中之道"用以建立人间统治秩序，使

---

① 孔安国传，孔颖达正义，黄怀信整理：《尚书正义》，上海古籍出版社 2007 年版，第 451 页。

② 孔安国传，孔颖达正义，黄怀信整理：《尚书正义》，上海古籍出版社 2007 年版，第 465 页。

之达到"彝伦攸叙"的状态。

《洪范》篇中,"洪范九畴"来自"天命之所与",天"锡禹洪范九畴"。由此可见,"立皇极"的思想体系处于"天或天命—洪范九畴(皇极)",即"形上—形下"的二级架构之中。"皇极"作为人间统治秩序的最高标准,是规范社会共同体的社会制度,这是伦理学的范畴,主要是政治意义上的,属于形而下学的领域;而这种形而下学本身还需要某种特定的形而上学为之奠基。

(二)《周易·大传》的"立太极"

《周易·大传》简称《易传》,是《易经》最古的注解,《易传》七种十篇,俗称"十翼",均作于战国时代,非出于一人之手笔。《周易》之卦辞、爻辞为经,《彖》《象》《文言》《系辞》《说卦》《序卦》《杂卦》为传,传为经的最古注解。西汉人已称之为《易大传》(如《史记·太史公自序》载,司马谈《论六家要旨》曰:"《易大传》:天下一致而百虑,同归而殊途。"高亨认为,司马谈所谓《易大传》,当为《易传》总称,非《系辞》之专称)。

《周易·大传》明确提出"太极"为其最高哲学范畴,以"太极"为宇宙万物本体,此后,"立极"具有了宇宙本体的意义。

《系辞上》曰:"是故《易》有太极,是生两仪,两仪生四象,四象生八卦,八卦定吉凶,吉凶生大业。"[①] 两仪即天地,也即阴阳;仪,法也,天地各有法象;四象即四时,四时各有其象;所以下文曰:"法象莫大乎天地,变通莫大乎四时。"[②] 往上逆推,"太极"便是在天地之先并产生天地万物的"东西",用今天的话语来说叫"存在者",再确切一点即"形而上者"。王弼注:"夫有必始于无,故太极生两仪也。太极者,无称之称,不可得而名,取有之所极,况之太极者也。"[③] 王弼是以"无"注"太极",在王弼那里,"无"是本体,万物皆所从出者,即"形而上者"。高亨注:"太极者,宇宙之本体也。宇宙之本体,《老子》名之曰'一',《吕氏春秋·大乐》篇名之曰'太一',《系辞》名之曰'太极'。盖《系辞》称最高之物为极,故前文称三才为三极。

---

① 高亨:《周易大传今注》,《高亨著作集林》(第二卷),清华大学出版社 2004 年版,第 577-578 页。

② 高亨:《周易大传今注》,《高亨著作集林》(第二卷),清华大学出版社 2004 年版,第 579 页。

③ 王弼著,楼宇烈校释:《周易注》,中华书局 2011 年版,第 357-358 页。

宇宙之本体是包括天地之最大最高之物，故称为'太极'。"① 这也就是说，《周易·大传》，以"太极"为宇宙之本体，也即"立太极"。

《周易·大传》"立太极"提出以"太极"为宇宙的最初本原、最高实体，提出"太极—两仪—四象—八卦"的宇宙演化模式，"是我们的古先哲们第一次提出宇宙演化的构想"，"可以说'太极'是我国古代认识宇宙的开端"②。"这是以营造房屋的隐喻描述了宇宙的生化过程及其逻辑结构，其中'极'或者'太极'象征着外在于人的、客观至上的自然天道，实际是一个宇宙本体观念。"③

《周易·大传》的宇宙本体论，概括地讲，由三部分组成：一是"太极"为宇宙之本体，宇宙本源于"太极"，这也就是《系辞》所言"《易》有太极"；二是"太极"衍生天地，这也就是接着"《易》有太极"而言的"是生两仪"；三是天地化生万物，这便是《序卦》所言："有天地，然后万物生焉。盈天地之间者唯万物"④，并进而由万物的演化推演至人类社会的发展，《序卦》："有天地然后有万物，有万物然后有男女。有男女然后有夫妇。有夫妇然后有父子。有父子然后有君臣，有君臣，然后有上下。有上下然后礼义有所错（措）。"高亨按："夫妇是社会制度之起点，有夫妇然后有父子君臣上下礼义也。"⑤

《系辞下》："《易》之为书也，广大悉备，有天道焉，有人道焉，有地道焉。兼三材而两之，故六。六者非它也，三材之道也。"高亨注："此言《易》卦六爻乃象天地人三材，上五两爻象天，四三两爻象人，二初两爻象地。"⑥

---

① 高亨：《周易大传今注》，《高亨著作集林》（第二卷），清华大学出版社2004年版，第577页。

② 谢光宇：《"太极"到"道"：对宇宙演化认识的飞跃》，《安徽大学学报》（哲学社会科学版）1997年第1期。

③ 参见郭萍《宋代：儒家哲学现代转型的发生》的第一节"本体系于工夫：两宋儒学萌生现代转向的逻辑可能"。

④ 高亨：《周易大传今注》，《高亨著作集林》（第二卷），清华大学出版社2004年版，第689－690页。

⑤ 高亨：《周易大传今注》，《高亨著作集林》（第二卷），清华大学出版社2004年版，第695页。

⑥ 高亨：《周易大传今注》，《高亨著作集林》（第二卷），清华大学出版社2004年版，第636页。

"三材之道为《周易》的核心思想，而统领'三材之道'的恰好是'太极'这个概念。"①

在"太极"演化过程中，"象"是一个至关重要的概念。关于"象"，《系辞》是这样定义的："圣人有以见天下之赜，而拟诸其形容，象其物宜是故谓之象"②，又说："见乃谓之象"③，还说："天生神物，圣人则之；天地变化，圣人效之。天垂象，见吉凶，圣人象之"④。"'见象'亦即'现象'，有两种不同的用法，代表了中国哲学的'现象'观念：（1）形下实体的本质显现；（2）形上本体的显现。"⑤形下实体的本质显现，也就是一个形下实体作为客体向主体呈现出来的现象，这种现象是其本质的一种显现样态。形上本体的显现，是指"天生神物""天地变化""天垂象"的"天""天地"作为形上本体的显现，然而本体是怎么显现的呢？是通过"物"及其"变化"与"吉凶"之"象"等这些现象而显现的。

也正是"象"向人的显现，从而将太极、天、地、人联通了起来。《系辞》云："天地设位，而《易》行乎其中矣。"⑥天与地各立于其上下之位，而易道运行于天地之间。又云："易与天地准，故能弥纶天地之道。仰以观于天文，俯以察于地理，是故知幽灵之故，原始反终，故知死生之说。"⑦《易经》所讲之道与天地齐等，所以易道能包络天地之道。"仰观""俯察""知"的主体无疑皆是人，确切地讲是圣人，不仅如此，"在天成象，在地成形，变

---

① 程强：《"太极"概念内涵的流衍变化——从〈易传〉到朱熹》，2012年博士论文，见于中国知网。

② 高亨：《周易大传今注》，《高亨著作集林》（第二卷），清华大学出版社2004年版，第584页。

③ 高亨：《周易大传今注》，《高亨著作集林》（第二卷），清华大学出版社2004年版，第577页。

④ 高亨：《周易大传今注》，《高亨著作集林》（第二卷），清华大学出版社2004年版，第580页。

⑤ 黄玉顺：《中国哲学的"现象"观念——〈周易〉"见象"与"观"的考察》，《河北学刊》2017年第5期。

⑥ 高亨：《周易大传今注》，《高亨著作集林》（第二卷），清华大学出版社2004年版，第556页。

⑦ 高亨：《周易大传今注》，《高亨著作集林》（第二卷），清华大学出版社2004年版，第549-550页。

化见矣"①，"变化见（现）"一定是有主体见到了这变化，见变化的主体无疑也是人。所以《系辞》说："天生神物，圣人则之；天地变化，圣人效之。天垂象，见吉凶，圣人象之。"② 如此云云皆明确表示太极之道不得越天地而别为一物。"易道总未脱天地而存，又总不离阴阳而存；离开天地则无易，离开阴阳则无道。"③

虽然《周易·大传》的"立太极"以"太极"为其形而上的宇宙本体，使"立极"具有了宇宙本体的意义，但"立太极"的思想体系是"形上—形下"的二级架构，也就是仅仅用一个"形而上者"——"太极"来为众多的"形而下者"——天地万物奠基。

（三）周敦颐《太极图说》的"立人极"

周敦颐通过重新阐发"太极"本体的意义，提出了"立人极"。"立人极"这一术语出自其《太极图说》："圣人定之以中正仁义，而主静立人极焉。"④

"人极"这一概念，"虽因周子而闻名，但非周子所始创。《文中子·述史》已有人极之说：'仰以观天文，俯以察地理，中以建人极。'文中子之说显然是由《周易·说卦传》中'三才'之说转手而来。"⑤《易传·说卦》中的"三才之道"："立天之道，曰阴与阳；立地之道，曰柔与刚；立人之道，曰仁与义"，"三才"又曰"三极"。继王通"仰以观天文，俯以察地理，中以建人极"之后，白居易在其《立制度》一文也提到了"人极"："夫制度者，先王所以下均地财、中立人极、上法天道者也。"⑥ 极，即最高准则之意。"人极是指为人的最高准则。"⑦"但在《易传》中，天道、地道与人道三者并列而立，甚至高于人道，人道之地位并未凸显。濂溪倡'立人极'，凸显人道，无

---

① 高亨：《周易大传今注》，《高亨著作集林》（第二卷），清华大学出版社 2004 年版，第542 页。

② 高亨：《周易大传今注》，《高亨著作集林》（第二卷），清华大学出版社 2004 年版，第580 页。

③ 程强：《"太极"概念内涵的流衍变化——从〈易传〉到朱熹》，2012 年博士论文，见于中国知网。

④ 黄宗羲、全祖望著，陈金生、梁运华点校：《宋元学案》（第一册），中华书局 1986 年版，第 498 页。

⑤ 韦政通：《中国哲学辞典》，台北水牛出版社 1993 年版，第 19 页。

⑥ 白居易：《立制度策》，《白居易集》（卷六三），上海古籍出版社 1999 年版，第 867 页。

⑦ 韦政通：《中国哲学辞典》，台北水牛出版社 1993 年版，第 19 页。

疑使得'人极'一词得以闻名，也使得'人极'一词富有更新的内涵。"①

　　周敦颐通过《太极图说》和《通书》，使"人极"获得了宇宙论、本体论的根据。《太极图说》的基本思想是把《周易·大传》中"易有太极，是生两仪"演变成一个以"太极"为最高范畴的宇宙论体系，提出"主静立人极"的思想，《通书》通过建立"诚"本体丰富了"立人极"的思想内容。

　　《太极图说》简洁地描绘了宇宙生成万物和万物生化的过程：太极—阴阳—五行—万物（人）。"无极而太极。太极动而生阳，动极而静，静而生阴。静极复动。一动一静，互为其根"②，分化出阴阳二气，阴阳二气交互作用生出五行，五行进一步化合凝聚、化生万物。"万物生生，变化无穷，唯人得其秀最灵"③，而圣人又是人中之极致者，故圣人也即人极。

　　统而言之，即"易道太极，而立三才之道、亦即三极；其中，圣人立人之道，就是立人极"④。

　　《太极图说》："圣人定之以中正仁义，而主静（自注：无欲故静）立人极焉。"《宋元学案·濂溪学案》中《乾损益动第三十》有云："君子乾乾不息于诚，然必惩忿窒欲、迁善改过而后至。乾之用其善是，损益之大莫是过，圣人之旨深哉！吉凶悔吝生乎动。噫，吉一而已，动不可慎乎！"这段话后的注解："圣学之要，只在慎独。独者，静之神，动之几也。动而无妄曰静，慎之至也。是之谓主静立极。……学圣者宜如何？曰：慎动。"⑤ 这是说，圣学之要在"慎动"，应"主静无欲""知几慎动""自易其恶"。

　　在周敦颐看来，圣人可学而至焉，《通书·圣学第二十》："'圣可学乎？'曰：'可。'曰：'有要乎？'曰：'有。''请闻焉。'曰：'一为要。一者无欲也，无欲则静虚、动直，静虚则明，明则通；动直则公，公则溥。明通公溥，

---

　　① 尹文汉：《濂溪"立人极"的成功尝试及其现代启示——从傅伟勋"生命的十大层面"理论模型说起》，《船山学刊》2005年第4期。
　　② 黄宗羲、全祖望著，陈金生、梁运华点校：《宋元学案》（第一册），中华书局1986年版，第497页。
　　③ 黄宗羲、全祖望著，陈金生、梁运华点校：《宋元学案》（第一册），中华书局1986年版，第498页。
　　④ 参见郭萍《宋代：儒家哲学现代转型的发生》的第一节"本体系于工夫：两宋儒学萌生现代转向的逻辑可能"。
　　⑤ 黄宗羲、全祖望著，陈金生、梁运华点校：《宋元学案》（第一册），中华书局1986年版，第492页。

庶矣乎！'"① 这里认为圣学之要在于"一"，"一者无欲也"。

《诚上第一》曰："诚者，圣人之本；'大哉乾元，万物资始'，诚之源也。"② "诚"是圣人的根本，人之所以能立"人极"，简而言之，也即人之所以能通过修养工夫而成为圣人，就在于"诚"之本性。《诚下第二》又曰："圣，诚而已矣。诚，五常之本，百行之源也。"③ 也就是说，圣学之要，"诚"而已矣。所以，"一"者，"无欲"也，"诚"也，"无欲"也即"诚"也，又"无欲故静"，所以"诚"故静。

由此可见，周敦颐的"主静立人极"是以"诚"一以贯之的。

《通书·道第六》："圣人之道，仁义中正而已矣。"④ 可见"中正仁义"或曰"仁义中正"乃是"立人极"的主要内容。

所以，我们可以说：周敦颐的"立人极"是以"诚"一以贯之、以"中正仁义"为其主要的具体内容的。

周敦颐以"诚"为宇宙和人的共同本体，建立了一个"天人合德"的"诚"本体。一方面，推出仁义礼智信的道德属性，故说："诚无为，几善恶。德，爱曰仁，宜曰义，理曰礼，通曰智，守曰信，性焉安焉之谓圣，复焉执焉之谓贤，发微不可见、充周不可穷之谓神。"⑤ 另一方面，又推出圣人的本性为"中"，他把人性分为：刚善、柔善、刚恶、柔恶、中，圣人的本性是"中"。《宋元学案·濂溪学案》中有这样一句话："濂溪以中言性，而本之刚柔善恶……《图说》言'仁义中正'，仁义即刚柔之别名，中正即中和之别名。"⑥《通书·师第七》曰："性者，刚柔善恶中而已矣。……惟中也者，和

---

① 黄宗羲、全祖望著，陈金生、梁运华点校：《宋元学案》（第一册），中华书局1986年版，第489页。

② 黄宗羲、全祖望著，陈金生、梁运华点校：《宋元学案》（第一册），中华书局1986年版，第482页。

③ 黄宗羲、全祖望著，陈金生、梁运华点校：《宋元学案》（第一册），中华书局1986年版，第483页。

④ 黄宗羲、全祖望著，陈金生、梁运华点校：《宋元学案》（第一册），中华书局1986年版，第485页。

⑤ 黄宗羲、全祖望著，陈金生、梁运华点校：《宋元学案》（第一册），中华书局1986年版，第483页。

⑥ 黄宗羲、全祖望著，陈金生、梁运华点校：《宋元学案》（第一册），中华书局1986年版，第485－486页。

也，中节也，天下之达道也，圣人之事也。故圣人立教，俾人自易其恶，自至其中而止矣。"① 《通书·理性命第二十》："刚善刚恶，柔亦如之，中焉止矣。"②《通书·乐上第十七》："优柔平中，德之盛也；天下化中，治之至也。是谓道配天地，古之极也。"③

所以在"圣人定之以中正仁义，而主静立人极焉"之后，周敦颐接着说："故圣人'与天地合其德，日月合其明，四时合其序，鬼神合其吉凶'，君子修之吉，小人悖之凶。故曰：'立天之道，曰阴与阳。立地之道，曰柔与刚。立人之道，曰仁与义。'又曰：'原始反终，故知死生之说。'大哉易也，斯其至矣！""三才之道"也即"三极之道"，"其中，圣人立人之道，就是立人极；圣人之立人极，也就是'代天立极'（或如朱子曰'继天立极'）。而人极，就是中正仁义，那么，彰显中正仁义也就是体现天道之阴阳、地道之柔刚"④。

"圣人定之以中正仁义，而主静立人极焉"，这里"定""主""立"三个动词是极其值得注意的，"定""主""立"凸显了人的主体性，与"故圣人'与天地合其德，日月合其明，四时合其序，鬼神合其吉凶'"中的"合"字显示了人的主体能动性和天的客观性，使得主观之人道与客观之天道保持一定的张力。中正仁义之"人极"乃由人自定而后立，非出于天定，虽由人定但却"合"于天道而不背离天道！"定""主"之后，则"人极"之"立"已然完成，"合"于天道则美矣！

周敦颐提出"圣希天，贤希圣，士希贤"的命题，也体现了"天人合德"的思想。既然圣人即"人极"之要可学，那人如何成圣，达至"人极"呢？普通人先成为士人，士人要致力成为贤人，贤人则力图成为圣人。这是一个一步步上达的过程，士希贤，贤希圣，圣希天。在儒家传统中就有现实的榜样，

---

① 黄宗羲、全祖望著，陈金生、梁运华点校：《宋元学案》（第一册），中华书局 1986 年版，第 485 页。

② 黄宗羲、全祖望著，陈金生、梁运华点校：《宋元学案》（第一册），中华书局 1986 年版，第 490 页。

③ 黄宗羲、全祖望著，陈金生、梁运华点校：《宋元学案》（第一册），中华书局 1986 年版，第 489 页。

④ 参见郭萍《宋代：儒家哲学现代转型的发生》的第一节"本体系于工夫：两宋儒学萌生现代转向的逻辑可能"。

即"志伊尹之所志，学颜子之所学"①，"伊尹代表了儒家致君泽民的榜样，颜子则代表了儒家自我修养的典范。……学颜子之所学是指像颜子一样去追求圣人的精神境界"②。周敦颐以颜渊为亚圣，肯定颜渊已入圣人之道，是"立人极"的典范。

周敦颐被尊为理学开山，他终结天人关系，开启人本世界，恢复了儒家生命之学，提出"圣人定之以中正仁义，而主静立人极"，"定""主""立"三个动词凸显了人的主体性，然而，这个以"诚"一以贯之的"立人极"，依然处于"形上—形下"的传统二级架构领域之内。

三、复归于"无"：立"无"极

不论是西方的"奠基"观念，还是中国的"立极"思想，都是"形上—形下"的思维模式。也就是说，仅仅是用一个"形而上者"为众多"形而下者"奠基，往往忘了"形而上者"本身也需要接受追问。

受海德格尔双重奠基思想的启发，黄玉顺教授提出复归生活、重建儒学，建立了"生活儒学"体系。认为儒学包含着三个观念层级：作为存在本身的生活本身；关于形而上存在者的儒家形而上学；关于形而下存在者的儒家形而下学。所以，重建儒学首先意味着：回归生活本身。③

为形而上学奠基，首先是为主体性奠基，所以，为形而上学奠基首先追问的就是：主体性本身何以可能？然而，中西的传统哲学都没有揭示出这一问题，真正解决这一问题的是"生活儒学"：主体性渊源于"生活本身"，即"生活本身"给出了主体性。作为大本大源的生活本身，不是"谁的生活"，不是任何主体性的人的生活，主体性的"谁"是生活本身"给出"的。

也就是说，对"形而上者"本身进行追问后，回到了存在本身，回到了"无"，也即"生活儒学"所说的复归生活，回到作为大本大源的"生活本身"。

---

① 黄宗羲、全祖望著，陈金生、梁运华点校：《宋元学案》（第一册），中华书局1986年版，第487页。
② 陈来：《宋明理学》，北京大学出版社2020年版，第51页。
③ 黄玉顺：《复归生活、重建儒学——儒学与现象学比较研究纲领》，《人文杂志》2005年第6期。

因此，复归于"无"也即"生活儒学"所言复归于生活，立"无"极，即以"无"为极，亦即以"生活本身"为极则，立"无"极，而非立"无极"。

（一）中国哲学史上的"无极"概念

1.《老子》中的"无极"

"无极"概念源于《老子》二十八章："为天下式，常德不忒，复归于无极。"① 这是说宇宙最原始的状态或宇宙的本体为"无极"，也即《老子》所说之"道"。老子以"道"作为其哲学的最高实体范畴，在《老子》中"道"有很多别称，如称之为"大"、为"无"、为"朴"等。老子常讲"复归""归根""复命""反（返）"等，皆是"复归于道"，也即"复归于无极"。这个作为宇宙本体的"无极"，用今天的话说即绝对唯一的"形而上存在者"。

2.《太极图说》的"无极而太极"

"无极"概念为儒家所吸纳，始于周敦颐的《太极图说》。周敦颐《太极图说》开篇即言："无极而太极。"② 除"无极而太极"之外，《太极图说》中还有"太极本无极也"，"无极之真，二五之精"的表述。

对"无极而太极"的理解在儒学界引起了广泛讨论，其中以朱陆之争最为著名。

陆九渊兄弟坚持训"极"为"中"，认为"无极而太极"在字面上都言不成义；而且先秦儒家旧典都只讲"太极"而不讲"无极"，"无极出于老氏"，因此，以"无极而太极"作为儒家思想体系的基础，背离了孔孟道统之传。

而朱熹则不同意，坚持训"极"为"至"，"太极，理之极致耳"，认为"无极"是对"太极"的修饰，即"无极"是对于"理"的说明，解"无极而太极"为"无形而有理"。朱子认为，从贯通形上形下两界而言，"谓之'无极'，正以其无方所、无形状；以为在无物之前，而未尝不立于有物之后；以为在阴阳之外，而未尝不行于阴阳之中；以为通贯全体，无乎不在，则又初无声臭影响之可言"③。

---

① 《老子》第二十八章。

② 黄宗羲、全祖望著，陈金生、梁运华点校：《宋元学案》（第一册），中华书局1986年版，第497－498页。

③ 朱熹：《太极图说解》，《朱子文集》（第1卷），商务印书馆2000年版，第8页。

换言之，认为无极在阴阳之外，而实际上无极又行于阴阳之中，无极通贯宇宙，无处不在，但实际上无极又无声、臭、影、响之可言。总之，"无方所、无形，无声，无味，无响"。他还说："不言无极，则太极同于一物，而不足为万化之根；不言太极，则无极沦于空寂，而不能为万化之根。"① 他说的"无极"的特征，与太极的特征是相一致的。

然而，无论如何解释，"无极"始终逃不出"形上—形下"的二级架构领域，此"无极"并非本文所要立之极，本文所欲立之极乃"无"极，而非"无极"。

（二）生活儒学视域下的立"无"极

黄玉顺在《生活儒学讲录》中说："实际上，最近的就是最远的，我们20世纪以来的人类思想的最前沿的观念，其实是我们原有的而被遗忘了的观念。"② 那离我们最近的观念是什么？无疑是"生活"。最远的呢？应该是"无"、"无物"、无物存在的浑沌。所以，"生活儒学"讲"生活"即"无"。

正如庄子所言："物物者，非物也"，产生存在者的东西，也必定是非存在者，往前追溯，那就是"无"，"生活儒学"也称之为"存在本身""生活本身"。

黄玉顺讲"生活儒学"是从观念的对应性讲起的，在他看来，在老子和海德格尔之间存在着这样一种观念层级的对应性：

老子：无物→道之为物→万物

海德格尔：存在→形而上存在者→形而下存在者③

"天下万物生于有，有生于无"④，这句话可以看作《老子》思想的总纲。从观念的对应性来看，"万物"也即众多的相对的形而下的存在者，"有"也即唯一的绝对的形而上的存在者，"无"也即无物存在的存在本身，也就是"生活儒学"的生活本身。这里有这样一个三级架构：无→有（形而上学）→万物（形而下者），也即"无有"生"唯有"，"唯有"生"万有"。

在《论"观物"与"观无"——儒学与现象学的一种融通》中，黄先生

① 朱熹：《答陆子美》，《朱子文集》（第36卷），商务印书馆2000年版。
② 黄玉顺：《生活儒学讲录》，安徽人民出版社2012年版，第23页。
③ 黄玉顺：《爱与思——生活儒学的观念》（增补本），四川人民出版社2017年版，第16页。
④ 《老子》第四十章。

指出，我们的一切"观念"，皆出于"观"，在中国思想中，"观"有两层不同的意义：一是"观物"，是有所观之观；二是"观无"，是无所观之观。观物之所观者，或者是形而下的存在者、"万物"，或者是形而上的存在者、"道之为物"，故有所观；而观无之所观者，则是存在本身，是"无物""无"，故无所观。在儒家，这种"无物"的存在本身，就是"生活本身"，是先行于任何存在者、任何物的"事情本身"①。

所以，"无"也就是形而上学的基础，是产生形而上的存在者的本源，它不是对象性的东西，是"存在""存在本身"；对象性的东西是"存在者"。也就是说，"无"与"存在本身""生活本身"是同一层级的东西，"无"就是"存在"或"存在本身"，也就是"生活"或"生活本身"。

本文所立之极，正是作为"存在本身""生活本身"的"无"，复归于"无"，立"无"极，即以"无"为极，亦即以"生活本身"为极则，这也就是"生活儒学"所言的复归于生活，回到生活本身。

"生活儒学"强调存在本身就是当下的生活本身，也就是先于主体，先于伦理和认知的事情本身。"当下"不是时间性的，而是一种前时间性的概念，当下所意谓的事情，是一种前时间的存在、前时间的生活情景。

在这种前对象性、浑然无我的"当下"的思想视域中，生活儒学实现了哲学视域的突破；并将"当下"作为本源性的思想观念贯彻到主体性观念（即形而上学与形而下学）的建构中，推动了哲学观念的突破。②

生活儒学突破了传统"形上—形下"的二级架构；形成了"本源观念—形而上学—形而下学"的三级架构；开启了本源观念，提出了"生活本源"。所谓"生活本源"，就是"生活本身"；所谓"生活本身"，就是"事情本身"。在生活儒学的观念中，生活之为事情本身，乃是先行于任何存在者、先行于任何主体性的。③ 主体性的"谁"正是被"生活本身"所给出的。

---

① 黄玉顺：《论"观物"与"观无"——儒学与现象学的一种融通》，《四川大学学报》（哲学社会科学版）2006 年第 4 期。

② 郭萍：《生活儒学的哲学突破》，胡骄键、张小星主编：《生活儒学：研究·评论·拓展——第三届"生活儒学"全国学术研讨会论文集》，四川人民出版社 2020 年版，第 28 页。

③ 黄玉顺：《爱与思——生活儒学的观念》（增补本），四川人民出版社 2017 年版，第210－211 页。

事实上，建构哲学的理论大厦和建造房子原理是相同的。开启本源观念是对传统形而上学的一种解构，但生活儒学解构传统形而上学并不等于否定形而上学，而是为了更好地重建新的形而上学——基于本源观念重建形而上学。也就是说，在面对为形而上学奠基的首要问题——"主体性何以可能"的问题时，生活儒学在解决这一问题的同时，重建新的形而上学，生成新的主体性。正如海德格尔所言："形而上学的奠基在整体上就叫存在论的内在可能性的开显。"① "生活儒学"就是"存在本身""生活本身"，也即"无"的内在可能性的开显。

"生活儒学"有一个基本的命题：生活即存在，存在即生活。存在即无，"生活"即无、即无物、即浑沌。复归于"无"——立"无"极，这里的"无"即是存在、生活，或称之为存在本身、生活本身。因此，复归于"无"也即"生活儒学"所言复归于生活，立"无"极，即以"无"为极，亦即以"生活本身"为极则，也即回到作为大本大源的生活本身，以生活为源头活水。

"存在即生活，生活即存在；生活之外，别无存在；一切存在者皆由存在给出，即皆由生活生成，亦即一切皆源于生活而归于生活。"② 生活儒学的使命就是：回归生活，重建儒学。《爱与思——生活儒学的观念》中有这样一段话："存在者被存在本身给出，人和物在生活本身当中生成，这是一个所谓'无中生有'的问题。我现在经常讲这个'无中生有'的问题，因为在我看来，今天哲学思想的一个最前沿的问题，就是'怎样无中生有'的问题。这就是'思'的事情。"③

为什么能"无中生有"呢？换而言之，为什么可以立这个"无"极呢？因为"无"也即"生活本身"是本源性的，它向我们敞开了一切可能性。也就是说，有了这种作为本源的"无"，一切非无的东西才得以显现其是其所

---

① 海德格尔：《康德与形而上学疑难》，孙周兴、王庆节主编：《海德格尔文集》，商务印书馆 2018 年版，第 20 页。

② 黄玉顺：《爱与思——生活儒学的观念》（增补本），四川人民出版社 2017 年版，第 4 页。

③ 黄玉顺：《爱与思——生活儒学的观念》（增补本），四川人民出版社 2017 年版，第 3 页。

是，即显示其自己的本质。只是，"无""生活本身"需要人结合当下的生存体验去领悟，其实，追问形而上学的基础即对形而上学的追问，是一种超越，超越必有其主体，这一主体无疑是人，而使这一超越得以可能的前提就是对"无"的领悟，也正是因为"无"的敞开性、可能性，使它成为形而上学的本源性基础。这样，我们就会发现，在生活儒学中，形而上学体系与"无"和人是密切相关的，而人总在不断往前走，突破现有的状态，于是乎就总要不断追问和不断超越。但无论人再怎么追问、再怎么超越，人总在生活中，"我们总是在生活中，我们不可能不在生活中"①，"我们在生活中，犹如草木在大地上"②。生活是敞开着的，作为大本大源的生活本身、事情本身是敞开着的，它没有任何预设的前提，向我们敞开了一切可能性。

在"生活儒学"中，生活有一种本源性的结构：在生活并且去生活。"在生活"即人在生活中不断生成新的主体性，即生活生成我们的主体性。"去生活"即获得新主体性的我们不断去改变自己的生活，即主体改变自己的生活。

---

① 黄玉顺：《爱与思——生活儒学的观念》（增补本），四川人民出版社 2017 年版，第 234 页。
② 黄玉顺：《爱与思——生活儒学的观念》（增补本），四川人民出版社 2017 年版，第 212 页。

儒家"忧乐"观念专题研究

孟子论"忧"与"安"

李慧子*

（成均馆大学儒学与东洋哲学院，韩国首尔　03063）

【摘要】面对礼崩乐坏的社会现实，孟子深切体察到人生存的苦难与忧虑，并思考如何解忧得安。孟子指出真正应当忧虑的并不是欲望能否得到满足，而是如何完成生命的根本使命。他提出人与动物的根本区别不是欲望，而是人固有仁义礼智之性，因此人的使命就是效法圣人。孟子提出"生于忧患而死于安乐"，意在强调人终身应当忧虑的是能否实行仁义，解忧的目的就是让个体获得心灵的"自得"与"充实"，让群体安居乐业。孟子认为能够解忧安心的方式有三种：第一，先立乎其大者，以守身养心为本，在寡欲的基础上存养浩然之气；第二，居仁行义，反身而诚；第三，推行仁政，安顿社稷百姓。孟子以仁为安、以不仁为忧的思想，对于当代人具有重要的思想启迪意义。

【关键词】孟子；忧；安；居仁行义；求其放心

战国时代礼崩乐坏、战乱频仍，"天下方务于合从连衡，以攻伐为贤"，而孟子"欲正人心，息邪说，距诐行，放淫辞，以承三圣者"。（《孟子·滕文公下》）① 孟子意识到所有战争的根源皆是为了利益，而围绕财物、权力、美色而展开的追求与战争，让世界不宁，让人忧虑难安。他深切地体察到人的焦虑恐惧，并且思考如何让人解除忧患，获得生活与心灵的安宁。

---

*　作者简介：李慧子，哲学博士，韩国成均馆大学儒学与东洋哲学院讲师，主要研究方向为儒家哲学、中国美学史。

① 焦循：《孟子正义》，中华书局 1987 年版。

在深刻体察人生存的苦痛与忧患之后，孟子区分了"忧"与"患"的不同。孟子说："是故君子有终身之忧，无一朝之患也。"（《孟子·离娄下》）"忧"是对人生重大问题的持续性担心，是持续终生的①。比如孟子说："尧以不得舜为己忧，舜以不得禹、皋陶为己忧。夫以百亩之不易为己忧者，农夫也。"（《孟子·滕文公上》）孟子强调人应当忧虑的是那些最重要、最根本的事情。对于君主来说，最值得关心、忧虑的事情是如何能够成为好国君，并且找到最贤良的继位人；而对于农夫来说，最关心忧虑的事情是如何把土地种好。

孟子认为，"患"是对困难、难处、缺陷、灾害、疾病的担心，时间持续性比较短，是一朝一夕的。比如孟子说："人之患在好为人师。"（《孟子·离娄上》）这里用"患"指缺点、不足，"好为人师"并不是人最根本应当忧虑的事情，也是应当警惕的一个不足。再比如孟子说："死亦我所恶，所恶有甚于死者，故患有所不辟也。"（《孟子·告子上》）孟子提出"生于忧患而死于安乐"（《孟子·告子下》），旨在强调人在一生中只有不断关心、忧虑人生最根本、最重要的事情，死后才能获得平安快乐。值得注意的是，孟子特别把"忧"与"安"相对，"患"与"乐"相对。因为快乐是一时的喜悦高兴，对应的是外在的、一时的困难焦虑；而心灵的安宁、平安才是持久的状态，它所对应的就是那种对于人生重大问题的持续性的思虑、担忧。那么，什么才是孟子认为的人最应当忧虑的、最根本、最重要的事情呢？

一、孟子论"忧"

《孟子》文本中出现很多次"忧"，这些"忧"与匮乏、不满足、心不安有关。孟子分析了人们常见的几种忧虑，并且指出这些困扰人们的忧并不是人

---

① 对于"忧"与"患"的区分，也体现在《论语》中："司马牛忧曰：'人皆有兄弟，我独亡。'子夏曰：'商闻之矣：死生有命，富贵在天。君子敬而无失，与人恭而有礼。四海之内，皆兄弟也。君子何患乎无兄弟也？'"（《论语·颜渊》）司马牛把自己没有兄弟，不能修养孝悌之道叫作"忧"，但子夏认为四海之内皆是兄弟，孝悌之道无处不可以学习与修行，所以不把司马牛无兄弟的事情叫为"忧"，而是叫作"患"，意在强调无兄弟并不是司马牛最应当担心、忧虑的事情。

们最应当关切的。

首先，财富不能解忧。孟子说："富，人之所欲，富有天下，而不足以解忧。"（《孟子·万章上》）孟子认为财富是人们都想拥有的，但由于欲望是无限的，即使坐拥天下财富，人们内心还是不能满足，还是会忧愁。为了说明财富能不能给人带来幸福，孟子特别举颜回之乐与富拥天下做对比。"颜子当乱世，居于陋巷。一箪食，一瓢饮。人不堪其忧，颜子不改其乐，孔子贤之。"（《孟子·离娄下》）孟子认为困穷并不是君子忧虑的事情，财富也并不能解除忧虑。

第二，权力不能解忧。每个人都想得到别人的尊重与重视："欲贵者，人之同心也"，但如果这种尊重是基于外在的原因，那么它就不容易持久，很容易改变："人之所贵者，非良贵也。赵孟之所贵，赵孟能贱之。"（《孟子·告子上》）孟子还指出："贵，人之所欲，贵为天子，而不足以解忧。"（《孟子·万章上》）即便得到最高的权力都不能解除内心的忧虑。那么什么才是"良贵"，什么才是人一直都要珍视的宝贵财富呢？孟子认为这种宝贵的东西，并不在外，而在每个人心中："人人有贵于己者，弗思耳。"（《孟子·告子上》）这种"贵于己者"是任何财富与权力都无法替代的，所以孟子说："仁则荣，不仁则辱。"（《孟子·公孙丑上》）享受过因为实践仁义而带来的满足感的人，就不会在乎外在的名誉。

第三，被人敬重、美色、富贵虽然是人之所欲，但这些事情都不能解除人的根本忧虑。"天下之士悦之，人之所欲也，而不足以解忧；好色，人之所欲，妻帝之二女，而不足以解忧。人悦之、好色、富贵，无足以解忧者。"（《孟子·万章上》）人生活在社会之中，总是不断与他者进行比较，而比较后产生的得失心会带来精神上的折磨。孟子把这种由于比较带来的折磨，叫作"心害"。孟子曰："饥者甘食，渴者甘饮，是未得饮食之正也，饥渴害之也。岂惟口腹有饥渴之害？人心亦皆有害。人能无以饥渴之害为心害，则不及人不为忧矣。"（《孟子·尽心上》）通过比较获得的满足，就像在太过饥渴的时候，吃喝什么都是好的一样，但那只是暂时的满足，并不一定是对身体真正有益的东西。因此不要用比较得失去折损自己的心灵。因此，孟子指出"不及人"不应当是人真正应当忧虑的事情。那么什么才是人真正应当忧虑的呢？孟子指出人真正应当忧虑的就是两件事。

第一，为不能成为圣人，不能实现仁义礼智而感到忧虑。

孟子认为，"人皆可以为尧舜"（《孟子·告子下》），按照尧舜的言行去行事，就可以成为尧舜。不能成为尧舜，并不是能力的问题，而是不去行动的问题。"徐行后长者谓之弟，疾行先长者谓之不弟。夫徐行者，岂人所不能哉？所不为也。尧舜之道，孝弟而已矣。子服尧之服，诵尧之言，行尧之行，是尧而已矣。"（《孟子·告子下》）仁义之行就在日常生活中每一件力所能及的事情之中，比如"为长者折枝"，并不是如"挟太山以超北海"那种"我不能"的事情，所以孟子强调人不能成为尧舜，"是不为也，非不能也"（《孟子·梁惠王上》）。因此，人们应当终身关切、忧虑的事情应当是能否成为尧舜："乃若所忧则有之：舜人也，我亦人也。舜为法于天下，可传于后世，我由未免为乡人也，是则可忧也。忧之如何？如舜而已矣。"（《孟子·离娄下》）

孟子之所以"道性善，言必称尧舜"（《孟子·滕文公上》），是因为他坚信人具有仁义礼智的良知良能，这种良知良能并不是外在的，而是人性中先天固有的："非由外铄我也，我固有之也，弗思耳矣。"（《孟子·告子上》）他认为，每个人都具有"恻隐之心""羞恶之心""恭敬之心""是非之心"，而这四种心是仁义礼智的开始："恻隐之心，仁之端也；羞恶之心，义之端也；辞让之心，礼之端也；是非之心，智之端也。人之有是四端也，犹其有四体也。"（《孟子·公孙丑上》）孟子强调，人应当做的就是把四端之心不断地发掘、显现出来，让它们成为仁义礼智的行为。"凡有四端于我者，知皆扩而充之矣，若火之始然，泉之始达。苟能充之，足以保四海；苟不充之，不足以事父母。"（《孟子·公孙丑上》）孟子认为四端之心也是人生命的根本动力："若火之始然，泉之始达"，而把四端之心"扩而充之"就是生命的根本使命与重要责任。如果人不能把固有的四端之心扩充显现出来，把仁义礼智实行出来，那么人性的价值与意义就没有实现。

孟子说："广土众民，君子欲之，所乐不存焉。中天下而立，定四海之民，君子乐之，所性不存焉。"（《孟子·尽心上》）得广土众民，坐拥天下财富是欲望想要获得的，但这些外在的财富并不能给人带来内心的快乐。居于天下的中央，安定四海百姓，这样的事情确实会给人带来满足感与成就感，但也并不是人性之所在。孟子强调人性中最卓越的属性对于权力、财富不感兴趣，因为这些都是满足欲望的因素；人性中最卓越的属性也不是在顺境成功时的得意满足，而是在困穷时候的不加折损，始终不变："君子所性，虽大行不加焉，虽穷居不损焉，分定故也。"所以孟子强调人性中最宝贵的就是仁义礼智："君子所性，仁义礼智根于心。其生色也，睟然见于面，盎于背，施于四体，四体不言而喻。"（《孟子·尽心上》）

孟子说："苟不志于仁，终身忧辱，以陷于死亡。"（《孟子·离娄上》）如果一个人不能致力于行仁义之事，就会一生忧虑、一生耻辱，当他离开世界的时候就没有荣耀，因为他的人生使命没有实现。因此，人应当忧虑的事情，不应是身体与居住环境的舒适安逸，不应是财富、权力、功名、美色，而是有没有把人内在的卓越品性——仁义礼智发挥出来。因为孟子认为人性区别于动物性的本质不是欲望，而是人有仁义理智。所以孟子说："是故君子有终身之忧，无一朝之患也。"（《孟子·离娄下》）君子所终身忧虑的事情是是否能够成为尧舜。如果能把人生的目标定位在成为如尧舜一般的圣人，能依照仁义而行事，充分实现人的使命，那么就不会为一时的困难而担心了："若夫君子所患则亡矣。非仁无为也，非礼无行也。如有一朝之患，则君子不患矣。"（《孟子·离娄下》）

第二，对于百姓福祉的忧虑。孟子强调，一个有责任、有担当的君主，要以民之乐为乐，以民之忧为忧："为民上而不与民同乐者，亦非也。乐民之乐者，民亦乐其乐；忧民之忧者，民亦忧其忧。乐以天下，忧以天下，然而不王者，未之有也。"（《孟子·梁惠王上》）孟子认为，圣人的忧虑就是人不能实现仁义礼智之性，因此制礼作乐，匡正人伦，实行教化，让社会安定有序。"圣人有忧之，使契为司徒，教以人伦：父子有亲，君臣有义，夫妇有别，长幼有序，朋友有信。"（《孟子·滕文公上》）

值得指出的是，孟子并不认为"忧"是一个负面、消极的词，他认为君子应当有终身之忧，也就是时刻担忧没有把四端之心显现出来，时刻担忧四端之心是否受到遮蔽。孟子说人之所以会作恶，就是因为四端之心被堵塞。孟子谓高子曰："山径之蹊间，介然用之而成路。为闲不用，则茅塞之矣。今茅塞子之心矣。"（《孟子·尽心下》）因此人应当警惕的是"茅塞子之心"与"陷溺其心"（《孟子·告子上》）。如果说"忧"是一种对生命根本使命与责任的关切、担忧、警醒与用心的话，那么"安"就是孟子所倡导的与"忧"相对的、把仁义礼智四端之心扩充之后的满足感。

二、孟子论"安"

《孟子》文本中大量出现"安"①，孟子对于"安"的思考可以分成三个层面。第一，身体的安逸。孟子曰："口之于味也，目之于色也，耳之于声也，鼻之于臭也，四肢之于安佚也，性也，有命焉，君子不谓性也。仁之于父子也，义之于君臣也，礼之于宾主也，智之于贤者也，圣人之于天道也，命也，有性焉，君子不谓命也。"（《孟子·尽心下》）程朱理学把孟子在这里所说的"性"理解为口、耳、鼻、舌、四肢，把孟子所说的"命"理解为仁义礼智。朱子云："世之人以前五者为性，以后五者为命。"②清代戴震认为朱熹对"性"与"命"的解释违背了孟子的原意："后儒未详审文义，失孟子立言之指。不谓性非不谓之性，不谓命非不谓之命。"③与朱子的理解相反，戴震认为，孟子把人与动物都有的血气之性叫作命，不叫作性，即"不谓性"；而把仁义礼智叫作人性，不叫作命，即"不谓命"。

通过戴震的分析可以看出，孟子区分了两种人性：一种是欲望之性，一种是仁义礼智之性。为了区别这两种性，他把告子所谓的"食色"之性（《孟子·告子上》）看作本能欲望，由于欲望是人与动物共有的，所以不能将其称为人性，而是叫作"命"。孟子把仁义礼智作为人的本质属性，叫作"性"。从这种区分可以看出，孟子高扬的是仁义礼智之性，不把欲望作为人的本质属性。因为如果把欲望作为人性的本质，那么追求欲望的满足就成了人的价值与意义，那么人与禽兽就没有差别了。"人之有道也，饱食、暖衣、逸居而无教，则近于禽兽。"（《孟子·滕文公上》）孟子认为，人区别于动物的本质特

---

① 汉代许慎在《说文解字》中说："安，静也。从女在宀下"；"宀，交覆深屋也。象形"。《尔雅·释诂下》："安，定也。"《玉篇》："安，安定也。"五代时人徐锴在《说文解字系传》言："安，止也。从女在宀中。"清人段玉裁改"静"为"竫"，谓"此与宁同意"。可见，"安"字的意思是安全、安宁、安定、安心、安顿。《论语》中也有多处提到"安"。比如子曰："老者安之，朋友信之，少者怀之。"（《论语·公冶长》）子曰："食夫稻，衣夫锦，于女安乎？（《论语·阳货》）子曰："视其所以，观其所由，察其所安。人焉廋哉！人焉廋哉！"（《论语·为政》）"仁者安仁，知者利仁。"（《论语·里仁》）

② 戴震：《孟子字义疏证》，中华书局2012年版，第36页。朱子云："世之人以前五者为性，以后五者为命。"

③ 戴震：《孟子字义疏证》，中华书局2012年版，第38页。

征就是人有仁义理智，人有教化。所以孟子认为身体的安逸只是最基本的欲望满足。尽管人必须满足基本的生存欲望，但满足欲望并不是人生追求的最重要、最根本的事情，因此也不是值得忧虑的事情。但是，孟子并不是要否定身体的安逸。他认为，如果想让老百姓行礼义，就必须先满足他们的基本需求，给他们的生活以安全的保障："是故明君制民之产，必使仰足以事父母，俯足以畜妻子，乐岁终身饱，凶年免于死亡。然后驱而之善，故民之从之也轻。"（《孟子·梁惠王上》）百姓能够得到温饱，能够侍奉妻子，供养家庭，遇到灾荒可以平稳度过，才有可能实现美德。

孟子对"安"的第二种描述是心灵上的安乐。孟子说："夫仁，天之尊爵也，人之安宅也。"（《孟子·公孙丑上》）仁是天赐给人的最大荣耀，也是人安心立命的居所之所在，是让人最安心的宅邸。人生的根本使命不是追求功名利禄等与欲望有关的东西，而是应当努力把天赐予的仁义礼智发挥到最大。正如孟子所言："有天爵者，有人爵者。仁义忠信，乐善不倦，此天爵也；公卿大夫，此人爵也。古之人修其天爵，而人爵从之。今之人修其天爵，以要人爵；既得人爵，而弃其天爵，则惑之甚者也，终亦必亡而已矣。"（《孟子·告子上》）那些放弃人生的根本使命，违反礼义的人就是自暴自弃，自我放弃的人："自暴者，不可与有言也；自弃者，不可与有为也。言非礼义，谓之自暴也；吾身不能居仁由义，谓之自弃也。"（《孟子·离娄上》）

孟子认为，人一旦能够实现自己的生命使命，在修行仁义礼智的道路上越走越稳健，把仁义礼智充分实现出来，就能够达到一种自得的境界。这种境界可以让人内心安稳，并且左右逢源，克服困难。孟子曰："君子深造之以道，欲其自得之也。自得之，则居之安。"（《孟子·离娄下》）清代焦循将这句话解释为："造，致也。言君子问学之法，欲深致极竟之以知道意，欲使己得其原本，如性自有之也。"① 孟子认为修行的目的是了解天道，只有把修行发挥到极致，才使得自己的行为与天道相配。

孟子之所以强调"深造"，是因为对于仁义的实践如果不用百分百的努力，效果就非常差："五谷者，种之美者也；苟为不熟，不如荑稗。夫仁亦在乎熟之而已矣。"（《孟子·告子上》）"有为者辟若掘井，掘井九轫而不及泉，

---

① 焦循：《孟子正义》，中华书局1987年版，第558－559页。

犹为弃井也。"（《孟子·尽心上》）所以君子应当全心全意地实践仁义，充分扩充天赋的四端之心。人只有全然实现仁义之性，像天道一样自然自如、不刻意地实践德行，才能"居之安"，即获得一种踏实、安然的存在感与幸福感。孟子认为只有"居之安"，才能"资之深"："居之安，则资之深；资之深，则取之左右逢其原，故君子欲其自得之也。"（《孟子·离娄下》）焦循把"资"解释为"取也"，"取之深，则得其根也。左右取之在所逢遇，皆知其原本也。故使君子欲其自得也"①。只有安稳地居住在仁德的房子里，居仁行义，才能够源源不断地实践仁义礼智，即使遇到困难也不会气馁、忧愁。因为所有的德行都出于自发自愿，并不是做给别人看的。仁义礼智根植于天性之中，取之不尽，用之不竭。如果能够自如地实践仁义，那么不管遇到多大的困难，都能得心应手，左右逢源。所以君子应当欲求的是拥有"自得"的能力。这种"自得"的满足感不是通过追逐财富、权力而获得的，而是通过不断思考与实践仁义而获得的充实感。正如孟子所谓："充实之谓美，充实而有光辉之谓大，大而化之之谓圣。"（《孟子·尽心下》）一旦人能够感受到这种"自得"与"充实"之后，外在的功名利禄都如浮云一般不值得留恋："言饱乎仁义也，所以不愿人之膏粱之味也；令闻广誉施于身，所以不愿人之文绣也。"（《孟子·告子上》）由此可见，孟子所讲的"死于安乐"，指的就是扩充四端之心，实践仁义礼智而体验到的"自得"与"充实"。

孟子对安的第三种描述是"安社稷"。孔子说："修己以安仁，修己以安百姓。"②（《论语·宪问》）孟子继承孔子的这种安百姓的思路，认为君子的使命一者是实现仁义礼智之性，安顿个体生命；二者是安顿群体生命，让国家富强、百姓安康。孟子曰："君子居是国也，其君用之，则安富尊荣；其子弟从之，则孝弟忠信。"（《孟子·尽心上》）孟子指出君子与普通百姓的不同，是要承担更多的社会责任：在朝堂上辅佐君主推行仁政，实现国泰民安；在家庭里实践忠信孝悌之道，成为家人亲友效法的榜样。孟子曰："有安社稷臣者，以安社稷为悦者也。有天民者，达可行于天下而后行之者也。有大人者，正己而物正者也。"（《孟子·尽心上》）忠臣以让国家安定，让百姓安泰作为

---

① 焦循：《孟子正义》，中华书局 1987 年版，第 559 页。
② 程树德：《论语集释》，中华书局 1990 年版，第 1041 页。

值得喜悦的事情。"天民，知道者也。可行而行，可止而止。"① 能够格物致知天道，并且实践天道的人能够按照天的规律去制礼作乐，安定社会，知道什么事情先行，什么事情后行。"大人，大丈夫不为利害动移者。正己正物，象天不可言而万物化成也。"② 不为利害所动的大丈夫，能够通过自己端正的言行去影响别人。《大学》载："自天子以至于庶人，壹是皆以修身为本。"③ 只有先"正己"，然后才能用善行去影响他人（"正物"），才能安定社稷百姓。而那些违背仁义的暴君只能让民不聊生，百姓朝不保夕。"暴君代作，坏宫室以为污池，民无所安息；弃田以为园囿，使民不得衣食。"（《孟子·滕文公下》）那么如何才能获得解忧得安，安顿心灵、安顿社会百姓呢？

三、解忧得安，求其放心而已

孟子曰："仁，人心也；义，人路也。舍其路而弗由，放其心而不知求，哀哉！人有鸡犬放，则知求之；有放心，而不知求。学问之道无他，求其放心而已矣。"（《孟子·告子上》）

朱熹对于"求其放心"的解释："学问之事，固非一端，然其道则在于求其放心而已。盖能如是则志气清明，义理昭著，而可以上达。不然则昏昧放逸，虽曰从事于学，而终不能有所发明矣。故程子曰：圣贤千言万语，只是欲人将已放之心约之，使反复入身来，自能寻向上去，下学而上达也。此乃孟子开示切要之言，程子又发明之，曲尽其指，学者宜服膺而勿失也。"④ 王夫之对于孟子"放心"的解释是："君子之学问，有择善固执、存心致知之道，而要所以求仁。已放者谓之放心，未放者谓之仁而已。"⑤

由此可见，孟子在这段话中提出了两种放心：一种是放任仁义之心不知求，既不学习也不修为，让其荒废；另一种放心是心安理得，自得充实。孟子认为，求学问道的最高目的就是让恻隐、羞恶、辞让、是非之心扩而充之，充

---

① 焦循：《孟子正义》，中华书局 1987 年版，第 903 页。
② 焦循：《孟子正义》，中华书局 1987 年版，第 903 页。
③ 来可泓：《大学直解·中庸直解》，复旦大学出版社 1998 年版，第 22 页。
④ 朱熹：《四书章句集注》，中华书局 1983 年版，第 334 页。
⑤ 王夫之：《读四书大全说》，中华书局 1975 年版，第 692 页。

分实现仁义礼智；而只有居心仁厚，行走在正义的道路上，生命的根本使命才能实现，人才可以无忧无惧，安然放心。孟子指出，"求其放心"有三种方法。

第一，先立其乎大者，守身养心为本。

万事万物"凡事豫则立，不豫则废"①（《中庸》），能够有效地养护，事物就会有益地生长发展，反之则会消亡："故苟得其养，无物不章；苟失其养，无物不消。"（《孟子·告子上》）孟子说人们连种树都知道养护，但是对于心灵的养护却经常忽视。孟子曰："拱把之桐梓，人苟欲生之，皆知所以养之者。至于身，而不知所以养之者，岂爱身不若桐梓哉？弗不思也。"（《孟子·告子上》）孟子提出养乎心灵应当抓住最重要、最根本的，"先立其乎大者，则其小者不能夺也"（《孟子·告子上》）。那么，什么是大？什么是小呢？孟子曰："事孰为大？事亲为大；守孰为大？守身为大。不失其身而能事其亲者，吾闻之矣；失其身而能事其亲者，吾未之闻也。孰不为事？事亲，事之本也；孰不为守？守身，守之本也。"（《孟子·离娄上》）孟子认为在所有的事情中，事亲为大；在所有要守护的事情中，守身为大。这里的守身更强调对人的本质属性仁义礼智之心的养护。有子说："君子务本，本立而道生。孝弟也者，其为仁之本与！"②（《论语·学而》）只有养护自己的四端之心，让仁义礼智实现出来，人的本分才能得以实现，人才有能力爱父母、爱家人。如果一个人不能以守身为本，心性被堵塞，仁义之心不能显现，那么孝悌之行也不能实现。

孟子曰："养心莫善于寡欲。其为人也寡欲，虽有不存焉者，寡矣；其为人也多欲，虽有存焉者，寡矣。"（《孟子·尽心下》）修养善心的方法，没有比减少求利的欲望更好的了。一个人求利的欲望少，那么即使善心有些丧失，也是很少的；一个人求利的欲望多，那么即使善心有所保存，也一定是很少的。老子曰："五色令人目盲；五音令人耳聋；五味令人口爽；驰骋畋猎，令人心发狂。"③（《道德经》第十二章）所有外在的诱惑，都会扰乱心智，让心

---

① 来可泓：《大学直解·中庸直解》，复旦大学出版社1998年版，第226页。

② 程树德：《论语集释》，中华书局1987年版，第10-13页。

③ 朱谦之：《老子校释》，中华书局1984年版，第45-46页。

灵不得宁静。

孟子认为，要养护心灵，不仅要寡欲，还要存养"浩然之气"。"其为气也，至大至刚，以直养而无害，则塞于天地之间。"（《孟子·公孙丑上》）浩然之气是心中强大而有力量的正气，充满于天地之间。它可以抵御邪念，战胜邪恶。孟子强调浩然之气的培养需要三个条件：其一，"其为气也，配义与道；无是，馁也。是集义所生者，非义袭而取之也"（《孟子·公孙丑上》）。浩然之气的养料是公义、正直，只有用持续性的仁义德行才能让其生成，只是偶尔的仁义行为是无法培养浩然之气的。其二，"行有不慊于心，则馁矣"（《孟子·公孙丑上》）。只要做出一件于心有愧的事，浩然之气就会受到伤害，就会变得没有力量。其三，"必有事焉，而勿正，心勿忘，勿助长也"（《孟子·公孙丑上》）。要培养这种浩然之气，就要落实在具体的仁义礼智的事情上，但不要有功利性的特定目的。要时时刻刻惦记它的长养，但不能违背规律去帮助它生长。因此，只有常常养心寡欲，存养浩然之气，内心才会获得自得、充实与安宁。

第二，居仁由义，反身而诚。

孟子曰："尽其心者，知其性也。知其性，则知天矣。存其心，养其性，所以事天也。夭寿不贰，修身以俟之，所以立命也。"（《孟子·尽心上》）孟子发挥《中庸》中"天命之谓性，率性之谓道"①的思想，指出能够充分发挥四端之心，就能认识自己的本性，因为人的本性就是仁义礼智。能够认知人的本性，就可以了解天的道理。因为"天命之谓性"（《中庸》），人性就是天所赋予的。能够保守自己的四端之心，修养人的本性，就可以为天做事。无论寿命长短，都会一心一意地以修身为本，这才是一个人生命应该立足的基点。

孟子提出，仁是人安宁平安的居所，而义是人应当行走的道路："仁，人之安宅也；义，人之正路也。"（《孟子·离娄上》）居所环境对于人的身体与气质都会产生影响："居移气，养移体，大哉居乎！"（《孟子·尽心上》）而选择心灵的居所对于人的德行具有至关重要的作用："居仁由义，大人之事备矣。"（《孟子·尽心上》）因此，居仁行义是解忧得安的一种方式。那么如何才能居仁行义呢？

① 来可泓：《大学直解·中庸直解》，复旦大学出版社1998年版，第135页。

孟子认为要从终身慕父母开始："人悦之、好色、富贵，无足以解忧者，惟顺于父母，可以解忧。人少，则慕父母；知好色，则慕少艾；有妻子，则慕妻子；仕则慕君，不得于君则热中。大孝终身慕父母。五十而慕者，予于大舜见之矣。"(《孟子·万章上》)孟子之所以强调舜五十慕父母，是强调舜爱慕父母的初心始终不变。孟子说"孩提之童，无不知爱其亲者"(《孟子·尽心上》)，爱父母是孩童的良知良能，这种爱是天然的本能，也是未经过后天污染与教化的仁爱初心。但是人长大以后开始有各种各样的追求，对父母的需要也越来越少，对父母的爱也越来越淡。但随着父母的老去，他们越来越需要孩子对他们的爱。孟子之所以强调"终身慕父母"，就是要让人们不要忘了仁爱的初心，因为这种爱是良知良能的开始，孩子与父母的关系模式是一切仁爱关系的原型。如果一个人能够始终爱父母，那么他也能够把这种爱的力量推扩到他人与社会之中，那么仁爱之心就能不断扩充。"故推恩足以保四海，不推恩无以保妻子。古之人所以大过人者无他焉，善推其所为而已矣。"(《孟子·梁惠王上》)仁爱之心能够源源不断地发挥爱的力量，那么人就会心安，就不会忧虑。

孟子认为，在扩充四端之心的同时，"反身而诚"也是解忧的一种方式。孟子曰："万物皆备于我矣。反身而诚，乐莫大焉。"(《孟子·尽心上》)孟子继续子思"诚者，天之道；诚之者，人之道"[1](《中庸》)的思想，把诚性作为人固有的属性，并且把诚性具体化为仁义礼智的良知良能。他认为，人只有能够反求诸己，把内在的诚性发挥，不断扩充四端之心，不断行仁义，才能获得最大的快乐。孟子把仁爱行为比作射箭："仁者如射，射者正己而后发。发而不中，不怨胜己者，反求诸己而已矣。"(《孟子·公孙丑上》)只有射箭手的技术足够娴熟精准，箭才能正中把心。如果射箭不中，只能怪自己技术不精，不能责怪别人。如果一个人觉得自己已经对别人足够仁爱，足够有礼义，但还是不能得到别人的回敬的时候，就应该多反省自己是否做得充分，不应该责怪别人。孟子曰："爱人不亲反其仁，治人不治反其智，礼人不答反其敬。行有不得者，皆反求诸己，其身正而天下归之。"(《孟子·离娄上》)即使是别人犯了过错，也应该以宽恕为上。孟子说："强恕而行，求仁莫近焉。"

---

① 来可泓：《大学直解·中庸直解》，复旦大学出版社1998年版，第230页。

（《孟子·尽心上》）这一思想是对孔子"其恕乎！己所不欲，勿施于人"（《论语·卫灵公》）的推进。

第三，推行仁政，安社稷百姓。

孟子曰："易其田畴，薄其税敛，民可使富也。食之以时，用之以礼，财不可胜用也。"（《孟子·尽心上》）孟子指出，如果没有基本的生活保证，而单方面强调百姓有礼义之行，是违背人性的："此惟救死而恐不赡，奚暇治礼义哉？王欲行之，则盍反其本矣。"（《孟子·梁惠王上》）孟子认为，忽视百姓的根本利益，就是失去民心，从而失去政权的合法性："失其民者，失其心也"（《孟子·离娄上》），因此强调推行仁政，以百姓为贵，使民富强。"民为贵，社稷次之，君为轻。"（《孟子·尽心下》）"天子不仁，不保四海；诸侯不仁，不保社稷；卿大夫不仁，不保宗庙；士庶人不仁，不保四体。"（《孟子·离娄上》）在义与利发生冲突时，孟子强调以义为上。"苟为后义而先利，不夺不餍。未有仁而遗其亲者也，未有义而后其君者也。王亦曰仁义而已矣，何必曰利？"（《孟子·梁惠王上》）孟子还强调一个良序的社会，要考虑到弱势群体的福祉。"老而无妻曰鳏。老而无夫曰寡。老而无子曰独。幼而无父曰孤。此四者，天下之穷民而无告者。文王发政施仁，必先斯四者。"（《孟子·梁惠王下》）由此可见，只有建立一个安定富强的社会，百姓安居乐业，才能效法尧舜，实现仁义之道。

通过以上分析可以看出，孟子在战乱频仍的年代，呼吁人们停止战争与杀戮，停止对于财富、权力、美色的争夺，因为欲望是永远无法得到充分满足的，争夺与战争只能让世界越变越坏。孟子提醒世人看清人本身固有的卓越品性，说明人区别于禽兽的使命就是实现仁义礼智。他告诫人们生命中最应关心、忧虑的事情就是四端之心的不能扩充，不能成为尧舜；而生命中最为"自得""充实""放心"的事情就是发挥仁义礼智，活出尧舜的样子，让江山昌明、国泰民安。孟子所谓"生于忧患而死于安乐"，强调的是人的一生要持续不断地实行仁义，充分完成生命的使命，死后才能心安快乐。孟子以仁为安、以不仁为忧的思想，对当代人具有非常重要的启迪意义。忙碌与焦虑是当代人的症候，人们都在为财富、权力与名利不断奋斗，但却忘了人的根本使命不是成为满足欲望的机器，而是像尧舜一样，实践仁义礼智，活出属于人的尊严与荣耀。

从"七情"到"真乐"：论儒家的忧乐情感

吴瑞荻[*]

（厦门大学哲学系，厦门　361005；成均馆大学东洋

哲学文化研究所，韩国首尔　03063）

【摘要】"孔颜之乐"是儒家忧乐观的典型。先秦儒家典籍中所讨论的忧乐情感，就其"有无对象"而言可以分为两类。有对象的情感是"七情"，在此层次上，儒家的忧乐情感指向个人修身、社会治理与天地万物，忧具有比乐更加深刻的内涵。依其对象有具体情境、想象情境与抽象观念的差异，"七情"也可以分为三类，而"孔颜之乐"不属于任何一类。因此，它只能是宋明儒者所理解的无对象的"真乐"，是一种臻于道德境界的自发自得之乐。在儒家思想中，"真乐"比依靠对象引发的一般情感具有更加根本的地位。

【关键词】儒家；情感对象；孔颜之乐；真乐

先秦儒家对于忧乐情感及其对象有着许多讨论。从北宋时期周敦颐令程子"寻颜子仲尼乐处，所乐何事"开始，《论语》中的"孔颜乐处"便作为儒家忧乐观的典型事例，成为后世儒者在修身过程中都会追问的关键问题。北宋以前注家多认为孔、颜之乐是以贫困处境为乐[①]，北宋以后的儒者则主张它是臻于化境的自得之乐。现代研究基本上接受了宋明儒者的观点，将"孔颜之乐"视为"与道合一"的快乐，而与满足感性欲求的快乐相对立。但是，一种流行的观点并不意味就是合理的观点，为什么要接受宋明儒者的解释，这本身就

---

*　作者简介：吴瑞荻，厦门大学哲学系中国哲学博士研究生，成均馆大学东洋哲学文化研究所访问学者。

①　如邢昺对"乐亦在其中"的解释："言己饭菜食饮水，寝则曲肱而枕之，以此为乐。"参见《论语注疏》，李学勤主编：《十三经注疏》，北京大学出版社1992年版，第91页。

是一个有待回答的问题。本文认为，宋明儒者实际上是将"孔颜之乐"视为一种无对象的情感。为了探寻这一问题的答案，本文首先澄清了先秦文本中作为"情感"的"忧"与"乐"的使用意义，继而考察了先秦儒家思想中有对象的忧乐情感及其对象，认为这一层次的情感中，"忧"具有比"乐"更加深刻的内涵。再次，笔者又将情感的"对象"划分为三类，试图证明"孔颜之乐"不属于任何有对象的一般情感，因而只能走上宋明儒者的理解进路："孔颜之乐"是比有对象的忧乐情感更根本的、无对象的"真乐"。

一、先秦典籍中的"忧"与"乐"

"忧"与"乐"是最常见的情感类型。"情感"（emotion）作为一个概念，在现代学术语境中并非不言自明，西方学界就其定义问题发展出了诸多情感理论流派。① 而在中国传统文献中，"情"与"感"并非以复合词的形式出现，而是分别指称连续的身心活动过程的不同阶段，但仍没有一个相对严格的定义。比如"情"字的含义就是多层次的，在春秋时期的文献中"情"字多是情实之义，如曾子说："如得其情，则哀矜而勿喜。"（《论语·子张》）而楚简《性自命出》中的"情"字则有了如今的情感之义。外在之情实与内在之情感又有着紧密的联系，中西传统学者都能认识到这一点。伊川所说的"形既生矣，外物触其形而动于中矣，其中动而七情出焉"②，就是明确指出了身（形）、心（中）、环境（物）共同构成了情感发生的条件；而西方的古典哲学家，大部分将情感视为对外部事件的现象学意义上的显著反应（phenomenologically salient responses）。

由于本文讨论的是传统儒家思想，因而无意提供一个关于"情感"的准确的描述性定义，暂可避开现代哲学诸多流派之间纷繁复杂的争讼。本文所使用的"情"或"情感"一词乃是基于日常语言的意义。日常语言中的"情感"

① 近几十年来，西方心灵哲学界与科学界致力于为"情感"提供一种描述性的定义。哲学界通常是以第一人称视角探寻此种直观体验，及其与其他哲学问题（如道德起源）之间的关系等，科学界（如神经科学或生物科学）则倾向于第三人称角度，基于外部的观测与实验构建解释的理论，而最新的情感理论基本上是跨越多个学科的成果。参见 Scarantino, Andrea and Ronald de Sousa, Edward N. Zalta (ed.). "Emotion". The Stanford Encyclopedia of Philosophy (Winter 2018 Edition).

② 程颐：《颜子所好何学论》，《二程集》，中华书局1981年版，第577页。

既模糊又清楚，"模糊"是因为它没有现代理论中明确的界限，因而无法成为穷尽一切外延内容的严格概念，"清楚"则是因为它是人类生活中最直接的体验，虽然人们无法确定"情感"是什么，却可以明确指出自我的某一些身心状态就是情感。不论是在一种语言文化传统内部，还是跨语言、跨文化的传统之间，这些原初体验就像通行的世界货币一样具有普遍意义。

先秦文献正是倾向于此种日常思维，如《礼记·礼运》篇中指出："何谓人情？喜怒哀惧爱恶欲，七者弗学而能。"情即是常人天生便能呈现的身心活动，而不是后天习得的能力。当然，先秦古人所体会到的情感类型并不仅限于此，如《管子·内业》说："凡人之生也必以其欢。忧则失纪，怒则失端。忧悲喜怒，道乃无处。"《邓析子·转辞篇》说："世间悲哀喜乐嗔怒忧愁，久惑于此。"忧、乐、悲、怒、愁、嗔等均是指称情感的词语。有些情感词之间拥有更多的相似性，尽管在某些约定或语境中，它们的意义会体现出细微的差异，但总体上仍表现出了相同的特征。以《论语》开篇为例："学而时习之，不亦说乎？有朋自远方来，不亦乐乎？"孔颖达《注疏》引谯周的解释说："悦深而乐浅也。"[①] 而《尔雅·释诂》则以两字互训："悦，乐也。"另外有些情感词指称的状态，则分属于截然不同的情感类型，比如上引《管子·内业》中的"欢"与"忧"。

先秦儒家典籍中的"忧"与"乐"无疑是不同的两种情感词，但它们又同时具备非情感的含义。以"乐"的不同含义为例，后世注疏在音读上给出了明确区分。譬如朱子的《四书章句集注》中，当"乐"指称欢乐，则"音洛"；当其是喜好之义，则读为"五教反"，如"仁者乐山"；当其指音乐时，则"音岳"。前两者均是指示情感，二者的主要区别在于词性；后者则指示具体的外在事物。尽管文字学研究对"乐"之不同含义的先后问题仍无定论，但可以肯定的是，在先秦儒者的观念里"乐"之音乐义与情感义是紧密联系的。[②] 如《子夏易传》释《豫》卦云：

---

① 《论语注疏》，李学编主编：《十三经注疏》，北京大学出版社1992年版，第3页。
② 参见黄黎星：《周易豫卦与古代音乐思想》，《福建师范大学学报》2004年第2期；许兆昌：《乐字本意及早期乐与药的关系》，《史学月刊》2006年第11期。

雷始发，震奋而出地，物遂其豫也。震先得其乐（笔者按：音岳）乎？故谓豫之为乐（岳）。得于心而形见于外，兴物而动，其情曰乐（洛）。故先王之有天下者，乐（洛）也。礼，平天下之志以修诸内，故合其钟鼓竽瑟管磬之声，而与众共乐（洛）也。①

正是说明了音乐是欢乐情感的重要来源。此种字形与意义之间错综复杂的交织关系，导致我们不可能针对先秦典籍中的某个字下一个准确的定义，而需要视具体语境进行诠释。所以，本文同样难以为先秦典籍中的"忧"或"乐"给出一个准确的、描述性的定义，而只能从自我感受的角度做出最宽泛的区分："忧"指向的是郁结或紧张的状态，"哀""虑"等字同样可能是此种状态；"乐"指向的则是舒缓、放松的状态，"喜""悦"等字也具有相同的意义。这种"感受"并不仅限于心理上的体验，同时也伴随着生理上的反应，因而是人的整体感受或身心状态。

从第一人称的视角出发，就引发情感的原因而言，忧与乐既可能是有对象的，也可能是无对象的。"有无对象"意指对象是否作为一种必要因素，参与情感的生发过程。在儒家思想中，有对象的忧与乐是"七情"之类的常人之情。在此有对象的忧乐情感中，二者不仅仅作为身心状态而被体认，也表达着一种价值上的认可与否定。另外，与"忧"的情感不同，"乐"有时可以是无对象的，此时它是一种道德境界或道德实践中的自发情感，而不依赖于任何对象的引发或刺激。这使得儒家的情感观念相较于西方哲学而别具一格。下文将论及，明代儒者王阳明将这种意义上的乐称之为"真乐"，它比作为一般情感的"七情"具有更加根本的地位。

二、儒家忧与乐的对象

如上节所提及，一般的忧乐情感总是与特定的对象相联系。本节要讨论的便是儒家思想中有对象（object）的"忧"与"乐"，及其所忧所乐的具体对象。此种忧乐情感与对象之间，乃是通过"欲求"（或"意欲"）建立起关联。

---

① 《子夏易传》（卷二），清《通志堂经解》本。

换言之，忧乐情感正是在对象满足，或者无法满足欲求时产生。① 关于形体与感官的本能欲望，或可称为"感性欲求"；而超脱形体与感官欲望的追求，或可称为（不论是知识还是道德意义上的）"理性欲求"。儒家对于感性欲求的态度，可以《论语》中的"孔颜之乐"为例：

> 子曰："饭疏食饮水，曲肱而枕之，乐亦在其中矣。不义而富且贵，于我如浮云。"（《论语·述而》）
> 子曰："贤哉，回也！一箪食，一瓢饮，在陋巷。人不堪其忧，回也不改其乐。贤哉，回也！"（《论语·雍也》）

对于饮食与居所的要求正是形体与感官的欲求对象。对于常人而言，形体感官得不到满足便会产生忧的情感。但是，孔子所说的"浮云"与颜子的"不改"，都说明他们乐的情感并不系于贫困的处境，换言之，即不系于自身感性欲求的满足。

既然儒者不以感性欲求为忧，以何者为忧呢？又以何者为乐呢？或许可以从先秦儒家典籍入手考察这一问题。如果我们认同"内圣外王"是儒家所关心的全部问题，那么《论语》《孟子》等经典所揭示的忧乐对象，也可以从个人修身层面的"内圣"与社群治理层面的"外王"上分别讨论。

> 子曰："德之不修，学之不讲，闻义不能徙，不善不能改，是吾忧也。"（《论语·述而》）
> 子曰："君子谋道不谋食。耕也，馁在其中矣；学也，禄在其中矣。君子

---

① "情感"与"欲求"的区分向来是情感哲学家或心理学家面临的棘手问题，布伦塔诺（Brentano）甚至不无戏谑说："察看心理学家为建立情感与意欲或意求的严格界限所做的徒劳无功的努力是有趣的和有益的。这些区分与日常语言的用法相矛盾，一个与另一个相矛盾，而且这些区分之间甚至也时常自相矛盾。"经过一系列的考察与论证，他最终总结道："内经验向我们表明，情感与意欲从不会界限分明，而它们与其他心理现象的区别在于其指涉一种内容时所具有的共同特性方面。"必须说明，本文将"情感"定义局限于身心的感受状态，而将布伦塔诺所强调的"指涉"能力赋予"欲求"的概念，一方面是出于讨论方便，另一方面则因为"真乐"是无对象的，是儒家语境中的"情感"。弗兰兹·布伦塔诺著，郝亿春译：《从经验立场出发的心理学》，商务印书馆，第279、290页。

忧道不忧贫。"（《论语·卫灵公》）

可见在个人修身层面，儒者是以"修德""讲学""徙义""迁善""行道"等事为忧虑的对象，而与"食"与"贫"之事相对。以"道"与"学"为核心目标的事务显然超出了感性欲求，而属于理性欲求的对象。在孟子看来，两类欲求还有一个显著的区别，即理性欲求完全可以诉诸自我的主宰，而感性欲求总是依赖于外在条件的满足：

孟子曰："求则得之，舍则失之，是求有益于得也，求在我者也。求之有道，得之有命，是求无益于得也，求在外者也。"（《孟子·告子上》）

孟子曰："口之于味也，目之于色也，耳之于声也，鼻之于臭也，四肢之于安佚也，性也，有命焉，君子不谓性也。仁之于父子也，义之于君臣也，礼之于宾主也，智之于贤者也，圣人之于天道也，命也，有性焉，君子不谓命也。"（《孟子·尽心上》）

孟子分别揭示了两种欲求得以满足的前提，即"性"与"命"。"性""命"问题一直是后世儒学中的核心问题，往往是决定学说的走向。关于先秦遗文中"性""命"本义问题，傅斯年《性命古训辨证》做了翔实的考辨，兹不赘述。[①] 二者除了本义之外，多数只是笼统指向天人之间的生成关系。如《尚书·召诰》："今天其命哲，命吉凶，命历年。"《左传·成三十年》："民受天地之中以生，所谓命也。"《中庸》首章："天命之谓性。"以及告子的著名观点："生之谓性。"不论是人的内在本性，还是外在的物质、环境乃至于经历，都是天所生化、所赋予的结果，犹如王之命令一般。

---

① 傅先生的考辨总体上是可信的，虽然有些观点在今天看来并不正确，仍是瑕不掩瑜。比如他说："独立的'性'字为先秦遗文所无——先秦遗文皆用'生'字为之。……今之性字，多是汉代学者改写的。"新出土的竹简已经动摇了这一论断，正如丁四新指出："在郭店简中，'性'皆假借'眚'字为之，'生''眚'二字的用法从不相混，即使是同一语境，甚至同一语句中，二者字形也是严格区别开来的。这已经彻底、真实地说明了虽然迄今在先秦遗文中尚未发现从心从生的'性'字，然而独立的'性'字其实已经严格而广泛地存在和使用了。"参见：《傅斯年全集》（卷二），湖南教育出版社 2000 年版，第 510 页；丁四新：《先秦哲学探索》，商务印书馆2015 年版，第 45 页。

孟子的贡献在于，他开始严格区分"性"与"命"的畛域，明确指出了儒家思想的重要原则。不同于亚里士多德将合乎理性看作人的特有活动，自孟子开始，儒家便将"仁义礼智"四德全体视为人与禽兽的根本区别，从而指点出人性本善。他强调说："仁义礼智，非由外铄我也，我固有之也，弗思耳矣。故曰：'求则得之，舍则失之。'或相倍蓰而无算者，不能尽其才者也。"（《孟子·告子上》）正因为这种善的本性根植于人自身之内，所以人们拥有充分的能力成为一个有道德的人。儒家正是主张人应该追求成为道德的人，孔子对于"德之不修""学之不讲"等事的忧虑，其实也是此种追求过程的体现。

　　与之相对，人所具备的满足感性欲求的能力只是必要条件之一，使欲望得以满足的其他条件是否能实现，则诉诸他人、地位、经济、环境、时运等因素。孟子将此类归之于"命"，认为"命"是"非人之所能为"者，并做出了这样的论断："莫之为而为者，天也；莫之致而至者，命也。"（《孟子·万章上》）在朱子看来，"天"与"命"是异名同实，只不过前者从生化的本原（天或理）的角度说，后者从人生遭遇的角度说，皆是强调富贵、死生、夭寿等事在经验世界中是变幻无常的不确定者。

　　另一方面，如果说感性欲求的满足感有一个阈值，那么它总是随着被满足而不断抬升，因而系于感性欲求的快乐是暂时性的，除非无止境地向外索求，否则便不能在时间上得以维持。对于个人而言，此种索求不仅"无益于得"，而且易使人的主宰意识在欲望中丧失，从而丧失作为人的特性，沦为禽兽之流。孟子批判说："耳目之官不思，而蔽于物，物交物，则引之而已矣。""仁，人心也；义，人路也。舍其路而弗由，放其心而不知求，哀哉！"（《孟子·告子上》）对于执掌权柄者而言，此种倾向甚至会在政治上产生更加败坏的结果，于是孟子表达了对执政者的一种担忧："师行而粮食，饥者弗食，劳者弗息。睊睊胥谗，民乃作慝。方命虐民，饮食若流。流连荒亡，为诸侯忧。从流下而忘反谓之流，从流上而忘反谓之连，从兽无厌谓之荒，乐酒无厌谓之亡。"（《孟子·梁惠王下》）由此就引向了儒者在"外王"层面的忧与乐，即对于社会治理的关心。

　　孟子见梁惠王，王立于沼上，顾鸿雁麋鹿，曰："贤者亦乐此乎？"孟子对曰："贤者而后乐此，不贤者虽有此，不乐也。"（《孟子·梁惠王上》）

齐宣王见孟子于雪宫。王曰："贤者亦有此乐乎?"孟子对曰："有。……乐民之乐者,民亦乐其乐;忧民之忧者,民亦忧其忧。乐以天下,忧以天下,然而不王者,未之有也。"(《孟子·梁惠王下》)

禹、稷当平世,三过其门而不入,孔子贤之。颜子当乱世,居于陋巷。一箪食,一瓢饮。人不堪其忧,颜子不改其乐,孔子贤之。孟子曰："禹、稷、颜子同道。禹思天下有溺者,由己溺之也;稷思天下有饥者,由己饥之也,是以如是其急也。禹、稷、颜子易地则皆然。"(《孟子·离娄下》)

可见儒家并非反对人们追求感性欲求上的满足,只是认为贤者应当"后乐"以及"乐以天下,忧以天下"。"后乐"表明,在儒家政治实践的目的排序中,上位治理者的自利快乐是处于末位的,至少不能先于下位民众的感性欲求。"乐以天下,忧以天下"则意味着儒家提倡上位者应当将天下民众的利益当作自身忧乐的对象。"天下"有地理、制度与价值三个层次:从地理上说,"天下"是当时中国人见闻所及的最遥远的范围;从制度上说,"天下"是以王畿为核心而向外分封建制的秩序观念;最重要的是秩序背后的价值,儒者突破了自身在制度伦理中的角色而延伸到天地万物。① 这三个层次无疑是连贯的,价值的实现有赖于秩序,秩序的建立则依附于地理。正如孟子明确指出:"君子之于物也,爱之而弗仁;于民也,仁之而弗亲。亲亲而仁民,仁民而爱物。"(《孟子·尽心上》)儒家对"天下"的情感关切也依远近亲疏的等差原则向外推扩,因而呈现在日常实践中是以孝悌为本,呈现在伦理制度上是一种差序格局,呈现在地理上是中国与四夷的世界图景。

但是,先秦儒家同时认为"天下"有着诸多不完满之处,这种不完满不仅体现在个人难以预测的人生遭遇,或者现实政治中华夏与蛮夷(或说文明与野蛮)并存的状况,也体现在万物不能各安其分,因而总是充满矛盾与冲突。《中庸》说:"天地之大也,人犹有所憾。"即使是持续生成覆载的天地,人也会不满其寒暑灾祸的无常。因而在更大的维度上,"后乐"或"乐以天下"只是理想的状态,"忧以天下"才是政治实践中的恒常情感。《系辞下》说:"《易》之兴也,其于中古乎?作《易》者,其有忧患乎?"作为群经之首

---

① 甘春松:《儒家"天下观"的再发现》,《探索与争鸣》2019年第9期,第117页。

的《易经》正是此种忧患之情的产物，是故当代新儒家的代表人物徐复观、牟宗三等人将周代产生的"忧患意识"视为中国哲学之重道德性的根源，并将其上升至一种悲悯的情感："这样的忧患意识，逐渐伸张扩大，最后凝成悲天悯人的观念。……天地之大，犹有所憾，对万物的不得其所，又岂能无动于衷，不生悲悯之情呢？儒家由悲悯之情而言积极的、入世的参赞天地的化育。"① 此种由忧患而生发的悲悯之情，其对象并不限于一时一地之人，而可以扩充到天地万物与后世百代。由此看来，"忧"的情感甚至是儒家的人生基调。

三、孔颜之乐：无对象之"真乐"

然而，如果儒家的"乐"不以感性欲求的满足为对象，"乐以天下"也只是一种理想的状态，在此"终身之忧"中，孔、颜的"不改之乐"如何可能呢？目前研究基本上都认同"孔颜之乐"与一种道德的生活方式有关。但是，孔子讲述此种"乐"的语境仍留下一个问题，即"道德之乐"与"贫困之忧"间的冲突。为了解决这一问题，有论者主张贫困处境仍是孔、颜之"乐"或"忧"的对象。本文则认为，孔、颜所展现的"乐"乃是一种无对象的情感，所以能够不因对象的变化而改变。为了支持上述观点，笔者将首先考察有对象的"七情之乐"的所有类型，并证明"孔颜之乐"不属于其中任何一类；接着再考察朱子、阳明等人的相关论说，以说明"七情"与"真乐"的区别。

在笔者看来，依据"对象"类型的差异，"有对象之乐"可以被分为三类：一是具体的、特定的事物与情境，比如，庄子在濠梁之上看见游鱼而感到快乐，游鱼便是乐的具体对象（《庄子·秋水》）；二是对于特定事物与情境的回忆或想象，比如，郑子产不知道校人已将鱼烹食，只听校人说将鱼放养于池子便觉得欣喜，游鱼便只是一种想象（《孟子·万章上》）；三是抽象的、形式的概念、命题或价值观念，比如，子路听到别人说他有过错就很高兴，他人的规劝中就包含规范命题（《孟子·公孙丑上》）。

回到孔子与颜子描述的情境，他们当时面对的是"饭疏食饮水，曲肱而

---

① 牟宗三：《中国哲学的特质》，联经出版社 2003 年版，第 13 页。

枕之"以及"一箪食，一瓢饮，在陋巷"这样具体的、贫困简陋的生活场景（即第一类"对象"）。他们对贫困处境的真实态度到底如何？根据目前的研究，论者所持无非"忧"与"乐"两种观点。认为"忧"的观点，如杨泽波在论述"孔颜之乐是道德之乐"时，就指出物质条件恶劣绝非一件快乐的事，由此默认了忧乐情感与物质条件"优劣"的必然联系，即使是孔、颜也无法避免。[①] 相反，认为"乐"的观点则意识到孔、颜始终没有对贫困处境表现出相应的忧虑，因此将"优劣"归于人的主观评价，从而否定了物质条件对于情感的决定作用。接着，此种观点又主张二人对物质条件没有欲求（如《韩诗外传》所谓"知足而无欲"），所以"孔颜之乐"也是"对物质生活的乐"[②]。

正如本文第二节所论，孔、颜确实不以感性欲求及其物质条件为忧虑对象，所以否定的观点恐怕难以成立。而肯定一方的论述则似是而非，因为混杂了以下多个不同的问题：一是"孔颜之乐"是否从主观认知上消除了物质条件的优劣之别？二是孔、颜对富贵是否没有欲求？三是"对物质生活条件的乐"是什么意思？前两个问题可以从《论语》文本探寻：

子曰："富与贵是人之所欲也，不以其道得之，不处也；贫与贱是人之所恶也，不以其道得之，不去也。"（《论语·里仁》）

子曰："富而可求也，虽执鞭之士，吾亦为之。如不可求，从吾所好。"（《论语·述而》）

宰我问："三年之丧，期已久矣。君子三年不为礼，礼必坏；三年不为乐，乐必崩。旧谷既没，新谷既升，钻燧改火，期可已矣。"子曰："食夫稻，衣夫锦，于女安乎？"曰："安。""女安则为之！夫君子之居丧，食旨不甘，闻乐不乐，居处不安，故不为也。今女安，则为之！"（《论语·阳货》）

首先，孔子并没有消除物质条件在认知上的优劣之别，而完全诉诸主观评

---

① 杨泽波：《"诡谲的即"与孔颜乐处》，《中山大学学报》（社会科学版）2010年第2期，第143页。

② 王春梅：《"孔颜之乐"："苦中作乐"还是"乐中之乐"？》，《孔子研究》2016年第2期，第68页。

价，相反，他对于物质上的富贵与贫贱有着明确的区分，从宰我问三年丧的例子来看，这种区分甚至是礼乐制度得以确立与实行的逻辑前提。① 其次，从孔子对人们对贫富态度的表述及其愿为执鞭之士来看，他既没有否定他人，也没有消除自身对富贵处境的欲求。另外，此种观点无异于是说，孔、颜想象了一个无贫富差别的生活情境（即第二类"对象"），从他们自身的视角便能对此感到快乐；但是，此种观点又引入了一个贫富有差的旁观者视角，从而得出了孔、颜为贫困生活而快乐的结论。综合以上三点，认为孔、颜在主观上消除客观物质之差别以形成对物质之乐，显然是有问题的。说孔、颜有"对物质条件的乐"不仅误解了二人对物质条件的态度，也混淆了两种考察的视角。

因此，上述两种立场对于他们共享的第一个前提（即物质条件是孔、颜忧乐的对象）的论证是失败的。在孔子述"乐"的语境中，不仅没有对属于第一类"对象"的贫困处境表现出忧乐情感，也没有创造属于第二类"对象"的幻象。② 如果这一前提确实不能成立，便只能说孔、颜之乐与贫富条件（以及自身感性欲求能否满足）无关，正如朱子所说："此乐与贫富自不相干，是别有乐处。"③

自此，《述而》《雍也》的两段文本已经无法给出答案，而必须诉诸《论语》中其他的论述。比如，孔子说不义的富贵如"浮云"，说"不以其道得之"的富贵不处、贫贱不去，其实都说明了其关注点不在于富贵与否，而在于符合道义与否。孔子曾直接表达说："君子之于天下也，无适也，无莫也，义之与比。"（《论语·里仁》）就此而言，连是否欲求、可否欲求都是取决于道义，而不是取决于物质条件。这就转向了上述两种立场都同意的（也是本文能够同意的）另一个观点："孔颜之乐"与道德的生活方式有关。

严格说，关于儒家思想中"道德"含义是一个有待讨论的问题。一方面，儒家内部存在着分歧（如孟子和荀子），另一方面，目前学界倾向于以义务

---

① 《仪礼》中的丧服制度或许是一个更为明显的例子，依据丧期与服制美恶的不同，所象征的亲缘关系与表达的情感深度也不一样。

② 之所以要强调孔子述"乐"的语境，是因为此种"乐"与贫富处境有着某种关系。脱离了这个语境，孔子也可能以第二类"对象"为乐，譬如曾点所描述的"浴乎沂，风乎舞雩，咏而归"场景。（《论语·先进》）

③ 朱熹：《朱子语类（二）》，朱杰人等主编：《朱子全书（修订本）》（第15册），上海古籍出版社、安徽教育出版社2010年版，第1237页。

论、后果论与美德论等西方伦理学理论作解，但由于各自的取径不同，从而造成对概念的理解也大相径庭。不过，不论是何种理解进路，都必须对人性提供一种说明，并给出行为的规范。同样，孔孟所说的"仁义礼智"不仅有内在德性的层面，也具有外在规范的层面。

> 子曰："人而不仁，如礼何？人而不仁，如乐何？"（《论语·八佾》）
>
> 颜渊问仁。子曰："克己复礼为仁。一日克己复礼，天下归仁焉。为仁由己，而由人乎哉？"颜渊曰："请问其目。"子曰："非礼勿视，非礼勿听，非礼勿言，非礼勿动。"颜渊曰："回虽不敏，请事斯语矣。"（《论语·颜渊》）

孔子所强调的"道"与"义"正是内在德性与外在规范的统一。表面上看，孔、颜"乐"的对象似乎是"四勿"之类的规范性命题，或者是"自身体现德性或符合规范"的事实（即第三类"对象"）。前者是对规范性命题的知识性了解，比如子路听到他人的批评，就知道了某件事"不应当如何行动"；后者则是形成对"自身体现德性或符合规范"这一事实的认知。事实上，两者均不可能是"孔颜之乐"的对象。首先，儒家确实赞赏闻过而喜，比如孟子称子路"乐趣于人以为善"（《孟子·公孙丑上》），但并不认同因善而乐，比如颜子述志时说"愿无伐善"（《论语·公冶长》），即是不以自身之善而自矜。其次，孔子曾说："不仁者不可以久处约，不可以长处乐。"（《论语·里仁》）他对颜子的赞美在于其乐之"不改"，说明"孔颜之乐"至少应当能够作为常态而维持。而"子路之喜"有赖于见闻或学问的扩展，属于博学之乐，这固然是儒家重视的一面；但此"喜"只是针对认知的满足，当其无法及时落实于行动时，子路就表现出"有闻，未之能行，唯恐有闻"（《论语·公冶长》）。所以，在孔子特地点出的贫困处境之下，"子路之喜"或"伐善"都不可能是一种可长处之乐。

如果以上论述没有严重的纰漏，那么就说明为"孔颜之乐"设定一个对象的想法并不可行，而只能转向朱子、王阳明等宋明儒者的理解进路。宋明儒家是从道德认知与行动的圆满状态出发去理解"孔颜之乐"，在此种状态下，道义不是情感的对象，相反，情感是从出于道义且合于道义的行动中产生的。

比如程子说："使颜子以道为可乐而乐乎，则非颜子矣。"① 朱子说："谓非以道为乐，到底所乐只是道。非道与我为二物，但熟后便乐也。"② 都是在强调孔、颜与道义之间并不是对待的关系，指明"孔颜之乐"是"与道为一"的浑融之乐。值得一提的是，在朱子看来，孔子之乐与颜子之乐虽然"大纲相似"，但还是存在微妙的区别：

> 恭父问："孔颜之分固不同。其所乐处莫只一般否？"曰："圣人都忘了身，只有个道理。若颜子，犹照管在。"③
> （行夫）曰："夫子自言疏食饮水，乐在其中，其乐只一般否？"曰："虽同此乐，然颜子未免有意，到圣人则自然。"④

换言之，对于孔子而言，其心之所欲、身之所行是自然而然地合于道义，这是一种修身工夫的完成状态，由此而产生乐的情感；颜子虽然可以做到"不改其乐"与"其心三月不违仁"，但朱子认为这仅仅是"不改""不违"，与"忘身""自然"的程度仍有一段距离。也就是说，颜子之心在实践中未能与道义完全合一，所以仍需照管省察的工夫，而省察是在自我与对象（道义）的对照中进行的。总之，一个人将道义作为一种追求或参照的对象，本身就意味着修身工夫的未完成，从而未能到达完满的境界。不过朱子仍肯定颜子之乐是"元有此乐"，与孔子之乐只是深浅上的区别。

王阳明在前人的基础上，明确将此种无对象的"真乐"区别出来。他多次强调"乐是心之本体"，在此种"乐"之本体观念里，人心本是"以天地万物为一体，欣合和畅，原无间隔"，所以此种"乐"是人类本然的、自发的情

---

① 程颢、程颐：《河南程氏粹言》，《二程集》，中华书局1981年版，第1237页。
② 朱熹：《朱子语类（二）》，朱杰人等主编：《朱子全书（修订本）》（第15册），上海古籍出版社、安徽教育出版社2010年版，第1132页。
③ 朱熹：《朱子语类（二）》，朱杰人等主编：《朱子全书（修订本）》（第15册），上海古籍出版社、安徽教育出版社2010年版，第1127页。
④ 朱熹：《朱子语类（二）》，朱杰人等主编：《朱子全书（修订本）》（第15册），上海古籍出版社、安徽教育出版社2010年版，第1127页。朱子与弟子在关于颜子"愿无伐善，无施劳"之志的讨论中，也表达了类似的意思。参见《朱子语类》卷二九。

感，而自身的私意与物欲导致了"始有间断不乐"①。

> 来书云"昔周茂叔每令伯淳寻仲尼颜子乐处，敢问是乐也。……君子之心常存戒惧是盖终身之忧也恶得乐？……"乐是心之本体，虽不同于七情之乐，而亦不外于七情之乐；虽则圣贤别有真乐，而亦常人之所同有，但常人有之而不自知。②

> 问："乐是心之本体，不知遇大故，于哀哭时，此乐还在否？"先生曰："须是大哭一番了方乐，不哭便不乐矣；虽哭，此心安处是乐也；本体未尝有动。"③

> 先生曰："乐是心之本体。顺本体是善，逆本体是恶，如哀当其情，则哀得本体，亦是乐。"④

> 问喜怒哀乐。师曰："乐者，心之本体也。得所乐则喜，反所乐则怒，失所乐则哀，不喜不怒不哀时，此真乐也。"⑤

可以看到，阳明认为"真乐"与"七情之乐"是不同层次的，但是作为"乐"的情感，二者本身又是相同的。在此，阳明并没有明确说明它们的同异之处在哪里，但我们可以从"真乐"与"七情"之哀的关系中见出端倪。在阳明看来，"真乐"才是人心原本恒常的情感，虽然人在特定的事件中面对特定的对象，总是合理而自然地表现出其他的情感，但心安却能同时存在。等到特定事件结束之后，此种心安之乐又会重新成为人的主要身心状态。而"七情之乐"作为一般情感，显然总是需要一个对象来引发。就此而言，"真乐"有着比"七情"更加根本的、独特的地位，它本身就是一种自然的存在，有

---

① 王守仁：《与黄勉之》，吴光等主编：《王阳明全集（新编本）》（第一册），浙江古籍出版社 2010 年版，第 207 页。

② 王守仁：《传习录》，吴光等主编：《王阳明全集（新编本）》（第一册），浙江古籍出版社 2010 年版，第 75－76 页。

③ 王守仁：《传习录》，吴光等主编：《王阳明全集（新编本）》（第一册），浙江古籍出版社 2010 年版，第 122 页。

④ 王守仁：《阳明先生遗言录下》，吴光等主编：《王阳明全集（新编本）》（第五册），浙江古籍出版社 2010 年版，第 1605 页。

⑤ 王守仁：《稽山承语》，吴光等主编：《王阳明全集（新编本）》（第五册），浙江古籍出版社 2010 年版，第 1611 页。

着向外发显的动力。人能否处于"真乐"之中,只与人是否顺着"本体"行动(即为善)有关,而不会与"七情"产生冲突。甚至说,为善之事也必须通过"七情"来实现。

结语

孔子说:"士志于道,而耻恶衣恶行者,未足与议也。"(《论语·里仁》)在儒家看来,有志于"道"的人显然不能以感性欲求为忧乐的对象。因此,一个真正的儒者会为了个人的修身成德、迁善改过之事而忧虑,也会为了天下人的基本利益乃至于天地万物而忧虑。这一层次忧、乐乃至于"七情"都属于有对象的一般情感,尽管儒者可能会有"子路闻过"式的喜悦之情,但这终究只是获得新知的喜悦,只是短暂的喜悦,此种喜悦之情无法与关切天地万物的"终身之忧"相比拟。因此,这一层次上"忧"具有比"乐"更加深刻的内涵。而"孔颜之乐"显然不同于"子路之喜",也不同于任何有对象的乐情,王阳明便称其为"真乐"。倘若用孟子的话来区别,"真乐"便是"由仁义行"而获得的心安之乐。如果将"道"或"仁义"视为对象,要么由于认知上的满足而快乐,而缺乏行动维度的不完满之乐;要么由于"行仁义"而快乐,只是对自身行为符合道义的自满。应该看到,"由仁义行"也有境界上至与不至、熟与不熟的问题,有如朱子指出孔、颜二人之乐的微妙区别,孔子完全达到了义精仁熟,从而心之所欲、身之所行自然合于理的完满境界,而颜子犹有刻意做工夫的意思,在境界上仍有不够圆满之处。但无论如何,孔子之乐与颜子之乐是同一种层次的情感。

正因为"孔颜之乐"是无对象的情感,王阳明甚至将其视为"心之本体",无须依赖任何外物的引发,就能够自然流露、自然发显。可以说,"七情"从属于"真乐",只有"七情"依据道义而发动时,才可能实现此种"真乐"。就此而言,一切有对象的情感最终都是以此无对象的"真乐"为归宿。正如朱子所说:"圣贤之道,进则救民,退则修己,其心一而已矣。"[1] 对"修德""讲学"之事的忧虑,对"天下"的忧乐,对"天地万物"的关切,都

---

① 朱熹:《四书章句集注》,中华书局 2011 年版,第 278 页。

是出于仁义的情感，都构成了儒者的"此心安处"。不论阳明所预设的"乐"的"本体"论能否被现代人所接受，此种"真乐"的情感状态确实可以在日常生活中被体验。此外，阳明无疑提出了一个有趣的见解，他将"七情"与"真乐"相容地放置于同一时间的心理状态中，由此产生了理论的张力。如何去解释"七情"与"真乐"在心理状态中的共存问题？在笔者看来，这实际上蕴含着一条从道德心理学去探寻"孔颜之乐"之所以可能的路径，本文限于篇幅，只能留待另文探讨。

论儒家的忧乐与生命境界

何家英*

（成均馆大学儒学大学院儒学系，韩国首尔　03063）

【摘要】儒家之忧，忧人之生命境界。儒家之乐，乐人之生命境界。儒家的乐，由感受到自然天地境界的心灵之乐，进而显现为德性境界之乐、仁者境界之乐、君子境界之乐。儒家的忧，忧的从来不是心身生命以外的事物，而是忧其心灵不能感悟并实践更高层次的生命境界。人的生命境界并不只是作为儒家的理想境界而出现，而是对于当代社会人之心身生命具有价值意义。只有道德智慧心灵才能引领我们实现人道德生命之价值，只有自然无私才能实现人道德生命之价值！

【关键词】儒家；心灵；道德；仁；忧；乐

儒家的圣人忧人之忧，乐人所乐，而他又超越了一般人的所忧与所乐。儒学是一门极度关照个人生命的学问，儒家圣人忧人之生命，乐人之生命。因此儒家圣人的所忧与所乐也离不开个体生命的忧与乐，它并非遥不可及，而是贴近我们每一个个体生命。忧与乐既对立，又相融，儒家圣人忧人之生命不能乐，乐人之生命无所忧，本文以儒家的"乐"作为出发点，洞悉儒家乐人之生命之所乐之处，反观儒家忧人之生命之所忧，试图揭示其当代社会价值。

一、心灵之乐：自然天地境界的显现

儒家学说以"人"为立足点，不仅关照人的个体生命，也极度关照人的

---

* 作者简介：何家英，韩国成均馆大学儒学大学院儒学系中国儒学专业，博士研究生。

个体心灵。最为人所熟知的有颜回的箪食瓢饮之乐、孔子的饭疏食饮水之乐：

> 一箪食，一瓢饮，在陋巷，人不堪其忧，回也不改其乐。①
> 饭疏食，饮水，曲肱而枕之，乐亦在其中矣。②

　　面对同一场景，有的人可能感受到的是穷困潦倒、穷途末路，而孔子与颜子是随遇而安的恬淡之乐。原因何在呢？《吕氏春秋》云："乐之弗乐者，心也。"③ 人能感受到乐，是因为心灵在感受乐。生活中我们伤心难过之时，即使呈上山珍海味，吃起来也会与一般的食物并无两样，伤心难过之极，甚至会食不下咽。这是为什么呢？《吕氏春秋集释·仲夏纪》中解释说："口之情欲滋味，心不乐，五味在前弗食。"④ 即使美食在前，我们的心灵不快乐，美食也尝不出滋味。所以《大学》中说："心不在焉，视而不见，听而不闻，食而不知味。"⑤ 人的乐与不乐，是心灵的乐与不乐。

　　心灵之乐抽象难以理解，何为心灵之乐？首先考察何为乐。许慎的《说文解字》与段玉裁的《说文解字注》中说：

> 乐，五声八音總名。象鼓鞞。木，虞也。⑥
> 乐记曰。感于物而动。故形于声。声相应。故生变。变成方。谓之音。比音而乐之。及干戚羽旄谓之乐。音下曰。宫商角征羽、声也。丝竹金石匏土革木、音也。乐之引伸为哀乐之乐。⑦

　　由上文可知，乐的本义是五声八音相比而成乐。因为音乐使人和谐愉快，故"乐（yuè）"字后来转声为喜悦欢乐的"乐（lè）"。因此《礼记·乐记》

---

① 朱熹：《四书章句集注·论语集注》，中华书局 2013 年版，第 87 页。
② 朱熹：《四书章句集注·论语集注》，中华书局 2013 年版，第 79 页。
③ 许维遹撰，梁运华整理：《吕氏春秋集释》，中华书局 2008 年版，第 114 页。
④ 许维遹撰，梁运华整理：《吕氏春秋集释》，中华书局 2008 年版，第 114 页。
⑤ 王文锦译解：《礼记译解》，中华书局 2020 年版，第 930 页。
⑥ 许慎撰：《说文解字·木部》，中华书局 2013 年版，第 119 页。
⑦ 段玉裁注：《说文解字注·木部》（清嘉庆二十年经韵楼刻本），上海古籍出版社 1981 年影印经韵楼藏版，第 1069 页。

中说："乐者，乐也。""乐"可以使人感到快乐，因此"乐（yuè）"也就是"乐（lè）"。就此而言，儒家所讲的音乐不是我们生活中所认知的音乐，而是显现着自然天地境界的大乐（yuè）。

乐着大始。①
乐由天作。②
流而不息，合同而化。③

儒家的乐（本段"乐"字皆读作 yuè）由来已久，乐本自于太始，法自然天地而来。乐之本，源自于自然天地。乐并非指黄钟大吕，也非指弦歌干扬，而是指乐法自然天地川流变化不息，流转不止，合天地，万物而化的境界。这种乐不是凭空而来，乐法自然天地而作，最初是通过人纯净的心灵感受将自然天地的境界呈现出来。《礼记·乐记》中说：

人生而静，天之性也。④

人心灵的平静是天生的，而音乐的产生，也正是由人心而发的。

是故其哀心感者，其声噍以杀。其乐心感者，其声啴以缓。其喜心感者，其声发以散。其怒心感者，其声粗以厉。其敬心感者，其声直以廉。其爱心感者，其声和以柔。六者，非性也，感于物而后动。⑤

人心感万物而应，因此有了悲哀的感受，发出的声音就焦急而短促；人心感万物而应，因此有了快乐的感受，发出的声音就宽裕而舒缓；人心感万物而应，因此有了愤怒的感受，发出的声音就粗犷而严厉；人心感万物而应，因此

---

① 王文锦译解：《礼记译解·乐记》，中华书局 2020 年版，第 555 页。
② 王文锦译解：《礼记译解·乐记》，中华书局 2020 年版，第 552 页。
③ 王文锦译解：《礼记译解·乐记》，中华书局 2020 年版，第 553 页。
④ 王文锦译解：《礼记译解·乐记》，中华书局 2020 年版，第 547 页。
⑤ 王文锦译解：《礼记译解·乐记》，中华书局 2020 年版，第 543 页。

有了崇敬的感受，发出的声音就正直而端方；人心感万物而应，有了爱慕的感受，发出的声音就温和而柔顺。这六种声音与感受并非人们的纯净心灵原本就具有，而是人们的内心受到外界事物影响才造成的。

人心感于外物而动，因此人心是可以通过"乐"来调和的。人的心灵感受到快乐并不是因为优美的乐曲忘却了忧愁，产生了快乐，而是"非听其铿锵而已也，彼亦有所合之也"①。人的心灵常常因外在事物无法快乐，通过与自然天地境界的乐相合，可以使心灵有感于天地，遂与天地相映，感受到自然天地的境界，并以此为乐。因此人的心灵之乐就是乐自然天地。

孔颜之乐，已然不需要用音乐来作为媒介让自己的心灵快乐，孔颜心中已然与自然天地相和乐。因此影响人的乐与不乐不关乎于外在事物，而是关乎于心灵。孔颜之乐正是用智慧的心灵感受到了自然天地的境界，因此感到了心灵之乐。孔颜乐处乐在自然天地，孔颜乐处乐在自然天地境界在心中。借用庄子的一句话形容之："吾与日月参光，吾与天地为常。"② 孔子感慨道："逝者如斯夫！不舍昼夜。"③ 所以孔子赞颜回"人不堪其忧，回不改其乐"。孔颜之乐，乐其所生也，是儒家至高人生境界的显现！

二、德性之乐：心灵之乐的显现

孔子正是真切感悟到心中的自然天地境界，所以说："天何言哉？四时行焉，万物生焉，天何言哉？"④ 感叹自然天地生生不息，流转万千，养育万物。孟子也曾说，自然天地，日月星辰，万事万物不仅存在于外面的世界，也存在于人的心身之中，只不过人们没有发现而已。孟子告诉我们说：

万物皆备于我。反身而诚，乐莫大焉。⑤

---

① 王文锦译解：《礼记译解·乐记》，中华书局 2020 年版，第 570 页。
② 方勇译注：《庄子》，中华书局 2017 年版，第 166 页。
③ 朱熹：《四书章句集注·论语集注》，中华书局 2013 年版，第 113 页。
④ 朱熹：《四书章句集注·论语集注》，中华书局 2013 年版，第 181 页。
⑤ 朱熹：《四书章句集注·孟子集注》，中华书局 2013 年版，第 367 页。

人为自然天地的结晶，人的心身具备了万事万物的境界。反观来明察自己，就会发现心身皆备。何为人的心身具备了万事万物的境界？

诚则明，明则诚。①
大学之道，在明明德。②

由此可知，人心身本就具备的万事万物，就是人本来就具有的光明的德性。反身而诚，是要反身而明，明何？明明德。反观自身就具有的光明德性。因此，明察，即发现自己本来就有的光明德性，是孟子所说的人生命的最大乐事。何为人的光明德性？下文中说：

惪，外得于人，内得于己也。从直从心。③
德：升也。从惪声。④

许慎《说文解字》将德分为"德""惪"为两字，并分别加以解释：惪，外得于人，内得于己也。德，升。段玉裁《说文解字注》注"惪"字曰：

内得于己谓身心所自得也。外得于人谓惠泽使人得之也。俗字假德为之。⑤

因此德有两个面向，内得于己与外得于人。内得于己谓身心所自得也，即是发现人心中的自然天地境界并显现于己心身，即发现人本来就具有的德性；外得于人谓惠泽使人得之也，即是运用智慧心灵启迪他人亦令他人发现人本身就具有的德性。当人可以到达这种境界时，就如在大海中航行，有了指南针的

---

① 王文锦译解：《礼记译解·中庸》，中华书局 2020 年版，第 815 页。
② 王文锦译解：《礼记译解·大学》，中华书局 2020 年版，第 925 页。
③ 许慎撰：《说文解字卷十·心部》，中华书局 2013 年版，第 216 页。
④ 许慎撰：《说文解字卷二·彳部》，中华书局 2013 年版，第 37 页。
⑤ 段玉裁注：《说文解字注·心部》（清嘉庆二十年经韵楼刻本），上海古籍出版社 1981 年影印经韵楼藏版，第 2019 页。

引领，就不会在大海中迷失方向。

如何才能显现每个人本身就具有的光明德性呢？《礼记》中说：

薄于德，虚于礼。①
礼乐皆得，谓之有德。②

由此可知，礼的核心在于德，因此人要真正体礼修身，才能由习礼变成有德之人。"礼"也不是凭空而来强行加在人身上的行为规范，追本溯源，孔子说礼的本源，是"无体之礼，无服之丧"③。没有仪节而有着诚敬的礼，没有服制而有着同情的丧。无体之礼、无服之丧就是看也不见，听也不到，摸也不着的，没有外在感观的礼，然而这种情意确确实实地充满在天地之间，是"大乐与天地同和，大礼与天地同节"④。因此"礼也者，理也。君子无理不动，无节不作"⑤。礼法天地而作，理是一种恒常不变的存在。因此孔子要求人的一举一动、一言一行，都要符合礼的标准。通过习"礼乐"修身正心，可以称作得德之人。

因此孔子有"不义而富且贵，于我如浮云"之乐。孔子正是明察自身的德性，因此对于不符合道义的富贵，视之为浮云。《大学》中说："德者本也，财者末也"⑥，即做有德性之人，是为人之根本。孔子并非厌恶财富，而是厌恶失掉德性根本而获得的财富。没有义德做基础的财富，最终会烟消云散。儒家圣人的心灵正是明察于事物的本末，因此对于不符合根本的事物，当然是浮云一般的存在了。

综上可知，用智慧心灵发现人的德性，是人心灵境界的显现。孟子乐万物皆备于我，正是乐人可以通过智慧心灵发现人的德性。孔子也正是因通晓了为人之根本，才会轻不义，自得（德）其乐。

---

① 王文锦译解：《礼记译解·仲尼燕居》，中华书局 2020 年版，第 769 页。
② 王文锦译解：《礼记译解·乐记》，中华书局 2020 年版，第 546 页。
③ 王文锦译解：《礼记译解·孔子闲居》，中华书局 2020 年版，第 773 页。
④ 王文锦译解：《礼记译解·乐记》，中华书局 2020 年版，第 550 页。
⑤ 王文锦译解：《礼记译解·仲尼燕居》，中华书局 2020 年版，第 769 页。
⑥ 王文锦译解：《礼记译解·大学》，中华书局 2020 年版，第 935 页。

三、仁者不忧：德性境界的显现

《吕氏春秋》中有一段记载孔子身处困境，不但不忧且乐而抚琴起舞的事例。

孔子穷於陈、蔡之间，七日不尝食，藜羹不糁。宰予备矣，孔子弦歌於室，颜回择菜於外。子路与子贡相与而言曰："夫子逐於鲁，削迹於卫，伐树於宋，穷於陈、蔡。杀夫子者无罪，藉夫子者不禁，夫子弦歌鼓舞，未尝绝音。盖君子之无所丑也若此乎？"颜回无以对，入以告孔子。孔子愀然推琴，喟然而叹曰："由与赐小人也。召，吾语之。"子路与子贡入，子贡曰："如此者，可谓穷矣！"孔子曰："是何言也？君子达於道之谓达，穷於道之谓穷。今丘也拘仁义之道，以遭乱世之患，其所也，何穷之谓？故内省而不疚於道，临难而不失其德，大寒既至，霜雪既降，吾是以知松柏之茂也。昔桓公得之莒，文公得之曹，越王得之会稽。陈、蔡之厄，於丘其幸乎！"孔子烈然返瑟而弦，子路抗然执干而舞。①

孔子在陈国、蔡国之间处于困境，七天没吃粮食，煮的野菜里也没有米粒。宰予饿极了，孔子在屋里用瑟伴奏唱歌，颜回在外面择野菜。子贡对孔子说像现在这种情况，可以说是困窘了。孔子回答他，自己固守仁义之道，因而遭受混乱世道的祸患，这正是应该得到的处境，怎么能叫困穷呢？所以，反省自己，内心无愧于仁义之道，面临灾难，仍不丧失自己的道德。说罢烈然而返，威严地重新弹起琴来，子路更加有力地拿着盾牌跳起舞来。

孔子虽遭遇乱世，仍不改其志向，还能拨弦抚琴，自得其乐。这是因为孔子的心灵感知到为人道德恒常不会因周遭环境而改变，因此而乐得仁义之道。

---

① 许维遹撰，梁运华整理：《吕氏春秋集释》，中华书局 2008 年版，第 338 页。

孔子说："夫困之为道，从寒之及暖，暖之及寒也，唯贤者独知而难言之也。"① 困境所含的道理，就好比从严寒到温暖，从温暖到寒冬。经过严寒之后，温暖的春天会到来，经过温暖的春天之后，严冬会到来。这些只有贤德的人能够了解，有些人却不能明白。仁义之道不会因乱世改变，大道也不会因乱世而消失，孔子虽临难，乐得坚守为人正道。时刻谨言慎行，警惕自己的德性是否与正道相合，思言行是否顺正道而行。正如来知德说："事有快乐于心者，则奋然而行之，忘食忘忧之类是也。事有拂逆于心者，则顺适而背之，伐木绝粮之类是也。违者，背也，言不以拂逆为事，皆置之度外。如困于陈蔡，犹援琴而歌是也。盖不易乎世，不成乎名，则必遁世而不见信于人矣，而圣人皆无闷焉。是以日用之间，莫非此道之游衍。凡一切祸福毁誉如太虚浮云，皆处之泰然。此所以乐则行，忧则违，忧乐皆无与于己而安于所遇矣。"② 孔子心灵体道德之恒常，因此境不拂逆于心，而自安于遇，似山之泰然，是道德之日用也。因此孔子说：

仁者乐山。③

我们都知道，在《论语》中，记载孔子说过仁者乐山，而仁者为何乐山，《论语》并没有向我们详细说明。我们同孔子的弟子子张一样，希望能进一步明白仁者为何乐山，于是就有了弟子子张向孔子请教仁者为何乐山的下面一段对话。

《尚书大传》曰：子张曰："仁者何乐于山也？"孔子曰："夫山者，岿然高。""岿然高则何乐焉？""夫山，草木生焉，鸟兽蕃焉，财用殖焉。生财用而无私为，四方皆伐焉，每无私予焉。出云风以通乎天地之间，阴阳和合，雨

① 刘向撰：《说苑》（景平湖葛氏传朴堂藏明抄本），收入张元济主编：《四部丛刊初编·子部》，《说苑五·佚文》（第331册），上海商务印书馆1922年再版景印本，第124页。

② 知来德撰：《周易集注》，收入纪昀奉敕编纂：《钦定四库全书·经部一·易类·周易集注》（卷一），上海点石斋石印本1894年版，第40页。

③ 朱熹撰：《四书章句集注·论语集注》，中华书局2013年版，第90页。

露之泽，万物以成，百姓以飨，此仁者之所乐于山者也。"①

在《尚书大传》中子张问孔子，仁者为何能乐于山？孔子回答，你看山，它是多么高啊！巍然耸立着。子张疑问，就因为山高，所以就喜欢吗？这与仁有何关系？孔子回答，就在这高高的山上，草木生长着，鸟兽繁殖着，财富和人们所用的东西也由此生产着，是多么的无私啊。高山生产了财物却并不认为是私有的，四面八方的人都可以来伐取，每每都能无私给予。风云从山中飘出去，通达于天地之间，阴阳协调，雨露滋润万物，使万物得以成功，使百姓得以享用，这才是仁者喜欢山的根本原因。由此可知，孔子赞扬高山的美好品质，并以拥有此美好道德品质为乐。因此"仁者乐山"，乐其能如山一样庄严肃穆，安于义理而厚重不迁。孔子身处困境而不感到忧虑，正是显现了自然天地高山之德，孔子正是明道懂理，所以内心平和，遇到风浪也能泰然自若、岿然不动，以自身能显现人之道德为乐。

关于仁的内容，《论语》中记录了很多孔子向弟子讲授关于行仁的对话，孔子的弟子颜渊、仲弓、司马牛、樊迟都曾问孔子何为仁，孔子的回答各不相同，如：

樊迟问仁，子曰："爱人。"②
孝悌也者，其为仁之本与。③
樊迟问仁。子曰："居处恭，执事敬，与人忠。虽之夷狄，不可弃也。"④
宰我问曰："仁者，虽告之曰：'井有仁焉。其从之也？'"子曰："何为其然也？君子可逝也，不可陷也；可欺也，不可罔也。"⑤
能行五者于天下为仁矣。请问之。曰："恭、宽、信、敏、惠。恭则不

① 李昉等撰：《太平御览》（中华学艺社借照日本帝室图书寮京都东福寺东京静嘉堂文库藏宋刊本），收入张元济主编：《四部丛刊三编》，《太平御览·四百一十九·人事部六十·仁德》，上海商务印书馆 1936 年再版景印本，第 296 册，第 67 页。
② 朱熹撰：《四书章句集注·论语集注》，中华书局 2013 年版，第 140 页。
③ 朱熹撰：《四书章句集注·论语集注》，中华书局 2013 年版，第 48 页。
④ 朱熹撰：《四书章句集注·论语集注》，中华书局 2013 年版，第 147 页。
⑤ 朱熹撰：《四书章句集注·论语集注》，中华书局 2013 年版，第 90 页。

侮，宽则得众，信则人任焉，敏则有功，惠则足以使人。①

由此可知，仁有不同的表达方式，从而体现仁也有不同的行为方式。宰我于孔子问仁的对话更令人寻味。宰我问，作为一个仁德的人，如果有人告诉他有个仁慈的人落井了，他会不会跳下去救人。孔子回答他，怎么能这样？君子可以去救人，但不可能让君子掉入陷阱之中；可以欺骗君子，但不可能愚弄君子。说明仁人首先要有爱他人之心灵，才会去救助处在危难之中的人，而仁人并非现实生活中的老好人，受别人的任意欺辱，说明仁中本即有智。《春秋繁露·必仁且智》中云，"故仁者所以爱人类也，智者所以除其害也"②。就仁和智的关系看，仁是爱人的情意，智就是保证正确施爱的条件。

因此孟子说君子有三乐：

父母俱在，兄弟无故，一乐也。仰不愧于天，俯不怍于人，二乐也。得天下英才而教育之，三乐也。③

父慈子孝为仁，与人忠诚为信，长友幼恭为礼，上义下忠为义。孝顺父母，友爱兄弟为仁德之乐，体现在父子之道，父慈子爱。义德之乐体现在行事而无愧于天地之间，《春秋繁露》中云："以义正我""义之言我也"④，体现在用礼的标准要求自己，行正行，做到无愧于人。得天下英才以教之，以仁为质，智之以行。

由上文可知，仁的内容包含了礼、义、忠、孝等多个方面，那么何以为施行仁的关键？《论语》中说：

子贡曰："如有博施于民而能济众，何如？可谓仁乎？"子曰："何事于仁，必也圣乎！尧舜其犹病诸！夫仁者，己欲立而立人，己欲达而达人。能近

---

① 朱熹撰：《四书章句集注·论语集注》，中华书局 2013 年版，第 178 页。
② 苏舆撰，钟哲点校：《春秋繁露义证》，中华书局 2013 年版，第 252 页。
③ 朱熹撰：《四书章句集注·孟子集注》，中华书局 2013 年版，第 361 页。
④ 苏舆撰，钟哲点校：《春秋繁露义证》，中华书局 2013 年版，第 243 页。

取譬，可谓仁之方也已。"①

由此可知，仁就是要广博地施于他人，孔子解释到：己欲立而立人，己欲达而达人。所谓仁，是说自己想站起来，就帮助别人站起来；自己想开拓发展，就帮助别人开拓发展。换言之，以己心推人心，就是"仁者爱人"。这是孔子所说的施行仁的切入点，也是关键点，由己心推人心，因此才会展现出仁多个面向的内容。孔子说：

志于道，据于德，依于仁。②

这里的道，是指为人之道。朱熹说，志者，心之所之之谓，道，则人伦日用之间所当行。《周易·说卦》中说，"立人之道曰仁与义"③。志于道，依据人的仁义之道；据于德，即行礼乐（前章所述行礼乐显现人的德性），归依于仁，仁的核心为"以己推人""爱人"，仁正是无己之私，才可能有多个面向的内容。因此最终要依据仁来行事。孔子以仁为一切的纲领，正是因为仁体现了自然天地之大德。因此仁者不忧，仁者乐山，是乐其用智慧的心灵发现自然天地境界显现人之道德，并运用到人的日常生活交往之中。

四、儒家的忧与乐

孔颜因纯净心灵感受到自然天地的境界而乐，孟子因知道人自身具有道德而乐，孔子因仁者能运用到日常生活中而乐。那么儒家的圣人会有忧吗？首先从孔子讲忧与乐的对话来看。

子路问于孔子曰："君子亦有忧乎？"子曰："无也。君子之修行也，其未得之，则乐其意；既得之，又乐其治。是以有终身之乐，无一日之忧。小人则

---

① 朱熹撰：《四书章句集注·论语集注》，中华书局2013年版，第91页。
② 朱熹撰：《四书章句集注·论语集注》，中华书局2013年版，第94页。
③ 黄寿祺、张善文撰：《周易译注》，中华书局2006年版，第546页。

不然，其未得也，患弗得之；既得之，又恐失之。是以有终身之忧，无一日之乐也。①

司马牛问君子。子曰："君子不忧不惧。"曰："不忧不惧，斯谓之君子已乎?"子曰："内省不疚，夫何忧何惧?"②

子路问孔子，君子是否也会有忧愁的事情，孔子说君子无忧，没有什么可以忧虑的，是以君子之修论无忧。修君子之道而未能得君子之道，是乐得有修道之志，修君子之道而成君子，是乐得其实践了君子之道。孔子并没有因修君子之道不成忧虑、难过，而是因能以正道持之以恒坚持修身而感到快乐。司马牛问君子于孔子，孔子说君子不忧不惧，这里的不忧与不惧不是面对外界环境的不忧和不惧，而是因无愧于君子的"内省自察"之道，所以无忧无惧。由此可知，孔子说的君子"有终生之乐，无一日之忧"是指对于践行"君子之修"而产生的快乐。

修君子之道要成君子，那么何为君子?《孔子家语》中说：

孔子曰："所谓君子者，言必忠信，而心不怨；仁义在身，而色无伐；思虑通明，而辞不专；笃行信道，自强不息，油然若将可越，而终不可及者，君子也。"③

《孔子家语》中，孔子将人格分成了五类，其中一类为君子。君子言必行，行必正，身有仁和义的美德而没有自夸的表情，考虑问题明智通达，话语委婉。遵循仁义之道努力实现自己的理想，自强不息。

儒家圣人也谈论君子之忧，君子为何而忧? 是否与上文君子无忧所矛盾?

---

① 王肃注：《孔子家语》（景江南图书馆藏明覆宋刊本），收入张元济主编：《四部丛刊初编》，《孔子家语二·在厄二十》，上海商务印书馆 1922 年再版景印本，第 310 册，第 68 页。
② 朱熹撰：《四书章句集注·论语集注》，中华书局 2013 年版，第 134 页。
③ 王肃注：《孔子家语》（景江南图书馆藏明覆宋刊本），收入张元济主编：《四部丛刊初编》，《孔子家语一·五仪解》，上海商务印书馆 1922 年再版景印本，第 310 册，第 58 页。

君子忧道不忧贫。①

君子所以异于人者，以其存心也。君子以仁存心，以礼存心。君子有终身之忧，无一朝之患也。②

当有人用"君子忧道不忧贫"来称赞别人时，我们会说此人心存天下，志向高远，不担心自己的贫穷富贵，一心专注于修道之事。恰恰相反，孔子所讲的君子忧道不忧贫，不是两耳不闻窗外事，一心只读圣贤书，而是时刻反省自查自己的行为，是否待人忠信、行为谦逊有礼、尊敬上级、关心群众疾苦，用人是否符合道义。孟子更加点明，君子与一般人不同，君子能做到用仁和礼来要求自己，所以君子的终身之忧是担忧自己不能用仁和礼来要求自己，从而不能行正道。因此君子忧道，是担心自己不能时刻做到内省无愧于君子之道。前文所讲君子不忧，是因君子能做到内省自查，无愧于君子之道，从而向更高的境界修养。因此两者并不矛盾，儒家君子所忧与所乐并不是毫不相关的两件事，而是同一件事的两面。

后世之人将孔子尊称为圣人，但是孔子从未自诩为圣人，而是以君子自期。因此儒家君子之忧，是儒家对所追求的人的道德境界之忧，每一个境界都拥有具体内容。孔子帮我们把所有境界的核心归于"仁"，就是要无私爱人。因此孔子说："德之不修，学之不讲，闻义不能徙，不善不能改，是吾忧也。"③ 换言之，儒家之忧，忧人之生命境界，忧其上至不显自然天地境界，忧其下至不达君子境界。儒家之乐，乐人之生命境界，乐其上至显现自然天地境界，乐其下达君子境界。因此在实践学习过程中孔子说："发愤忘食，乐以忘忧，不知老之将至云尔！"④

结语

儒家圣人的智慧心灵显现了自然天地的境界，从而乐在明道德、得仁义。

---

① 朱熹撰：《四书章句集注·论语集注》，中华书局 2013 年版，第 168 页。
② 朱熹撰：《四书章句集注·论语集注》，中华书局 2013 年版，第 298 页。
③ 朱熹撰：《四书章句集注·论语集注》，中华书局 2013 年版，第 93 页。
④ 朱熹撰：《四书章句集注·论语集注》，中华书局 2013 年版，第 98 页。

只有智慧的心灵可以引领人类实现生命的价值。孔子说："天无私覆，地无私载，日月无私照。"① 天无私覆盖大地，大地无私承载万物，日月无私临照万物。无声，自然大道纯粹大爱，无形，凝聚万物天地一切。每一个人类生命，都与自然宇宙同步。每一个人类生命，也都拥有与自然宇宙同样的旷阔。每个生命境界都有着其具体实践内容，而所有实践的终点都是一个，就是自然无私地活着。儒家的圣人正是醒悟了生命存在的意义，他们奉献自己，希望启迪每一个人类生命的自我觉醒，能够在有限的人类生命之中实现自己的道德生命价值。

儒家之乐来自于人的生命之乐。真正的乐是心灵与外界的完美统一，而儒家的圣人之"乐"正是来自于对自然天地智慧的心灵感受。这种心灵之乐并非只显现在儒家圣人身上，而是可以显现在每一个人的心身之中。人类从来都是自然的一份子，我们总是用分别心将自然宇宙与我们割裂开来看，我们每个人只要能像自然天地那样无私地活着，就距离生命显现自然天地的境界不远了。

儒家以爱人为核心，因此儒家的圣人也不可能是毫无情感、没有情绪之人，遇到困难之时也会有人之常情，只不过面对人之常情不会像普通人那样深陷其中，圣人通晓了恒常不变的自然正道，不会因人之常情忘记道德生命的使命，因此儒家圣人对于一般人的小忧小乐不足以道其忧乐，而是身体力行道德将人生命之乐作为人生第一大乐事。人类的心就是自然宇宙生命的心，天地可鉴，日月可现。自然天地之乐就是人类的乐，人类的乐就是自然天地之乐。因此宋人罗大经说："夫子有曲肱饮水之乐，颜子有陋巷箪瓢之乐，曾点有浴沂泳归之乐，曾参有履穿肘见、歌若金石之乐，周、程有爱莲观草、弄月吟风、望月随柳之乐。学道而至于乐，方是真有所得。大概于时间一切声色嗜好洗得净，一切荣辱得丧看得破，然后快活意思方自此生。"② 这大概就是历来贤人雅士如此热爱并吟诵自然山水的原因吧！

---

① 王文锦译解：《礼记译解·孔子闲居》，中华书局 2020 年版，第 775 页。
② 罗大经撰：《鹤林玉露》，收入纪昀奉敕编纂：《钦定四库全书·子部十·杂家类·鹤林玉露》（卷二），上海点石斋 1894 年石印本，第 72 页。

比较哲学研究专题

敬鬼神而远之：超越观念的周孔之变

——一种与列维纳斯的比较性解释

黄杰[*]

（山东大学儒学高等研究院，济南　250100）

【摘要】从周公到孔子，超越观念发生了深刻的变革，这一变革表现为鬼神的退隐，然而并不能因此认为周孔超越观念之间的差异在于由外在超越走向内在超越，这样一种观点与孔子对于鬼神的态度实际上是矛盾的。当代法国哲学家列维纳斯对于超越者的态度与孔子具有很高的相似性，其超越之思对于理解这一问题具有重要启示，即在孔子那里鬼神并不是由外在退隐到了内在，而是退隐到了比任何外在都更外在的存在之外，也就是说鬼神既非存在也非不存在，而是超越了存在，因而挣脱了意识的同一化活动对神圣超越性的摧毁。对于孔子而言，真正的鬼神只能在不容己的仁爱情境中被通达，而这也就是列维纳斯那里作为意识破裂之情境的伦理。

【关键词】周公；孔子；鬼神；超越；列维纳斯

超越问题关涉甚大，与之相关的讨论亦经久不息，乃至于在尼采宣称"上帝死了"之后的今天，在这样一个人类理性极度膨胀的、科学的、技术的、享乐的世俗时代，人们仍然没有放弃对于超越的追寻与思考，不论在西方还是东方皆是如此。在这个问题上，当代法国哲学家列维纳斯有其深刻的反思和独到的见解。而列维纳斯的这样一种思考，表现出了与孔子相关思想的亲近性，本文尝试对之进行揭示，从而为理解孔子的超越思想提供一种新的可能性。

---

[*] 作者简介：黄杰，山东大学儒学高等研究院中国哲学硕士研究生，研究方向：儒家哲学、中西比较哲学。

一、鬼神之隐：超越观念的周孔之变

中国文化在殷周之际有着显著的变化，这在前人已多有论说，而与此同时，中国的超越观念也发生了深刻的变革。赵法生认为，在殷周之际，新的伦理宗教取代了原有的自然宗教，周人（其中最为重要的是周公）以"天"指称殷商的至上神"帝"，进而改造了"帝"的意涵，使其具有了道德意义，从而产生了中华民族的伦理性至上神"皇天上帝"。① 孔子的超越思想正是以此为背景发展出来的，孔子的超越观念与殷周之变以来的这样一种以"皇天上帝"作为伦理性至上神的超越观念之间有着诸多的共性，首先即是二者都具有道德意义，这是十分了然的。其次则是孔子这里的"天"同样是一个人格神，而且是至上神，这一点在学界存在着不同的看法。赵法生对20世纪关于孔子的天的解读做了一个归纳，认为主要存在着三种不同的解读：一是将孔子的天理解为自然之天；二是将其分解为物质之天、命运之天、自然之天、主宰之天或者意志之天、义理之天或者道德之天；三是认为孔子的天是道德性的天而不是宗教性的天。这三种诠释都显示了将孔子天命观理性化的致思倾向。② 在这样的诠释中，孔子的天的人格神的色彩被淡化乃至被抹杀，然而这种做法实际上是缺乏说服力的。首先，它脱离了孔子超越观念的历史背景，难免使人觉得生硬。其次，则是在《论语》的文本中我们能够轻易找出证明天作为人格神的语句，黄玉顺便通过对《论语》的分析指出，天作为至上的人格神不仅具有意志，还具有智能与情感。③ 因此，认为孔子的天是作为至上神的人格神显然是更为合理的。再次，则是天作为至上神并不是唯一的超越者，在天神之外还存在着鬼与其他诸神，而它们都是祭祀的对象，这不仅在殷周之变以来如此，在殷周之变以前同样如此。

以上略举周孔超越观念的共同之处，实际上在孔子与周公的超越观念之间可以找出更多的共性，但在这所有的共性之下却隐藏着根本的差异，这一差异

---

① 赵法生：《殷周之际的宗教革命与人文精神》，《文史哲》2020年第3期。
② 赵法生：《孔子的天命观与超越形态》，《清华大学学报》（哲学社会科学版）2011年第6期。
③ 黄玉顺：《生活儒学的内在转向：神圣外在超越的重建》，《东岳论丛》2020年第3期。

通常被认为是外在超越向内在超越的转变。牟宗三认为儒家的超越观念主要是一种内在超越，"天道高高在上，有超越的意义。天道贯注于人身之时，又内在于人而为人的性，这时天道又是内在的"①。这种内在超越在孔子之前已有其渊源，表现为一种天命天道在敬的作用中步步下贯而为人的性的趋势②，但这还只是一种趋势，而到了孔子才"建立'仁'这个内在的根以遥契天道，从此性与天道不致挂空或悬空地讲论了。如果挂空地讲，没有内在的根，天道只有高高在上，永远不可亲切近人"③。这也就是说，孔子迈出了由外在超越转向内在超越的关键性的一步。这种看法流传甚广，并为人所接受，余英时对牟宗三的内在超越说有所修正，他以"内向超越"取代了"内在超越"的说法，但对于超越观念的周孔之变，其判断与牟宗三是一致的，他认为"孔子创建'仁礼一体'的新说是内向超越在中国思想史上破天荒之举；他将作为价值之源的超越世界第一次从外在的'天'移入人的内心并取得高度的成功"④。这样一种将超越观念的周孔之变归结为由外在超越向内在超越或者说内向超越的转变的论断通常还伴随着对于周孔之间继承性的强调，而忽视了其中深刻的差异。孔子本人极为敬爱周公这是没问题的，周公的超越观念孕育出了孔子的超越观念这也是没问题的，但孔子何以不依循周公以来的超越观念却是值得深思的。这是否仅仅是一种自然而然的发展呢？还是说孔子对于周公的超越观念有着深刻的反思？

黄玉顺认为"周孔之际存在着深刻的、可称之为'周孔之变'的思想转向：周公的思想还是外在超越的，并且以世俗权力之'礼'垄断了神圣话语；孔子才另辟蹊径而走向内在超越，即以内在心性之'仁'突破世俗权力的垄断"⑤。也就是说，周孔之间超越观念的转变出自孔子对于世俗权力垄断神圣话语的忧思，而并非仅仅是一种自然而然的发展。这种观点虽可能看似突兀，

① 牟宗三：《中国哲学的特质》，《牟宗三先生全集》（第 28 册），联经出版事业股份有限公司 2003 年版，第 22 页。
② 牟宗三：《牟宗三先生全集》（第 28 册），联经出版事业股份有限公司 2003 年版，第 26 页。
③ 牟宗三：《牟宗三先生全集》（第 28 册），联经出版事业股份有限公司 2003 年版，第 32－33 页。
④ 余英时：《论天人之际：中国古代思想起源试探》，联经出版事业股份有限公司 2014 年版，第 229 页。
⑤ 黄玉顺：《生活儒学的内在转向：神圣外在超越的重建》，《东岳论丛》2020 年第 3 期。

实际上却值得我们重视，因为这样一种可能性在孔子那里的确是存在的，反对世俗权力对于神圣话语的垄断合乎孔子的仁爱思想，并且这样的思考，不论是对于我们深入理解孔子的思想，还是对于反思我们当今的现实生活，都有着重要的意义。但在这里，超越观念的周孔之变仍被理解为由外在超越走向内在超越，事实是否只是如此呢？还是说周孔之间的超越观念可能存在着更为根本的变革？对此需要进行仔细辨别。

从周公到孔子，作为超越者的鬼神仿佛是经历了某种退隐，正因为如此，才使得今人对于孔子天命观的理性化致思倾向成为可能，乃至于认为孔子的天并不具有宗教性，但这种鬼神的退隐并不能简单地理解为由外在超越走向内在超越，事情可能更为复杂。孔子对于超越者的主要态度在"敬鬼神而远之"①这样一句话中得到了表达，其与周公超越观念的核心差别也蕴含在此。实际上在超越观念的殷周之变中，周公在某种程度上也表现出了一种"敬鬼神而远之"的倾向，因为具有道德意味的天取代了作为殷商至上神的帝也就意味着人与超越者之间的距离拉远了，超越者不再如纣王观念中"我生不有命在天"②那样可以依恃，相反人与超越者之间的亲近关系从此不是一种理所当然的关系，而是以德行为其枢纽。而在这样一种距离的拉远中，人面对超越者的敬也随之加深了。如此看来，"敬鬼神而远之"似乎是周孔共同的态度，但实际上在表面的相同之下，二者之间有着重要的差别。

周孔对于超越者态度的差别主要表现在"祷"与"言"上。在周公那里，鬼神是可以向之祷告的对象并且可以被明确地言说，这在《尚书》中有着明显的体现：

既克商二年，王有疾，弗豫。二公曰："我其为王穆卜。"周公曰："未可以戚我先王。"公乃自以为功，为三坛同墠。为坛于南方，北面周公立焉，植璧秉珪，乃告太王、王季、文王。史乃册，祝曰："惟尔元孙某，遘厉虐疾。若尔三王，是有丕子之责于天，以旦代某之身。予仁若考能，多材多艺，能事鬼神。乃元孙不若旦多材多艺，不能事鬼神，乃命于帝庭，敷佑四方，用能定

---

① 《论语·雍也》。

② 《尚书·商书·西伯戡黎》。

尔子孙于下地。四方之民罔不祗畏。呜呼！无坠天之降宝命，我先王亦永有依归。今我即命于元龟，尔之许我，我其以璧与珪归俟尔命；尔不许我，我乃屏璧与珪。"①

　　这一段引文所述乃是武王克商两年之后患病将死，周公设坛向作为至上神身边近臣的太王、王季、文王祷告，请求他们如果"有丕子之责于天"，即如果必须把太子（武王）之命偿还给上天，那么他愿意为之偿命，希望三王能够转告上天，使武王继续"敷佑四方"。在这样一场祷告之中，鬼神被明确地言说，而通过这些言说，我们不仅可以知晓鬼神是被认定为存在的，而且神圣界之秩序及神圣界与世俗界之关联亦被同时反映出来。黄玉顺通过对《尚书》的分析指出，"大致来讲，殷周时代，'天庭'中的神际关系与世间'朝廷'中的人际关系是同构的。不仅世间的王者死后成为天帝的近臣，而且世间的贵族死后也会成为天上的贵族"②。如此一来，在周公的超越观念中神圣界与世俗界之间的关联实际上仍然是很紧密的，其间固然存在着距离，但这种距离是有限的。而到了孔子这里，情况则有了很大的不同。就"祷"而言，孔子自身并没有祷告的迹象，如道之不行不祷、弟子将死不祷、自己病危亦不祷，反倒是对于祷告表现出一种否定的态度：

　　子疾病，子路请祷。子曰："有诸？"子路对曰："有之。《诔》曰：'祷尔于上下神祇。'"子曰："丘之祷久矣。"③

　　"疾甚曰病"，这里说"子疾病"也就意味着孔子病得很严重了，这时候子路十分担忧孔子，想为之向鬼神祷告，孔子则"不欲有祷，故反问子路有此祈祷之事乎"④，子路便引《诔》"祷尔于上下神祇"之语为证，想要说服孔子，孔子却说"丘之祷久矣"，也就是说自己已经祷告很久了，但孔子这里

　　① 《尚书·金縢》。
　　② 黄玉顺：《周公的神圣超越世界及其权力话语——〈尚书·金縢〉的政治哲学解读》，《东南大学学报》（哲学社会科学版）2020 年第 2 期。
　　③ 《论语·述而》。
　　④ 皇侃：《论语义疏》，中华书局 2013 年版，第 180 页。

所谓祷告显然不是通常意义上的祷告，否则子路便不必"请祷"。实则孔子"久矣"之祷即是"务民之义"①，这是孔子终生注念之事，亦是其终生之祷，这样一种"祷告"实无所求于鬼神，因而是对于鬼神的一种远离，但这种远离却又蕴含了对鬼神极高的敬意，一种纯粹的、无所求的敬意。

孔子之"敬鬼神而远之"不仅体现在"祷"上，还体现在"言"上，相应于孔子对于祷告鬼神的否定，其对于鬼神也是尽量避免有所言说的：

子不语怪、力、乱、神。②

这里的"神"指的即是鬼神。孔子既不祷于鬼神，又尽量避免言说之，乃至于给人造成孔子那里实际上并无鬼神之感，但孔子本身并无否定鬼神之意图，恰恰相反，其对鬼神的态度始终是"敬鬼神而远之"，孔子之远离鬼神正是为了推极其敬意，这在孔子之不祷于鬼神处可领会一二。因此，相对于孔子而言，周公对鬼神的远还不够远，因而其敬也还不够敬，这当是周公自身所始料未及的，而非故意为之。而孔子对于超越者的远与敬则达到了一种彻底的地步，这种差异并非只是简单的程度之别，而是根本的差异。之所以有此根本的差异，正在于孔子意识到了周公超越观念存在的缺陷，因此才一方面极为敬爱周公，另一方面却不得不变革其超越观念以救其蔽。在深入论及周孔超越观念的根本差异之前，尚有一个重要的问题有待提出，即孔子之"敬鬼神而远之"何以几近于不言。恭敬鬼神固当与之保持距离，以免亵渎，但是否需要到近于不言的地步呢？若将超越观念的周孔之变视为从外在超越走向内在超越。则孔子的超越观念当兼具外在超越与内在超越的色彩，抑或是全然为内在超越。但在这里，若对这一问题作一种外在超越的理解，则孔子对于鬼神的言说似乎太少，并不符合人们的常识，以至于使人怀疑起鬼神在孔子这里是否存在。若对之作一种内在超越的理解，则一般意义上的鬼神固然可避而不谈，但鬼神之理及天道却没理由不谈，而显然在《论语》中我们难以找到孔子与此相关的明确言说，反倒是子贡的感叹十分醒目：

① 《论语·雍也》。
② 《论语·述而》。

子贡曰："夫子之文章可得而闻也，夫子之言性与天道不可得而闻也。"①

朱子认为这里体现的是"圣门教不躐等"②，也就是说，朱子认为性与天道是一般人难以明白的，所以夫子不轻以语人，论及鬼神。朱子持同样的态度，他认为"鬼神，造化之迹，虽非不正，然非穷理之至，有未易明者，故亦不轻以语人也"③。但这实际上是说不通的，因为即便是教不躐等，当不至于讳莫如深至此，反观朱子本人及其他的宋明儒者，几乎都是对于性与天道大谈特谈；既然是未易明，岂不是更应该发明之，而这也正是被视为内在超越之代表的宋明儒者向来所做之事。因此对于孔子何以几于不言鬼神，不论是从一般意义上的外在超越，还是从内在超越来理解，都存在着困难，而这一困难也是理解周孔超越观念之根本差异的关键所在。它使我们意识到，从周公至孔子，鬼神的确经历了某种退隐，然而这种退隐却不是自外在退隐到内在，那么鬼神究竟退隐至何处了呢？这一问题我们可以在列维纳斯的超越之思中得到重要的启发。

二、存在之外：列维纳斯的超越之思

列维纳斯对于超越问题极为重视，可以说他整个思想都是围绕超越问题展开的，虽然似乎在很多时候他给人的感觉是在谈"伦理"，但实际上他真正关心的始终是超越或者说神圣。他曾对德里达说："你知道，人们为了描述我的工作常常说到伦理学，但真正让我着迷的却不是伦理学，不仅仅是伦理学，而是神圣，神圣的神性。"④ 那么神圣或者说超越意味着什么呢？在列维纳斯看来，"如果超越真有某种意义的话，那么对于是这一事件——对于去是——或对于是其所是来说，超越就只能表示到［那不同于］是之另一者那里去这样

---

① 《论语·公冶长》。

② 朱熹：《四书章句集注》，中华书局 1983 年版，第 79 页。

③ 朱熹：《四书章句集注》，中华书局 1983 年版，第 98 页。

④ 德里达著，胡继华译：《永别了，莱维纳》，《世界哲学》2003 年第 5 期。

一个事实"①。也就是说，超越意味着存在之外，或者说超越存在，因而也超越存在与不存在的对立，因为这对立着的二者仍统一于存在，"是与不去是互相彰显，展开一个辩证活动，而这一活动则为是所具有的一个规定"②。因此，"去是或不去是——有关超越的问题并不在此"③。超越是彻底外在于、超越于存在的，它不能被纳入存在的统治之中，而是对于存在的突破。

在这里，"存在"一词是在海德格尔的意义上被言说的，也就是说这里的"存在"并非指的是存在者，如海德格尔之前的哲学家向来所误解的那样，也不是存在者的一种属性，虽然"存在总是某种存在者的存在"④，仿佛是先有存在者才有存在一般，然而存在者恰恰是因为存在才得以可能的，"海德格尔的论说关键在于，它提出了存在是任何意义的本源。这立即就导致了以下一点，即人们不能超越存在而思想。任何合理之物都回归到了存在之领会"⑤。因而存在实际上是一种活动、一种作为，通过这样一种存在观念，海德格尔实现了对于传统西方哲学的重大突破，该观念使得人们的目光得以从存在者投向被遮蔽了的存在本身。然而这样一种突破在列为纳斯看来却并非是对于传统西方哲学的真正的颠覆，而恰恰是总结了整个西方哲学的传统。⑥ 西方哲学的这样一个传统"总是将所有的意义化，也就是说将所有的合理性，都归结到存在，归结到存在者于其中确立着自己的存在的那个存在之'作为'，归结到那不断将自己确立为存在的存在本身，归结到那作为存在的存在，归结到存在之存在化"⑦。这样一个传统，首先已经总把自己理解为存在论，已经总把自己交割于存在的统治之下，虽然它遗忘了存在，把对存在本身的意义的追问变成

---

① 列维纳斯著，伍晓明译：《另外于是，或在超过是其所是之处》，北京大学出版社 2019 年版，第 9 - 10 页。

② 列维纳斯著，伍晓明译：《另外于是，或在超过是其所是之处》，北京大学出版社 2019 年版，第 11 页。

③ 列维纳斯著，伍晓明译：《另外于是，或在超过是其所是之处》，北京大学出版社 2019 年版，第 12 页。

④ 海德格尔著，陈嘉映、王庆节译：《存在与时间》（修订译本），生活·读书·新知三联书店 2014 年版，第 11 页。

⑤ 列维纳斯著，余中先译：《上帝·死亡和时间》，生活·读书·新知三联书店 1997 年版，第 143 页。

⑥ 孙向晨：《面对他者——莱维纳斯哲学思想研究》，上海三联书店 2015 年版，第 119 页。

⑦ 列维纳斯著，王恒、王士盛译：《论来到观念的上帝》，商务印书馆 2019 年版，第 181 - 182 页。

了对最终的存在者的追问，但"无论如何，在存在论看来，以下见解似乎是自明的：存在是本原，是开端，是原则。一切都奠基于存在之上，都可以还原为存在。这就是传统西方哲学最基本的教义。而'存在的面孔'，在列维纳斯看来又'固定于统治着西方哲学的总体这个概念之中'。所以存在论与总体化始终于共谋中统治着西方哲学。显然，在这样一种西方哲学中，只有总体，没有无限；只有内在性，没有真正的外在性；只有自我，没有不可还原为自我的绝对他者"①。也就是说，存在论于传统的西方哲学而言是一种内在性的哲学，因而也是否定超越的哲学，"西方哲学史就是对超越进行破坏的历史"②。

在列维纳斯看来，西方哲学史中存在着的那些对于超越的理解，对超越而言是致命的，它们并没有说出超越，而恰恰是在言说中把超越纳入了存在的统治之下，使超越彻底地沉默于内在性之中，或者说，把超越杀害了。既然哲学性的思似乎并不能思及真正的超越，那么上帝便理应不能是哲学家们的上帝，而只能是"亚伯拉罕、以撒和雅各的上帝，这上帝在信仰中被祈颂，无涉哲学"③，也就是说，上帝应该在宗教性的思中被通达，然而宗教性的思是否便一定能够通达上帝呢？在列维纳斯看来事情并非那么简单，"虽然宗教性的思宣称自己所诉诸的宗教经验是独立于哲学的，然而，由于宗教性的思事实上依然是建基于经验的，所以它其实已然是栖止于'我思'的，已然是完完全全地依赖哲学的"④。哲学将宗教话语"理解成了关于一个课题的命题；也就是说哲学认为这种话语的意义在于揭示、在于在场的显现。那些传递宗教经验者并未料想到意义还可能有另外的意味。宗教意义上的'启示'由此被吸收同化成了哲学意义上的揭示，而且就连辩证神学也坚持和延续了这种同化"⑤。

所以问题的关键不在于我们试图通达上帝时是以哲学之名还是宗教之名，而在于我们是否突破了"我思"，或者说意识，"意识是同者的同一性，是存在的在场，是在场的在场"⑥。一旦我们仍试图以意识通达上帝，我们便总是

---

① 朱刚：《多元与无端：列维纳斯对西方哲学中一元开端论的解构》，江苏人民出版社 2016 年版，第 8 页。

② 列维纳斯著，王恒、王士盛译：《论来到观念的上帝》，商务印书馆 2019 年版，第 95 页。

③ 列维纳斯著，王恒、王士盛译：《论来到观念的上帝》，商务印书馆 2019 年版，第 96 页。

④ 列维纳斯著，王恒、王士盛译：《论来到观念的上帝》，商务印书馆 2019 年版，第 103 页。

⑤ 列维纳斯著，王恒、王士盛译：《论来到观念的上帝》，商务印书馆 2019 年版。

⑥ 列维纳斯著，王恒、王士盛译：《论来到观念的上帝》，商务印书馆 2019 年版，第 99 页。

已把上帝纳入存在统治的世界之中，因而把上帝同一化、内在化了，虽然在这样一个世界中，上帝被视为最卓越的存在者，被视为超越者，但与此同时，超越者的超越性实际上已丧失殆尽了，上帝成了一个主题、一个概念，而"不可分割的主题化与概念化并不是与他者的和平相处，而是对他者的消灭或占有。确实，占有虽然肯定了他者，却是在对其独立性的否定中进行肯定。'我思'归结于'我能'——归结于一种对存在之物的居有，归结于对实在的开发利用"①。而这样一种暴力，在最初已是隐含着的了。在这个存在统治着的、封闭的世界中，我们之所以以为上帝是超越的，之所以向之臣服，只是因为我们尚且弱小，不得不仰其鼻息，而当我们不再仰其鼻息之时，我们便向上帝宣战，乃至于将之杀害，纵观人类历史，这不正是我们向来所做的事情吗？我们对于上帝的暴力甚至在仰其鼻息之时已不断地、隐秘地发生了，它表现为对上帝之外的他者的暴力，我们甚至以上帝之名行使这种暴力，仿佛我们是为了上帝，然而在这暴力中，不论是上帝之外的他者还是作为上帝的他者都不是真正的他者，都不具有真正的他异性，都不过是自我居有之物，"自我，它并不是一个总是保持同一的存在者，而是这样一个存在者：它的实存就在于同一化，在于穿过所有发生在它身上的事情而重新发现它的同一性。它是卓越的同一性，是同一化的原初作品"②。这暴力本质上是自我对存在者的暴力，是使诸存在者从属于我的努力，而最卓越的存在者莫能外之。

至此，孔子之"敬鬼神而远之"何以几近于不言似乎便不难理解了。任何对于鬼神的言说总是有把鬼神把握为存在者的危险，因为这言说来自于意识，通常是意识同一化活动的表现，在这活动中，鬼神作为超越者被封闭于内在性之中而丧失了其超越性，因而被隐秘地谋杀了。这就是为何孔子虽然极为敬爱周公却不得不变革其超越观念的原因所在。在周公那里，鬼神是可以向之祷告并且是可以被明确言说的对象，这也就意味着鬼神被把握为了存在者，于是暴力便于此环伺。这环伺着的暴力，既包含了利用鬼神对鬼神之外的他者实施的暴力，也包含了对于作为鬼神的他者的暴力，而前者实际上也是后者的一种表现。这暴力起初可能并不明显，尤其是当人们在鬼神面前尚怀有强烈的恭敬之心的时候，周公当

① 列维纳斯著，朱刚译：《总体与无限：论外在性》，北京大学出版社 2016 年版，第 17 页。
② 列维纳斯著，朱刚译：《总体与无限：论外在性》，北京大学出版社 2016 年版，第 7 页。

为其中典范，并且在其虔敬之中，鬼神也未必总是被封闭于存在之内，甚或常常在存在之外向其示意，然而周公并未因此意识到鬼神有超越存在的意味，在其观念中鬼神毕竟被完完全全地视为存在者了。而这也就意味着，对于鬼神的恭敬之心是难以长久持存的，因为在将鬼神把握为存在者之初，我们便已开始了对鬼神的占有与利用，不敬已隐含其中了。周公既把鬼神视为存在者，那么他便将不可避免地陷入这一观念所隐含的陷阱之中，即便其陷溺或许很浅；而周公之外的其他人则十分堪忧了，因为他们往往并无周公之德而又不断地受此暗藏杀机的鬼神观念所诱导，于是必然深陷其中。而当恭敬之心于不知不觉中渐渐退去的时候，暴力便涌入存在统治的世界中，开始向着诸存在者攻城略地。

就利用鬼神实施暴力而言，在中国的历史上，非但世俗权力往往通过掌握神圣话语来强化其专制统治，即便是未掌权者，也不断地以神圣之名义发起对于他者的暴力，所谓"以理杀人"正是其中显著的例子。而对于鬼神本身的明显的暴力而言，在西周末期便曾表现为一种普遍的趋势，赵法生指出，"到了西周末期，由于政治腐败和社会失序，《诗经》中出现了众多向上天发出求告、呼吁甚至谴责的诗篇，例如'天降丧乱，灭我立王'（《大雅·桑柔》），'昊天疾威，敷于下土'（《小雅·小旻》），'瞻卬昊天，则我不惠，孔填不宁，降此大厉'（《大雅·瞻卬》），'浩浩昊天，不骏其德，降丧饥馑，斩我四国'（《小雅·雨无止》）。这股呼天怨天思潮的出现，一方面证明了西周人信仰天命之真诚，同时也是那个脆弱平衡被打破的讯息，巨大的失望后面，正反映出曾经有过的虔诚"[①]。这曾经有过的虔诚实际上是对被自我所同一化的存在者的"虔诚"，其本质上仍是一种占有与利用，因而当天不再能满足其信仰者之时，怨天是事有必至的，而天为可怨，则其所代表的神圣性即便在表面上看来也已是岌岌可危了，这也就意味着它随时可能会被其信仰者所覆灭。作为至上神的天尚且如此，其余鬼神自不待言。在西周末年鬼神所遭遇的这样一种赤裸裸的暴力恐怕给孔子带来了巨大的冲击，这促使他不得不深入反思周公的超越观念，而这也打开了真正的神圣超越之域。于是在孔子那里，鬼神自封闭的世界中退隐，挣脱出意识的同一化活动，回归于比任何外在都更外在的无限之域，或者说存在之外。周孔超越观念的根本差异正在于此。那么挣脱出意识的同一化活动，或者

---

① 赵法生：《殷周之际的宗教革命与人文精神》，《文史哲》2020 年第 3 期。

说破出存在，这件事是如何可能的呢？这便涉及列维纳斯的伦理学。

三、伦理之中：来到观念的神圣超越

神圣超越者挣脱出意识的同一化活动并不意味着不再降临于观念，否则这便意味着彻底的、不可打破的内在性，意味着超越毫无意义；而是说神圣超越者只能在意识的破裂中到来，"这破裂并不是将意识向无意识压抑，而是一种幻灭和醒来，它摇醒了所有栖止于对象的意识之深处的'独断论迷梦'。上帝之观念，作为一个思考活动的所思，乍看之下，是被这一思考活动所包含的，然而实际上，上帝之观念意味着那卓绝的'非被容于内者'——这不正是绝对的绝对化本身吗？——它超越了所有的把握能力；上帝之观念作为一个所思，其'对象的现实性'摧毁了思考活动'形式的现实性'。甚至或许在普全有效的、源发性的意向性形成之前就颠覆了它"①。也就是说，意识的破裂实际上正是由上帝之观念引起的，这一超出了意识之能力的观念来临于意识，造成了它的破裂。而意识破裂之情境，也就是列维纳斯所说的"伦理"，"作为一种在严格字面意义上的破出存在，伦理意味着这样一个不可思议的领域：在这领域中，无限和有限相关联但却并不因此关联而违背自身；相反，只有在这领域中，无限才作为无限、作为唤醒发生。无限在有限中超越了自己，无限越过了有限，因为无限将邻人命令给我却并未向我显现它自己"②。这样一种伦理虽然同样指向人与人之间的关系，但它显然不同于一般意义上的伦理，后者并不与无限发生关联，"在哲学传统中，伦理学始终被设想为一个涵盖着被肯定为首要的本体论层面"③，也就是说，一般意义上的伦理学是隶属于存在论的，是内在性的。

那么列维纳斯意义上的作为意识破裂之情境的这样一种特殊的伦理究竟是如何被上帝之观念引起的呢？列维纳斯指出，"我们认为：'无限之观念在

---

① 列维纳斯著，王恒、王士盛译：《论来到观念的上帝》，商务印书馆 2019 年版，第 104 - 105 页。

② 列维纳斯著，王恒、王士盛译：《论来到观念的上帝》，商务印书馆 2019 年版，第 125 - 126 页。

③ 列维纳斯著，余中先译：《上帝·死亡和时间》，生活·读书·新知三联书店 1997 年版，第 158 页。

我'，或曰我和上帝的关系，是在我和他人的关系这一具体的情境中来临于我的，是在社会性中，也就是说，在我对邻人的责任中，来临于我的：这一责任并非我在任何'经验'中通过契约承诺下的，但他人的脸却通过其他异性、其外陌性本身向我言说着不知来自何处的诫命"①。也就是说，上帝之观念是通过"他人的脸"引起意识之破裂或者说伦理的，"这里的'不知来自何处'的真正意味是：他人的脸——他一上来就'要求于我'并命令于我——才是经由上帝（而实现）的超越之构结本身的纽结，这一超越是对上帝观念的超越，是对所有（那样一些）观念——在其中，上帝依然会是被瞄准的、可见的以及可知的，在其中无限在场或再在场化中经由主题化而被否定——的超越"②。他人的脸在这里并不能被理解为一个对象，列维纳斯所说的脸指的是"他者越出他者在我之中的观念而呈现自身的样式"③，因而"脸统御着一种比认知和经验更古老也更觉醒的思。诚然，我可以拥有对他人的经验，但这么做时，我就失却了其作为不可被分别者的他异性。而那向脸觉醒的思或为脸所唤醒的思是被一种不可被还原掉的他异性所统御的思：此思不是关于……的思，而是一上来就是为……的思；此思不是一种课题化，而是对他者的'虽异不疏'，这虽异不疏打破了那同等着的、冷漠地认知着的灵魂的平衡"④。

他人的脸之所以能打破那同等着的、冷漠地认知着的灵魂的平衡在于"脸的这一对面在其表达中、在其有死性中指定我，要求我，呼吁我：就好像他人的脸所面对的那不可见的死亡——死这一在某种意义上与所有的总体都隔绝了开来的纯粹的他异性——正是我的事情。就好像，虽然他人尚不知其死亡，但这笼罩着他人之脸的赤裸性的死亡在与我对峙之前、在成为注视着我的死亡之前，就已经'凝视着我了'，就已经与我有关了。他人的死将我置入诉讼和疑问，就好像对于这一死亡——对于这一对暴露于其中的他人来说不可见的死亡——我由于漠然，而成了帮凶；就好像在发愿为了他人之前，我就已经必须为他人的死负责了，我就已经必须不可以让他人陷入孤独了。正是通过这指定我、要求我、吁求我的邻人的脸对我的责任的提醒，正是通过这一置入疑

① 列维纳斯著，王恒、王士盛译：《论来到观念的上帝》，商务印书馆 2019 年版，第 8 页。
② 列维纳斯著，王恒、王士盛译：《论来到观念的上帝》，商务印书馆 2019 年版，第 9 页。
③ 列维纳斯著，朱刚译：《总体与无限：论外在性》，北京大学出版社 2016 年版，第 23 页。
④ 列维纳斯著，王恒、王士盛译：《论来到观念的上帝》，商务印书馆 2019 年版，第 253 页。

问，他人成了邻人"①。面对他人的脸时的这样一种先于自由的、无法回避的责任使我不再能够心安理得地存在，"这责任不容我把我构建成我思——那磐石般的实体性的我思，或曰那铁石心肠的、自在自为的实体性我思。这责任直至对他人的替代，直至人质之条件或曰无条件。这责任并不给我时间：我既无法去从容冷静地凝思在场，也不能从容冷静地返回到自身；这责任总是使我措手不及：在邻人面前我是被召唤现身作证，而不是我主动显现。我一上来就是回应传唤的。我之实体中的铁石心肠这一内核一上来就已然被去除掉了"②。也就是说意识在这里破裂了，它一意孤行的同一化活动失去了其效用，因为它在这他人的脸所统御着的比认知和经验更古老也更觉醒的思中遭遇了它所无能为力的真正的他异性，甚至于它自身正是被这他异性所唤醒的。

概而言之，在列维纳斯看来，正是在由他人的脸所引起的、为他人的不安所萦怀的意识破裂之情境中或者说在伦理中，意识的同一化活动被挣脱、存在被破出，真正的神圣超越者降临于观念。事情在孔子那里同样如此，只不过列维纳斯所谓的"伦理"在孔子那里被称为"仁"，这在宰我与孔子的一段对话中有着明显的体现：

宰我问："三年之丧，期已久矣。君子三年不为礼，礼必坏；三年不为乐，乐必崩。旧谷既没，新谷既升，钻燧改火，期可已矣。"子曰："食夫稻，衣夫锦，于女安乎？"曰："安。""女安则为之！夫君子之居丧，食旨不甘，闻乐不乐，居处不安，故不为也。今女安，则为之！"宰我出，子曰："予之不仁也！子生三年，然后免于父母之怀，夫三年之丧，天下之通丧也。予也有三年之爱于其父母乎？"③

在这一段对话中，宰我因担忧三年之丧过长将会导致礼坏乐崩而主张将丧期缩短为一年并向孔子给出了自己的理由，孔子听后并没有与宰我进行一种理论的探讨，而是问其在三年之内"食夫稻，衣夫锦"是否心安。这里孔子实

---

① 列维纳斯著，王恒、王士盛译：《论来到观念的上帝》，商务印书馆 2019 年版，第 255 - 256 页。
② 列维纳斯著，王恒、王士盛译：《论来到观念的上帝》，商务印书馆 2019 年版，第 118 页。
③ 《论语·阳货》。

际上意在唤醒宰我的仁心，因为在孔子看来"人而不仁，如礼何？人而不仁，如乐何？"① 弟子忧心于礼乐固好，但若推行礼乐者其心不仁，礼乐未必不会成祸患。可知仁是先于礼乐或者说是为礼乐奠基的，也就是说，仁与礼乐并不处在同一层面，礼乐是形而下者而仁却并非形而下者，但仁也并不因此就是形而上者，否则孔子便当直接与宰我谈形而上的道理，而不是说什么"食夫稻，衣夫锦"。仁既不是形而下者也不是形而上者，那么仁是什么呢？实际上仁什么也不是，它不是任何的存在者，它甚至不是海德格尔意义上的存在，而正是对存在的破出，是意识破裂之情境，孔子在这里正是想通过"食夫稻，衣夫锦"这样一个画面来向宰我唤起这一情境。在人皆以三年为通丧的情况下，自己却在父母过世一年之后吃好的（食稻）、穿好的（衣锦）这样一个画面中，孔子想要向宰我展现的并非是一个"父母"的概念、一个"孝顺"的教条、一个冷冰冰的对象，而是"他人的脸"，在这里也就是父母之"脸"。这脸是赤裸而温热的，是无法回避的，在与这脸的会面中，父母越出了他们在"我"之中的观念而呈现自身，他们向"我"发出吁求，在这吁求中"我"无法漠然、无法心安理得，"我"只能不安。然而宰我因其推行礼乐之"意、必、固、我"而"目中无脸"，只以冰冷之对象视之，故面对夫子的质疑，竟答以一"安"字。夫子为之恻然，其辞愈切，首尾两言"汝安则为之"以动其情，其间又借"君子居丧"之情景再示之以父母之"脸"，宰我竟终无动于衷而出，夫子喟然叹其不仁，复于"子生三年，然后免于父母之怀"的画面中感受到父母之"脸"那无可抗拒的吁求，心愈恻然，乃言"予也有三年之爱于其父母乎？"言辞间所洋溢者，既是对宰我之父母的恻隐，亦是对宰我不仁之恻隐。

相应于列维纳斯之学给人的印象是伦理学，孔子之学给人的印象则是仁学，实际上伦理或者说仁，是二者共同的通达神圣超越之途径。但是二者的超越观念之间也存在着重要的差别，就列维纳斯而言，作为一个虔诚的犹太教徒，一方面他对犹太教有着坚定不移的信仰并且始终保持着对教会的崇敬②；另一方面他又坚持着他对于上帝的理解，并曾"毫无畏惧地在某个安息日上、

---

① 《论语·八佾》。

② 单士宏著，姜丹丹、赵鸣、张引弘译：《列维纳斯：与神圣性的对话》，华东师范大学出版社 2018 年版，第 23 页。

在巴黎犹太教师师范学校教堂里、在神圣的《托拉》门柱经卷面前，宣布天堂是空的，而一个生命对另一个生命的悲悯中充满了上帝。他补充道，上帝不在天上，而在人为了他人的牺牲和对他人的责任中"①。也就是说在列维纳斯那里，上帝只能通过伦理被通达，它并不向我显现它自己。

孔子那里情况则有所不同，天不仅如列维纳斯的上帝一般在仁之情境中以不显现自身的方式被通达，而且也可以在仁之情境中作为一个"邻人"而被通达，这时候天作为人格神向孔子呈现出它的"脸"，这脸召唤着孔子，使其终生萦怀，由是孔子无怨无尤地担负了这脸所吁求着的无可推诿的责任（"不怨天，不尤人，下学而上达，知我者其天乎！"②），这责任实际上也就是仁者之责，也就是行道爱人，在这责任面前，天不可欺瞒（"吾谁欺？欺天乎？"③）、不可背叛（"予所否者，天厌之！天厌之！"④），乃至于为了不辜负此责，生死可以置之度外（"天生德于予，桓魋其如予何？"⑤）。除此之外，孔子与列维纳斯超越观念的不同之处还在于，列维纳斯似乎并不谈论至上神以外的其他鬼神，而孔子那里则除了天之外还有其他的鬼神，它们虽不像天那样于每一个仁之情境中不可见地示意，却如天一样可在仁之情境中作为"邻人"被通达，"邻人"虽是被无限（上帝）命令给我的，并不像列维纳斯所说的上帝那般甚至不向我呈现，但"邻人"同样是具有超越性的、不可被内在化的，因而实际上也是超越者。天和其他鬼神作为"邻人"意义上的超越者这样一个向度在列维纳斯那里似乎是缺乏的，而这一向度在孔子那里则有重要的意义，从这里出发，我们可以对祭祀、生死等问题有一个更深刻的理解。

① 单士宏著，姜丹丹、赵鸣、张引弘译：《列维纳斯：与神圣性的对话》，华东师范大学出版社 2018 年版，第 12 页。

② 《论语·宪问》。

③ 《论语·子罕》。

④ 《论语·雍也》。

⑤ 《论语·述而》。

当代儒学

观察家

"中西会通视域下的儒家超越性问题"
学术研讨会综述

常会营[*]

（中国社会科学院世界宗教研究所，北京　100732）

　　儒家不仅是一套伦理学说，更有天人之际的终极关切，具有安身立命的功效，这已经成为学界共识。但是，儒家的超越思想具有怎样的内涵与形态？与其他轴心文明的超越思想有何不同？牟宗三等提出的内在超越说是否足以概括儒家超越思想的特色？今天的儒家应该如何重建其终极关怀？这些问题近来逐渐成为讨论热点。许多学者对于现代新儒家的内在超越说提出批评商榷，有的学者认为原始儒家的超越是一种神圣外在性超越，有学者提出孔子的超越是以一种包含了外在向度的中道超越，与所谓内在超越具有重大差异。在这样的问题意识和学术追问下，为比较中西文化不同的超越理念，呈现儒家超越性的真实意涵，探寻儒家现代转型的路径，由中国社会科学院世界宗教研究所儒教研究中心、山东大学犹太教与跨宗教研究中心联合主办的"中西会通视域下的儒家超越性问题"学术研讨会，于 2020 年 8 月 24—25 日在青岛召开。五十余位学者围绕"中西哲学与超越性问题"和"中西宗教视域下的超越性问题"，进行了深入研讨分析。中西学者聚焦一个共同话题展开深入讨论，是学界难得一见的盛举。研讨会视域广阔，新见迭出，讨论热烈，富有思想深度，成为一场名副其实的中西方思想盛宴。

---

　　[*] 作者简介：常会营，中国社会科学院世界宗教研究所助理研究员，儒教研究中心助理研究员，研究方向：儒家思想和礼乐文化。

一、中西哲学与超越性问题

北京大学张志刚教授认为，中国哲学界和宗教学界至今仍在基础理论上欠缺"自在自觉的学术话语"，依然主要依托"西方的或西式的（翻译过来的）"概念、理论与方法来梳理中国的思想资源、解释中国的思想观点，并据此展开中西哲学或宗教的比较与对话研究。上述学术背景与理论现状势必意味着：若要谈论中国哲学或中国宗教，便不得不"或主动或被迫，或直接或间接，或有意识或无意识地"与西方哲学或西方宗教进行比较与对话。概括起来，百余年中西哲学或宗教比较与对话的种种尝试，主要有这样几类方法论倾向尚待我国学者深刻反省，它们可称为"护教论倾向""中心论倾向""比附式倾向""攀比式倾向""比拼式倾向"。

中国人民大学李秋零教授指出，根据康德的观点，为了确保德福一致，就必须超越有限的理性存在者所处的感官世界。除了自由意志、灵魂不死之外，最重要的是提出上帝存在的实践理性公设。这个上帝就是"源始的至善"，以保障德福相配的世界这个"派生的至善"。因此，上帝的首要属性就是其道德性，其全能、全知、全在都是为其全善服务的。对这样一个上帝的信仰和崇拜就是道德宗教，即理性宗教。理性宗教仅仅是一个理论的宗教。在现实中，各种实有宗教走在了理性宗教的前面。哲学的任务就是对这些实有宗教做出解释，使其符合理性宗教，或者说，把实有宗教限制在理性界限之内。哲学解释实有宗教的四项基本原则：道德原则，行为原则，自律原则，必要原则。实有宗教符合理性宗教之日，就是上帝之国降临之时。

清华大学黄裕生教授认为，自从近代与西方文化遭遇以后，中国人就面临着重新定位自己文化的问题，这是近世中国人的一个处境性命运。这种重新定位首先必是一种重估。而这种重估不得不面对两个参照系统：一个是具有世界史意义的世界本原文化体系；另一个是构成现代性社会的秩序基础的原则体系。忽略任何一个参照系统，都无法客观、可靠、合理地重估中国文化。那么何谓本原文化？简要说，它首先必须具有双重超越性：从相对性、有限性、功能性事物构成的世界中跳跃出来，觉悟到绝对本原并信从之；从差异、特殊、等级的世界中突破出来，发现普遍性事物、普遍性原则。其次，基于这双重超越而确立起以通过提升人性、驯服权力来贯彻与实现道—理（真理）于人世为目的的教育事业。中国商周文化对上帝—天的虔诚信仰，孔子对仁爱原则的发现以及对独立的教育事业的确立，使中国文化世界迈进了本原文化之列而具有轴心性的世界史意义。但是，秦汉之后千年的帝王政治，使这一本原文化弱化了自己的超越性与普遍性。面对两希文化融汇而成的西方文化世界的挑战，作为世界四大本原文化之一的中华文化面临两大任务：接受以自由为基点的现代原则体系以及基于这一原则体系的现代文明的洗礼，彻底完成古今之变；激活商周的宗教精神，重新打开超越维度，接通希伯来的绝对精神。完成这两大任务，既是"走出埃及"而成就自己的事业，也是有新大贡献于世界的事业。

山东大学黄玉顺教授认为，对于近年来成为学术界热点的儒家"内在超越"，必须予以深刻反思。作为理解宗教与哲学中"超越"观念的语义背景，"超越"这个词语的一般语义结构是"S 超越 O"，即"某主体超越某对象（的界限）"。从主词来看，宗教的超越主体是"上帝"或"天"，而哲学的超越主体则是人。从宾词来看，宗教所超越的界限是凡俗世界，故而上帝或天是"超凡的"，此即所谓"外在超越"；而哲学所超越的界限则是经验，故而人的理性或心性可以是"超验的"，此即所谓"内在超越"。因此，哲学与宗教的超越观念之间本来不应当构成冲突，但前提是必须承认人包括圣人不可能超越凡俗世界；人可以是超验的，但绝不可能是超凡的。然而无论西方理性主义或中国儒家心性主义的超验哲学，其"内在超越"的超验性都试图取代超凡性，于是导致了人的僭越，而这在凡俗世界的权力格局中必然导致权力的僭越。

清华大学任剑涛教授认为，以内在超越确定儒家思想特质，是一个比较流行的主张。这是力求在中西文化比较视角凸显中国文化尤其是儒家文化特质的一种进路。随着中国内在超越与西方外在超越说流行开来以后，人们发现中国也有外在超越论说，西方同样有内在超越言述。于是，内外在超越便不足以用来界定两种文化的特质。即便承诺内在超越的断言，也需要看到它的双刃剑性质：它并不单纯凸显中国文化的特质与优势，同时导致了两个严重的阻断。儒家必须致力实现三个突破，才能连接两个长期的阻断——神对人的规范与约束、物对人的独立与价值。由此，儒家及中国文化才能从根本上改变适应现代世界的败绩挫折，承诺高位政治规则和客观认知外部世界，逆袭上位，实现古今转变。

中山大学陈立胜教授认为，牟宗三提出内在超越说，质疑声音不断，这些质疑或认为基督教与西方古典哲学亦有内在超越，或认定内在超越本身即是一不伦不类的提法，或认为内在超越是以西释中，而且后果很严重。我认为这些质疑虽有部分依据，但在总体上是借他人之酒杯浇自己之块垒，而并未对内在超越说有真正同情理解，亦未能充分把握其文化意义何在。我们应该从儒学形态的历史演变进程中给内在超越说以准确的定位。在儒学形态的两次重大转型（宋明新儒学与现代新儒学）中内在超越的言说架构实际上一直在起作用，它在根本上是面对西来宗教文明（佛教与基督教）的"出世"与"超越"的挑战，儒学自我更新的一种话语机制。总之，只谈超越，则不免神性，太神性了；只谈内在，则不免人性，太人性了。另外，必须指出，牟宗三虽主内在超越，但从不否认"帝""天道"之客观性，其宋明理学三系说中，最推崇的是五峰蕺山以心著性一系而非陆王一心朗显一系。"虚无主义"等一类批评如同堂吉诃德大战风车而不得要领。

中国社会科学院世界宗教研究所卢国龙研究员认为，从历史经验来看，汉文帝时博士诸生所作《王制》的制度思维，其实不是以农耕为核心而是以农耕为全部，其格局大略以农耕的九州为范围，以天子为大纲，以五等爵、五等禄的等级结构为网络，以下起于士、上至三公的精英为执行制度的载体，以祭祀等礼乐文化奠定维护制度的基础。这样的格局，注定其功能只是农耕社会的内务管家，不能从制度层面思考农耕与狩猎、游牧相处的规则。回顾这两千多年的中国历史，正是由于北方游牧民族的袭扰，西周变成了东周、西晋变成了东晋、北宋变成了南宋。中国的疆域版图，虽然汉唐时曾经向西域延展，但也只是军事据点，居民未跟上，制度安排更未曾跟上，远远看不见稳定的状态。宋以后，尊奉儒家的汉族政权，疆域只限制在农耕区域，而游牧民族所建立的政权，其疆域可以覆盖农耕与狩猎、游牧的广袤地区。同时由于制度思维的局限，实际发生过农耕与游牧几千年的拉锯战，就像农耕生产一样，不断地循环重复。数千年之战的惨痛代价中，不仅仅包括双方的人和物，也包括社会文明模式的不断自我复制。今天中国的农耕社会正在向工商社会转型，儒家的制度思维，又将如何应对即将来临的工商社会，是值得深思的。

复旦大学杨泽波教授认为，首先应该弄清牟宗三先生内在超越的原义是什么。牟宗三提出这个概念，是不满意于黑格尔对孔子思想的指责，强调儒家思想不仅仅是道德教条，也有自己的超越性，这个超越性就是天。要理解儒学的这种超越性，有四个概念最为重要。一是"借天为说"。孔子之后，儒家以天作为道德的形上根据，是对先前天论传统的一种借用。戴震称之为"借天为说"。这种意义的天，一定不能理解为实体。二是"认其为真"。"借天为说"的"借"不是有意骗人，而是真诚地相信。这种情况大致相当于康德所说的"认其为真"。可贵的是，康德这样说只是一种理论设想，而儒家却以这种方式实际生活了两千多年。三是超越性。一个是"借天为说"，一个是"认其为真"，二者共同构成了儒家学理的超越性，这种超越性就是儒家学理的形上基础。第四，非宗教性。儒家学理的超越性有其自身的特点，这种天只是一种信念，不是实体，不具有人格神的意义，从而决定儒家自轴心时代之后，一直沿着人文的大道阔步前行，没有像世界上其他大的文化那样走向宗教。这可以说是儒家学理最微妙、最有价值的地方。一些学者不了解这种情况，认定儒学是一种宗教，认为这种宗教较其他宗教相比还差了一层，不客气地说，这是对儒学特质的极大不尊重。

山东大学傅永军教授认为，中西哲学背景不同，在超越性问题上对话，首先要厘清超越性概念的内涵，以便能够在共同的思想论域中展开有效的沟通。在西方语境中，超越性首先涉及现象的终极根据，它描述"是其所现"与"是其所是"之间的关系，超越性为实体性存在的特征。在中世纪，这个概念指称着神人关系，神是超出自然或在自然之外的"完全的实在"。在康德那里，超越性与人的理性的合法性使用相关联，其在消极意义上将理性使用限制在现象界，在积极意义上引导着理性超越现象界而作本体之思，让自然和自由各得其位。在儒家思想语境中，超越性的含义不似西方那么复杂，主要指的是天人关系，主流意识强调将最高的天道拉入人的内部，与日常人伦不相分离，内在于"心性"。但儒家也不排斥外在超越。现在赵法生教授又强调"中道超越"。所以，在超越性问题上，我们不仅要破除"内、外在超越"的教条式划分，更要搞清楚中西方思想是在何种超越性问题上对话。但无论如何，首先要进行对话，且要在对话中恪守诠释学的"善意原则"：凡在人们寻求理解之处，就会有善良意志。我相信，只要双方在对话中各自克制自己的强力意志，学会倾听，就能够超越相互理解之障碍，逐步接近对话的目标。

中国人民大学梁涛教授认为，清华简《命训》的"大命"指天命，"小命"指个人运命。《命训》第二句当断为："命司德，正之以祸福"，"司德"指主德，即遵从德。目前学者将该句断为："命司德正之以祸福"，释"司德"为天神，是不正确的。《命训》的大命、小命说的是对三代天命观的继承，同时又突出了个人运命的观念，这与孔子将天命与运命分离，以突出人的道德自主有所不同，而是力图将二者重新统一起来，表现出鲜明的神道设教的思想特点。清华简《命训》的发现，表明《逸周书》尤其是前三篇《度训》《命训》《常训》的重要性。《逸周书》应由子夏的西河学派编订于战国前期的魏国，"三训"的作者可能是子夏后学中的某位不知名学者。"三训"的人性论、礼法论与荀子均存在密切联系，但其天命论则与荀子的人文主义走向存在较大反差，这种联系和反差反映了"孔荀之间"思想变动的复杂情况。

中国人民大学韩星教授认为，孔子所体现的儒家超越精神在内在超越与外在超越的双重进路。在内在超越方面，其渊源有西周的"敬德保民"和春秋的德思潮，形成了以仁为核心，注重于修己以敬、心性修养的内圣，发展出了孟子和后来宋明理学的心性儒学传统；在外在超越方面，渊源是上古以来的礼乐传统和春秋礼思潮，形成了以礼乐为主体，注重身体立礼成乐、治国平天下的外王，发展出了荀子为代表的社会政治儒学传统。内在超越与外在超越的关系是合内外之道，此道即天道，即人道，故也是天人合一之道。儒家或儒教的宗教性或宗教成分往往是通过相互联系的内在超越和外在超越体现出来的，内在超越如《孟子》《中庸》的"诚"，《大学》中的定、静、安、虑、得等都涉及儒家的宗教性体验与道德实践；外在超越主要是祭祀礼仪使人们产生"与天地合其德，与日月合其明，与四时合其序，与鬼神合其吉凶"（《周易·文言传》）的宗教性体验与道德实践。而从儒家思想的整体看，这种超越性或者宗教性被道德统摄，所以儒家有宗教性和宗教方面的内容，但不是典型的宗教，而是以道德为依归的丰富复杂、博大精深的学术思想体系和修养实践体系。

中国社会科学院世界宗教研究所赵法生研究员认为，儒家轴心期所产生的超越形态，既不是现代新儒家所说的内在超越，也不是基督教的外在超越，而是中道超越这样一种特殊的超越形态，代表了华夏文明轴心突破的主要成果。中道超越继承了孔子以前的外在超越面向，承认在人之上存在至高的天命，并以"敬畏天命"作为超越的最高祈向；但它不等同于外在超越，因为它发现了人心中道德主体精神，人可以在下学上达天命，而没有走上完全否定自我和皈依神灵的外在超越之路。但它又不同于牟宗三所说的内在超越，因为牟宗三同时把心性看成是道德理性本体和宇宙创生实体，从而将超越在本质上完全主观化和精神化，孔子由敬畏天命而透显出来的外向维度被忽视了，合内外之道也就成了主体精神单方面的自我呈现。而中道超越则通过下学上达同时保留了向上和向下两个维度，避免将天道完全心性化主观化进而丧失天人之际的界限，这又使得它与所谓的内在超越具有显著差异。其次，中道超越在理气合一的基础上，主观客观并重，避免了将超越的依据完全主观化所带来的弊端，确保儒家实践工夫作为合内外之道的特征。总之，中道超越是以体悟客观存有的天命和天道为前提，以主客观兼顾贯通为原则，以身心合一和仁礼双彰的人伦日用实践工夫为路径，以天地万物为一体为最高境界的超越形态。它在极高明而道中庸的精神下，将上下、内外和左右三维六度有效贯通，力图达成天与人、内与外、自我与他者之间的中道平衡，通过即凡而圣的道德实践实现天人合一，完成超越的目标。

中国社会科学院哲学所詹文杰副研究员认为，柏拉图的哲学根本上具有伦理性和宗教性，它宣称人应该尽可能让自己变得像神。神完全是善的、正义的，是道德典范。哲学式的生活就是尽可能摆脱身体的束缚而回归到灵魂的纯净状态，就是去探究真理、认识理念，而关于诸理念（如善、美、正义和其他形而上学本原）的洞见可以让人获得科学和道德的原则，让人过崇高的理智和道德生活。柏拉图的神究竟指什么，学界提出许多不同看法，如：第一，诸神是诸理念，作为最高理念的善是至上神。第二，诸神是那些由灵魂和身体结合而成的高级的、不死的生命体（其理性更加完满）。第三，诸神是那些不带有身体的纯灵魂。第四，神是宇宙灵魂，以某些数学原则主宰宇宙，赋予宇宙以和谐的运动和秩序。第五，神是纯粹理性（努斯）。第六，神是超出宇宙灵魂的某个原初灵魂（包含纯粹理性）。有些学者综合上面某些观点而提出神是善理念，等同于努斯。不过，这种从亚里士多德的神学来理解柏拉图的"神"的倾向可能是不对的，因为柏拉图没有完全摆脱多神论，他的神学还处于传统的诗人神学向亚里士多德神学的过渡样式。诸神是沉思者也是道德行动者，是人类的范型和榜样，他们作为有灵魂的存在者遵从形而上学本原并将其传递给可感世界。柏拉图的神学深刻影响了亚里士多德和其他许多西方哲学家，对基督教神学也有重要影响。

二、中西宗教视域下的超越性问题

山东大学陈坚教授认为，佛教讲"缘起论"，原则上是反对一切实体的，那种宗教性的终极实体，无论是内在的实体，还是外在的实体，更为其所厌恶。从这个意义上来说，佛教是无所谓内在超越和外在超越的。然而，佛教又是一种基于其"方便"理论而善于妥协的宗教，所以在其从印度到中国的发展过程中，也曾出现过承认内在实体的内在超越论，但这种论调始终难以成为佛教的主流，并终至淹没于佛教洪流之中。从根本上来说，主张"缘起论"的佛教属于"无神论"，它是绝对不谈外在超越的，反对将诸佛菩萨视作至上神；至于内在超越，我们只能说，佛教中不是没有，但即使有，也不重要，非主流，故而也就不流传。以中国佛教的禅宗为例，禅宗有南宗和北宗之分，以神秀的"身是菩提树，心如明镜台；时时勤拂拭，勿使惹尘埃"为宗旨的北宗，就是典型的内在超越；而以慧能"菩提本无树，明镜亦非台；本来无一物，何处惹尘埃"为宗旨的南宗则显然是反对北宗之内在超越的，而且还有"呵佛骂祖"之喜好。最后大浪淘沙，绝超越之南宗流传而谈超越之北宗败落，这是禅宗史之事实。宗门如此，教下亦复如是。将"心"看作是"一真法界"的华严宗就是主张内在超越的，而倡导"观妄心"的天台宗则彻底消解了内在超越，至于天台宗讲的"理毒性恶"，更是将内外超越一起给否定了。在中国佛教史上，能绵延不绝流传下来而成其大的中国佛教宗派，也就是否定内外在一切超越而主张回归当下的禅宗和天台宗，是为中国化的佛教宗派。

复旦大学谢遐龄教授认为，中国人信仰是敬天祭祖。与西方基督教信仰的上帝根本不同。古希腊亚里士多德分裂、对立形式质料，引出神与自然界分裂、对立。希腊哲学与希伯来宗教遭遇而生的基督教，神即是无质料的纯形式，逻各斯。超越问题之前提就是这种分裂。中国文明的上天，既具有自然性，又具备神性和道德性，确切地说，是"前"割裂、对立的浑一体。因而不会有超越问题。《易经》曰"与天地合其德，与日月合其明，与四时合其序，与鬼神合其吉凶"，是合而非超越；即人们常说的"天人合一"。然而，超越性却是个有意义的话题。话头起于当代新儒学。其心性理论有一基本设定，即主张人有气质之性、天命之性。把天理看作人与生俱来地备有的。其实，《中庸》"天命之谓性"，天命是气禀，并非天理。也就是说，按《中庸》本义，天命之性就是气质之性。按《孟子》，仁义礼智之德性，须对天赋的四端存养扩充才可能获得，并非与生俱来地备有。宋儒强分天命之性、气质之性，不合孔孟思想。这样，宋儒对人性的预设，接近西方"人一半是天使、一半是恶魔"的观念。以此为基础，才会有超越问题。当代新儒学承接宋明理学，却未清理其基础，谈超越性，属于顺势而为，内含着士子们的精神需求。当代汉语已经在西化中，话语西化尤烈，思维方式遂也西化，已经完全接受神与自然界分裂、对立的基本设定。从而超越性是当代话题，而且是有意义的话题。

复旦大学李天纲教授认为，儒家不是宗教，在哲学范围，中西比较层面，20 世纪 30 年代就开始了。起决定性的是冯友兰，倡导儒家是人文主义，胡适、梁启超等跟从，钱穆先生也这样认为。如果不用哲学观去讲，宗教是存在的，应该引进社会学、人类学的方法。哲学化是一个方法论的问题，应该结束。我们应关注两个方面问题，一是中国文化的宗教性，二是中国宗教的民间性，即公共空间的宗教生活。1710 年，传教士给康熙写信，认为儒家敬天法祖，不是迷信行为，儒家不是宗教，是通过四书五经讲伦理、道德和法治，而天主教教会信仰无法治内容。中国历史上有周孔礼学和宋明理学的区别，应该区分先儒和后儒的这种差异。经学中的汉学、宋学之分，传教士已经开始分辨了。儒学宗教性比较弱，儒家是一个社会团体。学者应该区分周孔和孔孟。周孔注重外在祭祀，宗教性强；而孔孟则是弱宗教性，比较重视内在。

复旦大学邓安庆教授认为，在施莱尔马赫看来，对现代人而言，既成为自由的存在者，又需要宗教，必须从独立原初的直接的角度去理解。其晚期要找到一种对无限的依赖感，即情感上的绝对依靠，因为在有限生命中永远是找不到的。那么其超越性是怎么来的？是内在超越还是外在超越？其逻辑性在哪？施莱尔马赫认为，内心对无限性的渴求，超越凡俗的生活，对绝对性的依靠，不是超自然的，也不是形而上的，他甚至反对康德有道德必然导致宗教的观点。其教育启示是心里直观宇宙，发现无限可能性，其实都是内在超越。其实践哲学是把绝对价值如何变成一种现实可能性，自己不断超升，有实现的可能性路径，这是每个人具有的自身性问题。

中国社会科学院世界宗教研究所李建欣研究员认为，晚清著名学者夏曾佑对中国宗教尤其是儒教的研究对我们今天的宗教研究依然具有重要的启示。长期以来我国的宗教研究受到西方宗教概念、理论和学说的浓重的影响，这毫不奇怪，因为作为现代学术意义上的宗教研究是从西方引进的，是舶来品。但随着对世界宗教纷繁复杂多样形态（尤其是东西方宗教巨大差异性）认识的不断深化，随着中国本土宗教越来越成为中国宗教研究的重心之所在，越来越多的宗教学者认识到：用从西方具体的、特殊的宗教——基督教抽象出来的、貌似具有普遍适用性的宗教概念、学说和理论来观照、认识东方宗教（包括印度宗教、日本宗教）尤其是中国的儒教、道教、民间宗教时发现扞格不通，解释性不强。因此，在对西方宗教的概念、学说、理论保持关注的同时，还要充分认识到其局限性、其适用范围，下大力气对中国本土宗教进行长期深入、细致、具体的研究，以期从中提炼出东方宗教乃至中国宗教之形态、模式的概念和理论，这正是夏曾佑在近百年前的儒教研究所昭示我们的。

华东师范大学陈赟教授认为，中国古典历史哲学的一个核心问题，人身处时间过程中的无常变化，何以克服无常的意义焦虑。这一意义焦虑集中在对时间的理解，西方思想将时间与无常、毁灭、朽坏关联在一起，因而将人之所以为人之道视为从时间的拯救，而一种非时间的永恒则成为其内在之渴慕。相比之下，中国思想却要求直面无常之化，与时间融为一体，在时间中追求在时间中的持续。这一与化为体的生存方式根植于对道的时间性的理解。他主张超越应该立足于中西比较视域下，春秋以后重人而轻神，三才之道能彰显人的主体性，尊天重地，不会造成人类中心主义，遵时（时中之道）一定要在历史中来讲超越。

山东大学谢文郁教授认为，宗教在当代西方社会的表现似乎和启蒙运动思想家们所构想的路线发生了偏离。美国宗教社会学家英格尔哈特在回应"宗教市场论"时企图继续采取一种世俗主义的解释方式，提出了"人口代际更替"和"生存保障程度"两条原则来处理宗教人口的未来发展问题。不过，这两条原则无法处理中国的宗教现象。本文追踪了近代以来的中国宗教发展，提出了一种"偶态视角"来处理当代社会的宗教问题，认为人在生存中是通过情感来面对未来的，而情感（包括宗教情感）的生成是偶然的，不同的情感指向不同的情感对象（未来世界），从而引导不同的生活方式。宗教是人在面对未来时采取的一种应对方式。因此，世俗生活在任何情况下都无法摆脱其内在的宗教张力。

山东大学董修元副教授认为，在古代以色列宗教和《圣经》中并没有以命题形式表述的教义信条，直至古代晚期和中世纪，犹太思想家才在希腊哲学、基督教和伊斯兰教神学的影响下开始将犹太教信仰信条化和系统化。在《密释纳评注·法庭篇》第十章导言中，迈蒙尼德总结提出犹太教十三信条，为后世犹太社群广泛接受并被编入《祈祷书》。其中，前六条（神学信条）是关于上帝及其属性的陈述，后七条（律法信条）则主要围绕启示律法展开。事实上，律法信条包含对上帝的另一重关键描述，即上帝作为立法者的角色定位，这对犹太教来说至关重要。从律法中心主义的视野回视神学信条就会发现，这样一个具有超越性和排他性主权的上帝恰恰是确立绝对神法的逻辑前提。由此我们可以理解施特劳斯的判断：《圣经》作者为了将特定族群的特定法典确立为绝对神法而要求一神论。古代犹太教一神论的演化史也印证了这一观察。

上海财经大学郭美华教授认为，在内在性与外在性相统一的视角下，首先，告子的仁内义外说有着自身的积极意义，即他看到了自然情感（仁）与其约束（作为道德原则的义）具有外在性，引起道德情感（爱与不爱、悦与不悦）的道德对象具有外在性，并且道德行动受制于外在道德情境。但是，告子对于自然情感与道德原则、道德情感与道德对象、道德行动与具体情境的外在性之论，将人之源初视为一种纯粹自然本能的存在，则是错误的预设。针对告子的观点，孟子突出了道德生存内在性的几个方面。不过，在后世对孟子仁义内在说的理解中，忽略了仁义作为具体行事活动的内涵，而引向将普遍道德原则视为道德主体内在道德心灵的主观产物，从而湮没了道德生存中的多重外在性——一是普遍道德原则本身相对于每一道德主体的外在性，二是他者的陌异性，三是自觉的道德行动本身引致的结果相对于这一行动具有外在性。

中国社会科学院世界宗教研究所谭德贵研究员指出，孔子弟子中有一派，传承了孔子的象数和术数传统，而本土的宗教在很大程度上通过术数来体现，六十四卦、三百八十四爻模型，在目前世界文明的发展中，在复杂性研究等方面，有着非常重要的影响。人们对宇宙的认识，有着非理性、理性和超理性三个方面。《易经》将这三个方面结合起来，对命运等进行预测预判。很多学者认为中国无科学、无理性，其实《易经》是很严谨、很理性的。需要以西方文明的视角，从命运观切入，在理性与非理性、宗教与道德、哲学与思维三个方面，对道教易学中的术数文化进行全面反思，从而为中国文化的现代建设提供一个全新的参考。

文化宗教学者杨鹏先生通过分析大丰篡与何尊铭文的思想，揭示孔子思想对西周思想的继承与超越。孔子继承了西周的上天信仰、天命思想及以德配天的思想，但突破了天命降临周王、周人的族群及等级限制，将修德以配天降临到了普遍性的人本身。

厦门大学谢晓东教授认为，对儒家超越观来讲，康德人性论的启示有三：第一，儒家的理想人格——圣人只是一个概念设准，而不是一个呈现。第二，康德既指出了人得以超出禽兽的优势，也剖析了人与兽的一些共性，这就揭示了人的内在超越的先天局限性。第三，康德提出了著名的"应当意味着能够"的命题，从而对人的道德义务予以了限制，即道德要求不能过高而应是普通人能够做到的。可以说，这种底线伦理的思路对儒家的高调伦理构成了一种挑战，并间接破坏了内在超越的理论基础：人有智的直觉，因而能够具有某种康德所云的神圣意志。

上海交通大学余治平教授认为，孔子之前儒的身份与背景，可以上推至殷商官职，周代也是。巫师、史官、易学以及甲骨文上的来源，是儒的形成过程中的若干阶段。孔子通过理性，人文化成，创立儒家，理性起到了关键作用，不再倾向于神巫的方向。他认为传统中国的本土宗教以天道信仰为核心，天子通过对全民进行"涵泳其德"与"鼓舞其化"而把天道信仰打造成一种具有强渗透性的"国家宗教"。汉武帝把意识形态定于一尊，但至汉章帝钦定《白虎通义》之后，纲常名教、礼制规范才一统天下，奠定了中华帝国圣王同构、政教合一、君师一体的治理范型。董仲舒"立太学""设庠序"对策的付诸实施，儒教教条开始以有组织的方式渗透到中国社会生活的各个方面，而使之逐步成为一种"弥漫性宗教"。董子要求郡守、县令皆成为"民之师帅"，以官为师，以君为圣，这种官师一体的设计为此后中国描绘出政教合一的底色，但也悄悄把道统糅合进了政统。重建天道信仰系统则面临来自人文传统和整合其他宗教派别的棘手难题。而把天子确立为"国家宗教"的"教主"，则可能导致君统大于道统、政统凌驾于学统之上的灾难性结局。

　　同济大学余明锋博士指出，哈贝马斯于 2019 年出版的新书《兼论哲学史》包含着对雅斯贝尔斯的轴心时代论的系统化改造。哈贝马斯沿用了雅氏的高等文化和轴心文化的区分，但用三种相互关联的要素来解释高等文化的发生机制。高等文化由此形成了超越血缘联结的国家组织。哈贝马斯所关心的是随着国家组织的兴起而产生的合法化需要。轴心时代的一大变化，就是法权所依赖的超越权威凌驾于政治之上了。轴心时代真正的创新之处在于"神圣领域的道德化"。哈贝马斯以犹太教为例，列举了"轴心时代世界图景革命"的三个要素：超越、救赎和祛魅。东方的超越方式有四点基本差异：一是与一神论相比，东方的宇宙论模式发展出一种普世主义的自然正当的标准，即我们所谓"天道"来评判政治现实；二是与启示宗教的位格性交流不同，东方的路径是知识论的；三是与上帝要求信仰者对律法的绝对服从不同，"知识论路径"采用的是一种自我修养的路径；四是东方圣哲是榜样的形象。

三、多维视域中的超越性问题

　　中国社会科学院世界宗教研究所张宏斌副研究员认为，现代儒教是教非教问题已经被超越了，而且历史上也的确存在儒教这样一个事实。通过《逸周书》，不仅可以看到其中的天命思想，还有制度安排的左宗右社等。儒家被期待是全方位的，在个人身心方面，儒家承担的期待也比较大，具体可以还原到古代发生学上。根据考古学发现，古代中华文明应该是呈点状分布。从三代以来的文明来看，对个人身心的安顿是没有的，春秋战国时期才出现。之前的族群瓦解后，才出现个人身心安顿。《孔子家语》等文献的记载，可见宗教形态的背景，如颜回偷食不洁之米，因为不洁不能祭祀上帝；渔人用鱼肉祭祀；等等，这可以说是一种现代的功能性表达和价值表达。

　　中山大学张丰乾教授认为，轴心时代的说法有局限性，先秦可称为中国思想的本根时代。本根与花果的关系是动态的、相互成就的，即使花果飘零，本根未伤，还是有希望；本根自身也有壮大或枯萎的问题。不同地区文明种子不同，生长的模式也不一样。文明比较和对话应该建立在具体而可讨论的基础上，避免大而化之，自说自话。他指出，关于"儒教"是否成立，或退而求其次的儒家思想中的宗教性问题，学术界存在很大的分歧。无论如何，儒家所主张的精神生活中，自我约束和自我反省无疑占有无可取代的地位。人之所以要斋戒，也反映出了人对神明的"畏"，正是由于"畏天命"、畏神明，所以才会斋戒。圣人之言要畏惧，就在于天命是最终的根据，大人是人类社会中最伟大的人物，圣人之言也就可以说是最精粹的言论。《论语》所载的孔子对于"戒""慎""畏"的强调与申论，则处处体现了他悲天悯人的胸怀和"叩其两端"、避免"过犹不及"的中庸之道。由《论语》所载的"戒""慎""畏"三个方面的内容来看，对于"宗教"的内涵及其表现形式有必要重新检讨。

中国社会科学院世界宗教研究所刘国鹏副研究员指出，究竟是文明的蜕化，还是文化的转型，需要进一步探讨。"新野蛮主义"的初衷在于为处于突变和纷纭复杂的当代中国社会提供一深度精神分析报告。其视野以改革开放之四十年为观察点，而投射于1949年乃至中国现代性之转型。其报告首先对形成当代中国社会的"新野蛮主义"状态从精神成因上进行了一般性考察。其次，他分别对作为新野蛮主义表征的政治生态、宗教生态、文化生态和全球化时代的中国文明处境进行了详细剖析。最后，他对以新野蛮主义为特征的当代中国社会精神状态进行了反思，即将其纳入一种文明畸变或文化复兴的价值判断中予以衡量。

浙江工商大学王绪琴教授关注的是朱子的心性问题，她列举了学界对朱子之"心"的主要立场，认为其大致可以分为两类：视朱子之"心"为形下存在者，如牟宗三、冯友兰等人；视朱子之"心"为形上本体者，如钱穆、金春峰、蒙培元等人。王绪琴教授提出，如果参照蒯因"本体论承诺"的理论立场来看待朱子的"心"学问题，我们可以看出在朱子那里似乎并没有执着于"一本"论的诠释立场，而是持一种"多元本体论"的诠释立场。以理为本者，是从天理的先天性和绝对性而言之；以神为本者，是从神之对于心之内在主宰性与神妙性而言之；以太极为本者，是从周易之"太极生两仪，两仪生四象"的二元展开的宇宙论体系上立论的。学界关于朱子究竟是何本体论问题之所以争讼不已，恰恰就是因为没有能够超越对"一元本体论"的执着。

山东大学郭萍副研究员认为，超越问题与自由问题密切相关，但是宋明以来的内在超越和殷周盛行的外在超越都存在自由的隐忧，反观原始儒家的超越观则具有积极启发性。原始儒家以"天命之谓性"确立了人自身主体性的神圣来源，并以"尽性"，也即不断提升自身主体性的超越活动来"事天""俟命"，就此赢获自身的自由，可以说"尽性"的超越过程也就是赢获自由的过程。当然，天命维新；不同时代的人所尽之"性"不尽相同，这使得人类自由自古至今依次呈现为宗族自由、家族自由、个体自由三种不同的历史形态。这种不断超越旧主体性，赢获新主体性的趋向，不仅表明人对自由的赢获，而且表明人的本性一直处于敞开的可能性之中，根本无法以任何具体的规定性（如"性善""性恶"等）来概括，而只能说是"性日生而日成"。就此而言，作为超越的自由本身才是人唯一的本性，这实质昭示着一种更合乎生活实情的"自由人性论"（human nature of freedom）。

厦门大学王堃副教授认为，以哲学反思遥契超越性问题，在宋代儒学那里的一种体现是因果性的建构。为匡正佛学将因与缘割裂为空、有两端而致因果性落空的问题，宋儒尤其是朱熹基于智性反思，以逻辑的方式建构起本于天道的"阴阳"，并贯通于形而下的坤道与乾道之用，为经验因果关系提供了必然性的保证。阴阳是在相摄合一的本源体验中，以肯定与否定的反思性理解样式而建立的因果性范畴，其合一的根据是天道的外在超越性。阴阳的变化性呈现为时空中由乾道与坤道构成的工夫过程，坤道以排斥力将经验事件纳入因果链，体现了阴对阳的开导性，而经验因果链接近现实世界的可能性则由乾道所显现的阳对阴的规定性而得到保证。阴阳合一既可以成为探讨哲学为科学奠基的契合点，也是以哲学反思上契天道的逻辑路径。

中国社会科学院世界宗教研究所陈进国研究员认为，近年来，中国民间信仰总体上呈现出"政规教（信）随"的发展常态，普遍存在着以"遗产化"为特征的"信俗共建"的现象。而非遗化的"信俗"事实上也是多样化的"信俗主义"（信仰民俗主义）实践或"遗产性记忆"建构的产物，其中主要表现为政治化、族群化、经济化等不同场域的信仰记忆形态，显示了中国民间信仰与当代的基层社会和政治制度、族群关系、跨境网络的紧密关系。在快速的社会变迁中，民间信仰走向弱化"宗教性"的信俗主义实践虽有其历史惯性和内在驱力，但是相应的"遗产性记忆"建构难免也将迫使等级化的民间信仰陷入"内卷化（过密化）"的尴尬处境。

中国社会科学院世界宗教研究所李志鸿副研究员以福建三一教为例，尝试探讨明清时期学术团社演化为民间宗教的历程。三一教，又名"夏教"，由福建莆田人林兆恩所创，产生于明代中后期，盛行于明末清初，至今仍流行于福建、台湾以及东南亚地区。至今，福建地区有三一教堂祠近 1850 座，门人 12 万多人。三一教以为"道一而教三"，合儒、释、道三教为"夏教"，倡导"宗孔归儒"，"心身性命为要道，三纲五常为至德，士农工商为常业"。三一教与道教关系密切。历史上，高道张三丰的思想对三一教主林兆恩影响深远。莆田高道卓晚春则"有功于师门"，三一教专门建"无山宫"祭祀卓晚春。林兆恩在道教丹道修持基础上，自创"九序心法"，以此指导三一教门人修持内丹心法祛病健身。林兆恩命弟子卢文辉编辑三一教斋醮科仪书，卢文辉弟子陈衷瑜则是三一教仪式的集大成者。三一教仪式分为文武两道，仪式类型多样，涉及底层民众的生老病死诸多事项。

中国社会科学院世界宗教研究所周伟驰研究员指出，花之安（Ernst Faber, 1839—1899），1865 年来华传教，早年在广东东莞，后至上海，1899 年病逝于青岛。他著有中文、德文、英文著作多部。其中，中文的基督教解经著作有《马可讲义》《玩索圣史》《路加衍义》，有当时德国圣经解释学的痕迹。在 1884 年《自西徂东》中，他专用一篇介绍了西方的经学传统，可视为晚清最早的相关文章。1893 年，他出版专门讨论研究中国人性论的《性海渊源》，从基督教神学的角度，探讨孔、孟、荀、宋明理学性善性恶说各家的得失，试图纳入基督教人学系统中，予以综合。1898 年《经学不厌精》以圣经研究低等批评学和高等批评学的方式，对儒家十三经逐一进行了文本考据和义理探讨，深入儒教经学内部评判儒教价值观的得失，试图在其批评上树立基督教文明的价值观，实现"孔子加耶稣"的成全主义进路。

中国社会科学院世界宗教研究所梁恒豪副研究员指出，荣格是瑞士著名的心理学家，精神分析学派的代表人物之一，分析心理学的创始人。荣格出生于基督教氛围浓厚的家庭，然而受到当时社会心理处境的影响，加上本人对文明变迁的体认，他的信仰历程是一种植根于传统而反传统（制度）的、通过自性化过程达成自性的超越之路。荣格的自性兼具内在超越和外在超越的意涵，自然而然、自由超脱，更新了我们对"宗教"之内容和形式的理解，为我们认识内在与外在、制度与自由、神圣与世俗、信仰与生活的关系提供了一种参照。荣格的信仰进路比较个人，因制度信仰之不足转而寻求异域文明资源支持，因而具有神秘主义色彩，甚至一度被新时代运动者奉为祖师爷。荣格特别强调"宗教"对于人的身心健康的积极作用，虽然不够辩证，但他对于重返精神家园的呼吁仍然具有时代意义。

中国社会科学院世界宗教研究所副编审袁朝晖博士作了题为"信仰、真理与宽容——洛克论跨越宗教纷争的哲学基础"的发言，他通过对泰特（Tate）对于沃尔德伦关于洛克的经典论述和布哈比（Bou-Habib）的《洛克，迫害的真诚与合理性》一文批判的基础上的再批判，从而阐发约翰·洛克在《宗教宽容书简》（*Letter Concerning Toleration*）文本中被忽视的一点，即《宗教宽容书简》在哲学上是在讨论宗教信仰的"真理"论点。这和《人类理解论》和《政府论》中的洛克是一脉相承的。结合《人类理解论》《政府论》中洛克对于真理、国家、个人的论述才能正确理解《宗教宽容书简》中的核心思想：存在宗教真理，但人类理性对于信仰真理的不可确证性要求我们在一个以多元共存为目的的政治社会中必然要认同一定的、共同"接受"的规则以达成共存，这就需要构建一个不同信仰、不同理性"同意"的秩序。

河北大学敦鹏副教授认为，儒家讲内圣、修身，但是也讲外王，讲治国平天下。对于理学来说，理学是修身之学，更是治世之学（修身的价值旨归也是治世），中国哲学核心是政治哲学（周桂钿），所以，超越不单是心性天道的纯化的形上学的建构，内在的超越也应该和外王联系在一起，它的目的也有积极入世、体现现实关怀的一面。余英时在《朱熹的历史世界》一书中也认为，宋代理学"内圣"的目的仍在重建"合理的人间秩序"。最重要的当然就是政治问题。那么，传统社会政治最大的问题是什么？用福山的话说，就是如何解决坏皇帝的问题。尤其是秦制以后的中国，面对中央集权的皇权专制，能够限制权力的空间越来越有限。所以宋代理学家认为，应该在理论上从一个外在的超越层面对皇权加以限制。二程提出一个"天理"的概念，它有几个特点：超越性、神圣性、普遍性、公共性、善性（公正）、非人格神。这样，"天理"不再被皇帝的政治权力所垄断，对于知识分子来说，就以此为依据批判皇权施政的不当。这本质是以道德对抗权力，但是道德理想对抗现实权力，力量上是悬殊的，所以这种理论尝试在现实中并不成功。

中国社会科学院世界宗教研究所李晓璇助理研究员认为，天子郊祀礼是国家宗教的核心。西汉前期的郊祀礼制剧烈震荡。汉初承秦，全面继承了秦帝国的国家祭祀体系，同时也保留了秦人故有的雍四畤作为汉王朝国家祭祀的对象。但雍四畤毕竟是秦人旧祠，自汉高祖经汉文帝至汉武帝，不断对郊祀礼制进行损益。汉高祖至汉文帝时期的郊祀改革围绕着汉家德运进行，将秦人所祠的雍四帝改为雍五帝，并运用"五德终始"说试图确立汉家以土胜水的德运。汉武帝时期，围绕效仿黄帝登仙进行的系列行动，使具有"明时正度"之功的星官太一地位大大提高，并最终代替五天帝而成为至上天神，甘泉泰畤和汾阴后土祠也代替雍五畤成为汉家郊祀的核心。"天有五帝"、五德终始、"天神贵者太一，五帝太一佐也"等知识资源凭借皇帝权力影响着西汉前期郊祀仪式的面貌，同时重构着郊祀礼的礼义，并成为西汉后期儒家郊祀礼制改革的基础。

中国社会科学院世界宗教研究所常会营助理研究员认为，"宗教"一词，其今义可溯源自日本。今之"宗教"一词，主要以西方基督教为宗判。中国古之"宗教"含义，与今之"宗教"相异，但也有部分相关性，特别是礼制方面。中国古之宗教本有宗法、政治伦理教化之深义，其源可追溯至殷周时期乃至夏商周三代甚至更早。中国本土化的儒、释、道三教，虽然包含对神灵的祭祀，但并不局限于神灵，而有教化、宗派、教理、教法等含义。如果以宗教性为参考标准，东西方之儒教、道教、佛教、基督教、伊斯兰教等，皆可称宗教。当然，东西方学者之宗教性思想亦是有一定区别的。他对儒教和孔教起源及历史发展进行了较为细致的考察，同时对儒教和孔教的宗教性及二者关系进行了探讨分析。

本次研究中西方宗教与哲学的学者济济一堂，以平等对话、和而不同、彼此礼重的心态，聚焦同一个论题展开深入讨论，坦诚交流，互相辩难，彼此启发，在现代学术史上尚不多见，堪称学术盛举。超越性问题能够引发中西专业学者的兴趣与共鸣，是因为这一问题本身就是中西思想碰撞的产物，对于它的深入探讨也为中西学术的当代交流提供了一个适宜的切入点。真正的中西对话并非易事，它需要我们在坚持主体意识的同时，抛弃执见，以物观物，真正进入他者的视域，才有互鉴会通的可能。

现代道德建设路向何方？

——《文史哲》公德私德论战述要

郭萍*

（山东大学儒家文明省部共建协同创新中心，济南　250100）

《文史哲》2020 年第 1 期刊发了清华大学陈来教授《中国近代以来重公德轻私德的偏向与流弊》一文，随即蔡祥元、任剑涛、肖群忠、唐文明、陈乔见、赵炎等多位学者相继撰文就陈文所论的公德私德问题发表了不同的见解（详见《文史哲》2020 年第 3、4、5 期），就此形成了当前学界关于中国现代道德建设问题的一场思想论辩。

从目前几个回合的讨论看，诸位学者虽然对于中国现代道德建设的紧迫性以及传统思想资源的价值不乏共识，但明显存在三方面的分歧：第一，现代道德的基本模式是公私分立，还是私德推扩；第二，现代道德的实现途径是以制度他律为本，还是以美德自律为本；第三，现代道德建设的根本立足点是古今之变，还是中西之别。这些内容既是严肃的学术理论问题，也是关乎中国现代化发展的重大现实问题。在此，分而言之。

一、公私分立抑或私德推扩

陈来通过对梁启超、刘师培、马君武、章太炎等中国近代启蒙学者的公私德之辨的重新审视，指出近代以来中国最大的问题是"政治公德取代个人道

＊ 作者简介：郭萍，山东大学儒家文明省部共建协同创新中心副研究员。

德、压抑个人道德、取消个人道德，并相应地忽视社会公德，使得政治公德、社会公德和个人道德之间失去应有的平衡"，进而提供了相应的建设性意见。这得到了唐文明、陈乔见、肖群忠等学者的赞同和进一步阐发。通观其论，此类观点包含两层意思：

第一，公德、私德区分的道德模式导致了近代以来中国社会重公德、轻私德的失衡局面，而传统儒家公私一贯的道德模式则没有此类缺陷，故应以后者取而代之。

陈来认为，近代学人批判传统中国缺乏公德并不属实，礼仪之邦的美誉就是社会公德的明证，君臣之道就是传统政治公德的体现，个人修身也是与他人相关的道德。梁启超等人区分了公私领域，并据此提出有别于私德的公德，其内容大都是爱国利群的政治公德（包括国家意识、进取意识、权利思想、自由精神、自尊合群等），这实质并不属于道德，而且造成了政治公德取代、压抑个人道德（私德）的危害。因此，现代道德模式应采取"真正伦理学和道德学的视角，以个人基本道德为核心"。

对此，肖群忠以传统道德是"公私合题"为依据也否定了公德私德区分的必要性。陈乔见则以"美德统一性"更明确地表达了公德私德一贯的观点。所谓"美德统一性"是指一个人拥有一种美德有利于导出其他美德，而缺乏一种美德则有损于其他美德的实现。他认为，这种美德统一性在儒家传统中能找到更多的知音，也更符合我们的道德经验。同时他也指出，公德私德作为美德并无关政治，传统儒家的"家模式"和"修齐治平"的思想是一种古代政治架构，其现代变革也属于政治问题，因此"如果是有不尽如人意处，这也非关儒家伦理"。通过道德与政治二分的观点，他一方面将公德排除到道德领域之外，另一方面突显了个人美德贯通公私领域的统一性。

第二，传统儒家是以私德（也即个人基本道德）为核心不断向公共领域推扩，这应为现代道德建设所继承，因此当前最为重要和紧迫的是培养和发展私德。

陈来认为，恢复个人道德的独立性和重要性是当代中国道德建设的一大关键。为此，他呼吁重视传统儒家修身的核心道德（也即仁、义、礼、智、信），以此为根本内容发展私德，并通过私德的推扩实现公德。他以《公民道德建设实施纲要》（2001）为例，指出现代道德建设的逻辑"应是以个人基本道德为核心，从中演绎或推化出社会公德、职业道德、家庭美德，形成完整的道德体系。公德是公民个人道德修养的重要表现，这既承认了公德与个人道德修养的关系，也无异于承认个人道德为社会公德提供了支撑"。

同样是倡导发展私德，唐文明提供了不同的论证。他认为公德与私德的区分具有鲜明的现代性，但这是应该反思的，甚至需要否定的。因为现代社会的公德是以理性建构的"团体"为对象，并不像传统美德那样是一种基于实际生活经验的伦理建构，强化理性公德会摧毁被视为私德的传统美德。因此，要克服现代道德的偏失，就应该发展以传统美德为核心内容的私德。

显然，上述学者都是主张以传统儒家的道德模式为依托和根据，发展一种以私德为核心，通过私德推扩直贯公共领域的道德模式。

与此不同，蔡祥元与任剑涛不但肯定了公私区分的道德模式，而且认为公德比私德更根本、更优先。从其论述看，他们并没有否认"德"作为价值观念在各领域的一贯性，而是认为陈来等学者并未切中近代学人区分公德私德是旨在进行现代民族建国的现实关切。为此，他们从道德哲学与政治哲学相关联的视角进行了辩驳。

其一，传统儒家公私一贯的道德模式不利于现代社会结构和秩序的形成。

对此，蔡祥元从私人僭越公共利益的角度提出了反驳。他认为，近代启蒙者区分公德私德的实际意义就在于解构传统儒家"家—天下"的道德与政治模式。因为传统儒家的个人修身和政治理想都是以"家"为源头的拓展，其基本思路是通过"小家"的放大来成就"大家"。但如此一来就抹去了"大家"与"小家"的区别，潜在地导致公私不分，"公天下"也就沦为了"家天下"。因而，必须首先把"修身齐家"（私领域）同"治国平天下"（公领域）区分开来，这既是对"公领域"的保护，也是对"私领域"的成全。从公领域看，公职人员只有公私分明、不徇"私情"，才可能公正地分配社会资源；从私领域看，不违法的"私己之乐"作为人之常情，也应得到认可。

同时，任剑涛从公权力无限度干预私领域的角度提出了反驳。他认为，公德私德问题是以公私领域的分立为前提，而公私领域分立首先是一个政治哲学问题，同时也是一个现代事件，因此必须将现代社会结构作为探究公私德行的基础。据此而言，传统家国一贯的道德模式对德行载体是不加区分的，而现代道德则是在个人、社会与国家的三层社会结构下展开的。其中，私人领域的个人道德是依靠自我约束，社会公德是靠个人自守与社会成员的相互监督，而国家权力不应直接干预社会事务与私人事务。

综观蔡、任的观点可以用严复所说的"群己权界"来概括，也即"使小己与国群，各事其所有事"①。这其实是确立和维护现代社会主体（社会中的个体，政治中的公民）的先决条件，而唯有现代主体得以保障，才能进一步探讨如何进行现代道德建设的问题。因此，他们对于公私领域分立的强调，实质意味着现代道德建设尚需一个广义的政治哲学基础，而这与前述道德与政治无关的观点形成了鲜明对比。

其二，公德私德虽然密切关联，但并不具有直接贯通性，而且对于现代社会秩序的维系而言，公德更为根本。

任剑涛认为，公与私是并行对等的两个领域，公德与私德也不存在谁推出谁的问题。在公私领域互动中，公权力的责任是要保护私领域不受侵害；而人们对于公共人物的道德要求主要是在于公德，而非私德。如果认为私德好就必然公德好，或者公德好就必然私德正，都是一种忽视现代社会特质的含混主张。其实《礼记》所谓"门内之治恩掩义，门外之治义断恩"就表明公私领域各有不同的伦理原则，并不能一概而论。

再而，他指出，私德推扩如何能不致失真，并达成道德共振，也是一个实践难题。其最终只能是"要么仰仗最高权力人物的有力牵引；要么依赖于道德楷模的完美垂范"，但现实中这两种人极少，而道德活动却无时不在进行。此外，一旦进入公领域，非权力人物的道德修为作用并不大，权力才是推进的杠杆，所以建构合理施用公权力的公共道德，对于保全每个人的基本权利和社会基本秩序具有先决性。在这个意义上，公德比私德更为根本。

二、制度他律抑或美德自律

基于不同的道德模式，学者们提出了两种不同的道德实现途径：以美德自律为本与以制度他律为本。尽管他们都承认现实的道德实践需要自律与他律双管齐下，但对于二者关系和地位却有不同的理解。

---

① 严复：《群己权界论》，商务印书馆1981年版，第81页。

陈来等学者基于私德推扩的道德模式，认为道德本身作为美德，其根本要靠个人的自觉自律，而不是依靠外在的制度规范。他们从两个方面做了论述。

其一，美德在根本上不是出于对道德法则的敬重，而是基于自身对道德价值的认同、对道德品质的追求、对君子人格的向往等内在驱动力，也即是基于自觉自律而实现的。

陈来认为，儒家追求的道德并不限于道德行为，而是对应于"好人"或"君子"概念的成人之德，可称为"君子伦理学"，其实质是一种广义的美德伦理学；而《大学》的"八目"修身工夫就是实现儒家美德的途径，它以人格修养为核心，落实于个人身心，但又不只是对于个人有意义，对国家、社会也有积极意义。

陈乔见、唐文明也强调美德指向内在品质的特性。特别是唐文明，他通过辨析麦金泰尔的美德（美德伦理）与康德的义务（规范伦理）的差异，指出儒家伦理只能从美德伦理的意义上才能得到恰当解释。事实上，他认为传统社会都是美德伦理，孔子的君子伦理与亚里士多德的好人就是中西美德伦理的代表，而现代社会基于理性的权威对其公民提出了规则性的道德要求，并将之称为公德，同时将深厚的传统美德视为私德而不加重视，这是现代道德的根本缺陷。为此，需要重新确立美德自律的根本地位，纠偏性地发展现代道德。

其二，从"法不徒行"的意义上讲，任何道德规范最终都落实到个人身上，需要通过个人的自觉自律才能得以履行。

唐文明转引麦金泰尔的话表示，虽然"美德伦理需要道德法则概念作为其补充"，但是"只有那些拥有正义美德的人才有可能知道如何运用法律"。与此类似，肖群忠也指出，"规则至上主要是一种法律或者法治意识，而道德的根本特点还是在于以人的自觉信念为维持手段"。"高度的道德自觉能动性，只要是人想做，也必然就会因为德是得之在我者，可以通过不断努力而达到的。即使只有少数圣贤才能够完全做到，……道德正是以这种应然超越的思想力量发挥着提升人性、鼓励人们走向崇高的作用，道德的这种内圣精神并不会因时代的变迁而消亡。儒学思维的重要特质就在于修德求之在我，反求诸己，要改变社会先改变自己，先有好人，后有好社会。"

对于上述观点，蔡祥元、任剑涛认为，依靠美德自律实现道德理想作为一种倡导，自然有其积极意义，但现实道德建设绝不是靠自律就可以实现的。因为区分公私领域本身就"不能首先倚重人的'良知',而首先需要通过规则来限制和规范人的行为",所以,制度建构更为根本,尤其是对于政治公德的维护,他律才是决定性的手段。进而,他们从美德自律的现实困难出发,进行了反驳。

其一,现实生活中具有圣贤道德觉悟的人极少,因此难以通过个人的道德自律实现普遍的道德理想。

任剑涛认为,人与人之间在实践上存在重大差异,如孟子所说"人之所以异于禽兽者几希;庶民去之,君子存之"。唯有舜那样的"圣君"才有能力依照道德行事,也就是说,现实的美德自律是有道德境界与实施权力的条件限制的。蔡祥元也进一步指出,如果"儒家理想社会的达成必须有赖于人人成为圣人,至少都是君子,而这样一种思想预设,无论是过去还是未来,其实现的可能性都很小"。毕竟我们不能指望掌握公权力的人都是尧舜,而且社会成员中也总有人为了"利"而冒天下之大不韪。可以说,没有规则,各种不道德的行为就层出不穷,而只有在好的社会规则下,"私德"才能更好地发挥作用。任、蔡所论不由得让我们想起孔子所说的,"我未见好仁者,恶不仁者","吾未见好德如好色者也",由此也足见通过自律实现道德价值之难。

其二,个人自律难以形成普遍公正的尺度,而如果不以制度为尺度,那么位高权重者就会占据道德制高点,以道德杀人就在所难免;而且还会导致社会资源分配不公,社会正义无法维系。

蔡祥元指出,各行各业,尤其是涉及公权力和公共资源领域,由于制度的缺乏,往往是靠找人、托关系办事,这导致公私不分、分配不公,而且很多人将精力放在打点关系上,无心脚踏实地地做事。对此,只有制度才是公之于天下的"尺度",它比个人的良知更"公正",也较之因人而异的"权变"更容易被把握。任剑涛则指出,若"以我之大私为天下之大公",那么权力者的私德也就顺势成为人人谨守的"公共"德行,其结果将是以公统私或假公济私,而这都将背离现代社会的价值理想。他强调,当前中国正处在由传统治理模式向法治国家转变的紧要关头,正处于国家治理体系与治理能力现代化建构的紧张阶段,因此首先需要通过制度规范形成原始的人伦秩序,进而才能谈道德自律问题。

事实上,从道德建设的目的看,无疑是自觉的道德意识和自主的道德行为具有根本意义，但是从道德建设的现实推进看，也确实难以依靠美德自律实现，而是更需要建构现代道德制度体系，以制度的规训和监督为根本。毕竟美德自律的培养也是要先有规可依，也即要使人先"立于礼"，再而才可能自觉地"克己复礼"，乃至"从心所欲不逾矩"。

三、古今之变抑或中西之别

上述分歧的背后实质体现着学者们思想视角的根本差异，即中国现代道德建设究竟是立足于中西之别，还是立足于古今之变。前者倾向于从中华民族的特殊性出发，通过辨析中西之别来探索中国自身的现代化形态，由此突显中国现代化有别于西方的特殊性和优越性；后者倾向于从人类社会发展的一般性出发，通过对传统思想的现代转化来发展中国的现代性，并尝试为中西现代社会的共同问题提供解决方案。

在这场讨论中，陈来等学者立足于中西之别，指出加强私德不仅与近现代的道德生活有关，而且是"我们儒家的文化立场所决定的"。他认为，公德私德的区分代表着一种西方的道德范式，其中忽视私德的缺陷反映着西方道德理论的局限性，而儒家对公私德行的论说要比西方更周全，完全能够弥补现代道德建设的基本缺陷。就此突显儒家不同于且超过西方现代公私德行的道德思想。

任剑涛等则立足于古今之变，指出公私德行与社会变迁紧密联系，公私领域的分化、公德私德的分立，是一个现代事件，因此，讨论公私德行问题的一个最基本的前提就是古今之变。在现代社会，家庭不能直接扩展为国家，国家也不能以家长权威的方式对待公民，在这个意义上，自然要拒斥传统与现代的直通说法，而"任何试图重光公私伦理直接贯通为一，且尽力让私德修为发挥公德效用的尝试，都是一种无视古今之变、悖逆现代定势的怀古与虚拟"。他认为，梁启超等人提出公德私德问题的基本参照系就是现代社会与国家，实质正是对古今之变的重视，而陈来的论述是基于中西之别的静态打量，基本脱离了古今之变的时代前提，因此才会提出将传统伦理直贯现代社会的主张。

唐文明为陈来辩护说，陈来对于公德私德分立的反思实际上是基于古典立场对现代性提出的批判，因为被理性控制的现代社会只注重道德规范性的公德，而忽视以传统美德为核心的私德，因此陈来才以家族伦理、社会伦理和政治伦理来重新刻画传统的五伦，纠偏克服现代道德的缺陷。另外，肖群忠也认为，传统儒家道德"完美地实现了民众日常生活和国家意识形态的高度契合，求忠臣必出于孝子之门，在家能孝亲，在朝就能忠君，这恰恰是儒学在古代中国取得成功的原因所在，对我们今天也是深有启发意义的"。

不过，唐、肖的主张都是以前现代的道德作为医治现代道德问题的药方，其现实的可行性与价值合理性都不免让人怀疑。正如任剑涛所说，"现代相对于古代发生了根本变化，现代难题无法在传统中求解；现代道德建设难题的解决，只能在现代脉络中来求解，而传统儒家道德若作为可用资源，那就必须在现代性生活方式下进行现代阐释"。也就是说，如果只是在抽象的意义上倡导儒家"五常"，那还是无法解释现代道德建设的缺陷，更无法开出实际有效的药方；而如果对传统道德的具体内容加以承袭，则会导向原教旨主义，那就不仅仅是一种认知的误导了，而且可能引发社会政治的悲剧。据此而言，肖群忠建议从"移孝作忠"的传统伦理观念中获得现代道德建设的启发，这恰恰是现代道德建设应当特别警惕和极力避免的。

毋庸置疑，各国的道德建设都有其民族特殊性，然而，任何民族性都不可能脱离人类社会的一般共同性这个大前提，而古今之变正是人类社会最基本的共同性。事实上，我们当前特别强调儒学的创新性发展和创造性转化，其根本目的也就是要实现中国人的现代价值诉求。只不过由于近代中国的屈辱记忆，人们往往错误地将"现代的"统统等同于"西方的"，从而偏离了现代性的方向，这实际是中国的现代化建设，包括现代道德建设，所尤其要避免的。就现代道德建设所面临的问题看，并不是传统的私德遗失了，而是前现代的道德模式被解构以后，新的现代性的道德模式还没有建构起来。正是在这个意义上，任剑涛呼吁，当前"校正中国德行争辩的现代坐标，可能比争论儒家与西方德行论述水平究竟谁高谁低要来得更为紧要"。也就是说，建立新的、现代性的道德体系才是我们的当务之急。

综上而言，这场论辩所揭示的问题，包括中国现代道德的基本模式、实现途径，以及道德建设的现代性与民族性等，其价值和意义已经远远超过了论辩双方的观点本身。正如《文史哲》主编王学典所说，这是一个"很有现实感的理论问题"。对此，不仅值得学界从理论上持续推进探讨，而且需要通过当下具体的道德建设进行切实地应对。

征稿启事

本刊《当代儒学》是"四川思想家研究中心"主办的儒家思想理论辑刊，每年出版两辑。

近些年来，儒学研究的刊物纷纷涌现。但是，这些刊物的内容，往往是对传统"儒学史"的某种对象化的所谓"客观"研究，在这种研究中，儒家儒学成了"历史上的"东西，即"故纸堆里的""博物馆里的"东西，而与当代社会现实生活无关。

有别于此，本刊所称的"当代儒学"，是指的改革开放以来，尤其是21世纪以来的儒学复兴中所出现的新的儒家思想创造、新的儒学理论形态，这些思想理论的探索，旨在回应当今时代的呼唤、解决当今社会的问题。

本刊宗旨：通过对当代儒学的研究与评介，推动儒学复兴、中华文化复兴的伟大事业。因此，本刊的着眼之点，乃在于儒家的"活的思想"，意在推进当代儒学的思想原创、理论建构，推出当代儒学的重要学派、代表人物。

栏目设置：

●当代儒家思想探索：具有原创性的当代儒家思想者，可推出他们最新的思想创获。

●当代儒家理论建构：研究与评介当代儒家具有原创性的理论学说。

●当代儒家学派评介：组织有关稿件，对当代儒家的学派进行研究或评介。

●当代儒家文献研究：评介当代儒家著述中有可能在将来成为经典文献的重要作品。

●当代儒学观察家：观察与评介当代儒学复兴中的最新活动、动向。

●当代名儒访谈录：组织对当代儒家中的名儒、大儒的访谈。

● "××××"专题：本刊每一辑都将推出一些特定栏目，专题讨论当代儒学中的热点问题和重大问题。

● "生活儒学"研究：关于"生活儒学"的专题研究栏目。

● "自由儒学"研究：关于"自由儒学"的专题研究栏目。

凡在本刊发表的文章，并不代表本刊的立场、观点，作者文责自负，本刊只是提供一个研究、讨论、交流的平台。热忱欢迎广大作者惠赐稿件！

投稿要求：

1. 稿件篇幅以 1—1.5 万字为宜，特殊稿件例外。

2. 来稿请用 A4 纸张、Word 文件格式。文章标题用 2 号黑体字，副标题用 4 号仿宋体字；作者署名用 4 号楷体字；正文用 5 号宋体字；独立段落的引文用 5 号仿宋体字；一级标题用 4 号楷体字，二级标题用小 4 号黑体字。

3. 来稿请撰写【摘要】【关键词】【英文标题】，并附【作者简介】及联系方式。

4. 注释一律采用脚注形式。

5. 参考文献：古籍采用随文夹注形式（《书名·篇名》），在文中第一次出现时以脚注形式注明该书的版本信息；其余文献采用脚注形式，格式如下：

(1) 图书：作者/编者：《书名》，出版地：出版社，出版年份，版次，页码。

(2) 期刊：作者：《文章标题》，《刊名》，××××年第×期。

(3) 报纸：作者：《文章标题》，《报纸名称》，出版年月日。

(4) 网络文章：作者：《文章标题》，网名，英文网址。

著作权使用许可声明：本刊已许可中国知网以数字化方式复制、汇编、发行、信息网络传播本刊全文。本刊支付的稿酬已包含中国知网著作权使用费，所有署名作者向本刊提交文章发表之行为视为同意上述声明。如有异议，请在投稿时说明，本刊将按作者说明处理。

投稿邮箱：dangdairuxue@163.com

《当代儒学》编辑部